· 大 有 党 史 文 丛 ·

毛泽东著作要篇导读

MAO ZEDONG ZHUZUO
YAOPIAN DAODU

谢春涛 / 主 编

人 民 出 版 社

目　　录

一

《湖南农民运动考察报告》
导　读

　　《湖南农民运动考察报告》是毛泽东在大革命时期的主要著作。1927 年 3 月,刊发于中共湖南省委机关刊物《战士》周报、中共中央机关刊物《向导》周报、汉口《民国日报》的《中央副刊》和《湖南民报》。1927 年 4 月,汉口长江书店以《湖南农民革命(一)》为书名出版单行本。5 月、6 月,共产国际执委会机关刊物《共产国际》的俄文版和英文版刊发。后收入 1951 年出版的《毛泽东选集》第一卷和 1991 年出版的《毛泽东选集》第二版第一卷。是党领导农民运动的纲领性文献,它丰富和发展了马克思列宁主义关于农民问题的学说,成为马克思列宁主义与中国革命实践相结合的典范。

历　史　背　景

　　第一次国内革命战争时期,随着北伐战争的胜利进军,农民运动蓬勃兴起,掀起了以湖南为中心的农村革命大风暴。农民运动的迅猛发展,从根本上动摇了帝国主义在中国的统治,有力地打击了几千年来封建势力的统治基础,震动了社会各阶级,充分显示了农民在革命中的伟大作用。但围绕这一迅猛兴起的农民运动,革命与反革命之间、革命统一战线内部无产阶级和资产阶级之间、中国共产党党内马克思主义者和机会主义者之间,均展开了激烈的斗争。

地主豪绅、国民党右派、北伐军中的反动军官和其他反革命分子,对农民运动极端恐惧和仇恨。他们不甘心自己的灭亡,联合起来向农民运动发起了疯狂的反扑:一方面,制造反革命舆论,他们造谣惑众,诅咒农民运动是"痞子运动"、"惰农运动",诬蔑农民运动"影响北伐"、"妨碍税收"、"造成国民政府的财政困难",叫嚷"农民运动不取缔,地方就永远不得安宁",用最恶毒的咒骂来中伤农民运动,企图使农民陷于孤立;另一方面,组织反革命团体并利用反革命武装捣毁农会,残杀农会干部,甚至进行反革命武装叛乱,企图以血腥的镇压破坏农民运动,使农民放弃斗争。

民族资产阶级和上层小资产阶级也被农民运动的风暴吓破了胆,他们跟在地主豪绅后面反对农民运动,指责农民运动"过火"、"胡闹",要求加以"限制",并以分裂统一战线相威胁,从多方面企图破坏无产阶级和农民的联合,以迫使共产党放弃对农民运动的领导。

此时,农民问题已经成为左右中国革命全局的中心问题,形势的发展把农民问题最突出、最迫切地摆在中国共产党的面前。是坚决打退地主阶级的反扑,冲破资产阶级的阻挠,坚持领导农民运动继续前进,将革命引向胜利呢?还是被地主阶级的反革命气焰所吓倒,屈服于资产阶级的压力,抛弃农民这支广大的可靠的同盟军,使革命陷于孤立和失败呢?当时激烈的阶级斗争反映到党内,农民问题成为两条路线斗争的焦点。在这种严重的阶级斗争面前,中国共产党内,以陈独秀为代表的右倾主义者,被地主、资产阶级的反动气焰所吓倒。他们不但不敢支持已经起来和正在起来的农民革命斗争,反而指责农民运动,压制和反对农民革命,从而使工人阶级和共产党处于孤立无援的地位。

1926年9月,陈独秀在《中国共产党第三次中央扩大执行委员会议决案》中规定了一系列限制农民运动的办法,例如:农民不可简单提出打倒地主的口号,农民协会不能带有阶级色彩,规定农民武装绝对"不可有常备组织"、"不要超出自卫的范围"等。这在客观上适应了地主、资产阶级反对农民运动的需要,从而助长了反动势力的反革命气焰,加速了中间派的动摇,挫伤了广大农民群众的积极性。

　　1926 年 12 月 13 日至 18 日,中共中央特别会议在汉口召开。陈独秀在政治报告中指责湖南工农运动"过火"、"幼稚"、"动摇北伐军心"、"妨碍统一战线"等。会上不少人不同意陈独秀的意见。广东区委负责人重申依靠工农群众反对蒋介石的主张。中共中央委员、湖南区委书记李维汉提出,根据湖南农民运动的发展趋势,应当解决农民土地问题。毛泽东赞同湖南区委的这一主张,他提出:"右派有兵,左派没有兵,即右派有一排兵也比左派有力量。"但这些重要提示都没有引起中共中央的注意。"陈独秀和鲍罗廷不赞成马上解决土地问题,认为条件不成熟。"①当时,毛泽东虽然怀疑陈独秀的认识,但自己也拿不出充足的理由去辩驳。会议最终还是接受了陈独秀的意见,在决议案中指出:当前"各种危险倾向中最主要的严重的倾向是一方面民众运动勃起之日渐向'左',一方面军事政权对于民众运动之勃起而恐怖而日渐向右。这种'左'倾、右倾倘继续发展下去而距离日远,会至破裂联合战线,而危及整个的国民革命运动。"为此,会议规定的党的主要策略是:限制工农运动发展,反对"耕地农有",以换取蒋介石由右向左;同时扶持汪精卫取得国民党中央、国民政府和民众运动的领导地位,用以制约蒋介石的军事势力。显而易见,这些策略推行的结果,只会单方面地限制工农运动的发展,牺牲掉工农群众的利益。几个月后,毛泽东说:我后来的观点是"农民指挥着我成立的。我素以为领袖同志的意见是对的,所以结果我未十分坚持我的意见。我的意见因他们说是不通于是也就没有成立"。此时的毛泽东已开始敏感地注意到中国革命的两个基本问题是土地和武装。

　　正在此时,毛泽东收到湖南全省农民第一次代表大会的邀请电:"先生对于农运富有经验,盼即回湘,指导一切,无任感祷!"②这正好为毛泽东提供了一个实地调查研究的机会,他决心去农村实地考察一下实际情况,农民运动是真的"过火"、"幼稚"吗? 1926 年 12 月 17 日,毛泽东从汉口到了长沙。当时,

① 李维汉:《回忆与研究》(上),中共党史资料出版社 1986 年版,第 104 页。
② 湖南省博物馆编:《湖南全省第一次工农代表大会日刊》,湖南人民出版社 1979 年版,第 87 页。

湖南正举行工农代表大会。工农代表在大会上提出了许多问题,毛泽东逐一作答。毛泽东还参加了大会的议案起草委员会。大会通过了40个决议案,肯定农民以暴力打击土豪劣绅是"革命斗争中所必取的手段",指出当前的中心任务是"根本铲除土豪劣绅的封建政权,建立农民政权"。毛泽东认为,"此次决议各案大体还算切实"。显然,这些决议案同当年12月召开的中央特别会议的方针有明显的不同。

考 察 过 程

为了支持迅速发展的农民革命斗争,回答对农民运动的种种攻击和责难,毛泽东于1927年1月4日至2月5日,前后历时32天,行程七百公里,在湖南实地考察了湘潭、湘乡、衡山、醴陵、长沙五个县的农民运动。他原计划还考察宁乡、新化、宝庆、攸县等县,因时间紧张最后未能成行。

毛泽东是以国民党中央候补执行委员身份下乡考察农民运动的。行前,国民党湖南省党部召开常务会议,决定派省党部监察委员戴述人陪同考察,并将"巡视重要意义六项"通告各县党部,要求协助做好考察工作。这六项具体内容为:一是考察各种纠纷之原因,指导解决方法;二是宣传农工运动之重要;三是解决开放米禁问题;四是指示解决粮食问题的方法;五是注意全国的革命问题;六是宣传国民党中央各省联席会议决议案。这六条实际上就是毛泽东此次农村调查工作的调查提纲。毛泽东考察期间,不仅有戴述人等陪同,各县党部也都有专人陪同。

1927年1月4日,毛泽东从长沙启程考察农民运动。4日至9日,他先后在湘潭县城及银田、韶山一带考察。毛泽东在湘潭县城召开了座谈会,有县农协、工会、妇联、商协、青年组织的负责人参加。1月9日至14日,毛泽东在湘乡县考察,召集县农协主要人员开调查会。1月15日至23日,毛泽东在衡山县考察,在白果区召开区农协干部座谈会。1月24日,他回到长沙,将在以上三县的调查情况向中共湖南区委负责人作了报告。1月27日至2月3日,毛泽东又继续到醴陵县考察。2月4日,毛泽东回到长沙,邀请农协负责人座谈了解农运情况。在许多地方,毛泽东看到农会不仅从政治上打击地主,而且还在经济上打击地主,不准他们加租加押,不准退佃;还推翻了过去维护封建统治的都团机构,农会组建起自己的武装——纠察队和梭镖队;农民还禁烟禁赌,组织起来修道路、修塘坝等。正是这些事情,使毛泽东大大打开了眼界,他为之兴奋不已。同时,农民运动受到的种种攻击,更使他忧虑不已。

2月5日,毛泽东回到长沙后,立刻在中共湖南区委作了几次报告,纠正他们对待农民运动的错误观念。受毛泽东报告的影响,中共湖南区委开始意识到前期工作存在的错误,即给中央写了《湘区一月份农民运动报告》,对此前的工作进行了自我批评。报告中说:"在全社会群向农运进攻之包围中,我们亦自认现在农运的确是太左稚(这是当时对"左"倾幼稚的简称),于是通告禁止农协罚款、捕人等事,而且限制区乡农协执行委员,皆须现在耕种之农民担任,对于罚款、逮捕之人,皆须扫除,几乎不自觉的站到富农、地主方面而限制贫农。自润之同志自乡间视察归来,我们才感贫农猛烈之打击土豪劣绅实有必要,非如此不足以推翻现在乡村之封建政治"①。紧接着,中共湖南区委和省农协开始在革命实践中纠正右倾偏向,从而为几个月后大规模的秋收起义和湘南暴动打下了很好的群众基础。

2月12日,毛泽东由长沙回到武汉。2月16日,毛泽东写信给中共中央,提出解决农民的土地问题,已经不是宣传而是立即实行的问题。他在报告中指出:"在各县乡下所见所闻与在汉口在长沙所见所闻几乎全不同,始发见我们从前我们对农运政策上处置上几个颇大的错误点。"并报告了自己纠正的几个主要错误:"(一)以'农运好得很'的事实,纠正政府、国民党、社会各界一致的'农运糟得很'的议论;(二)以'贫农乃革命先锋'的事实,纠正各界一致的'痞子运动'的议论;(三)以从来并没有什么联合战线存在的事实,纠正农协破坏了联合战线的议论。"对于今后农运的方针政策,毛泽东在《报告》中提出了十点意见。他认为,在农村尚未建立联合战线之前的革命暴动时期,农

---

① 中共中央文献研究室编:《毛泽东年谱(1893—1949)(修订本)》上卷,中央文献出版社2013年版,第179页注释1。

民一切向封建地主阶级的行动都是对的,过分一点也是对的,不过正不能矫枉。毛泽东的这种说法今天看来未必周全,但他当时也不是完全没有理由的。所谓"过分"的事都是土豪劣绅、不法地主逼出来的,革命不是请客吃饭,要推翻在农村中根深蒂固的封建势力,不采取一些激烈的手段是难以办到的,这些也是当时湖南农村中的事实。毛泽东鲜明地提出:"农民问题只是一个贫农问题,而贫农的问题有二个,即资本问题与土地问题。这两个都已经不是宣传的问题而是要立即实行的问题了。"他还在信的末尾说,考察的"详细情况从明日起三四日内写出一个报告送兄(指中共中央)处察核,并登导报(指中共中央机关刊物《向导》周刊)"。

随后几天,毛泽东开始撰写考察报告,不久写成了著名的《湖南农民运动考察报告》(以下简称《报告》),有两万多字。从 3 月 5 日—4 月 3 日,该《报告》全文先后连续刊载于中共湖南区委机关报《战士》周报第 35、36 期合刊及第 38 期、第 39 期上,又于 3 月 12 日在《向导》周刊上发表了部分章节,许多报刊如汉口《民国日报》、《湖南民报》相继转载,之后,遭到中共中央宣传部主任彭述之的反对,不准在《向导》周刊连载下去。中央局委员瞿秋白说:"我赞成毛泽东这篇文章的全部观点。"他们之所以不让连载,无非是"怕这篇文章拿出去,进一步激起农民的'越轨'行动,有损与国民党的合作。"他接着说:"这样的文章都不敢登,还革什么命?"他把毛泽东的报告全文交给秘书送汉口长江书店。4 月,汉口长江书店以《湖南农民革命(一)》为书名,出版了全文的单行本。瞿秋白专门为该书写了热情洋溢的"序言",他充分肯定毛泽东这篇光辉的著作,指出:"中国农民要的是政权和土地。……中国革命家都要代表三万万九千万农民说话做事,到战线去奋斗,毛泽东不过开始罢了。中国的革命者个个都应当读一读毛泽东这本书,和读彭湃的《海丰农民运动》一样。"同时,瞿秋白还给了毛泽东和彭湃一个称号:"农民运动的王!"①

毛泽东的这篇报告也引起了共产国际的注意。四一二反革命政变爆发不久,5 月 27 日和 6 月 12 日,共产国际执委会机关刊物《共产国际》先后用俄文和英文翻译、转载了《向导》周刊刊载的《报告》,并名之为《湖南农民运动(报

---

① 　周永祥:《瞿秋白年谱新编》,学林出版社 1992 年版,第 205—206 页。

告)》。这是毛泽东第一篇被介绍到国外的文章。英文版的编者按说:"在迄今为止的介绍中国农村状况的英文版刊物中,这篇报道最为清晰。"当时的共产国际执委会主席布哈林在执委会第八次扩大会全会上也说:"我想有些同志大概已经读过我们的一位鼓动员记述在湖南省内旅行的报告了",并称赞这篇报告"文字精练,耐人寻味"。① 正是《报告》的发表,加深了共产国际对中国农民问题的了解。

主 要 内 容

毛泽东的《湖南农民运动考察报告》一文,在大量调查研究的基础上,运用马克思主义阶级分析的方法,热情地赞扬了农民运动的奇勋伟绩,反驳了党内外存在的对农民运动的种种责难,科学地总结了湖南农民运动的丰富经验,提出了无产阶级领导农民运动的理论和政策。具体而言,其主要内容包括:

(一)毛泽东指出了农民在中国革命中的历史地位,明确提出了农民问题的极端重要性。他批判了对农民运动的种种责难和攻击,充分肯定了农民在中国民主革命中的巨大作用,强调了党领导农民革命的重要性。

毛泽东在《报告》中指出:"目前农民运动的兴起是一个极大的问题。很短的时间内,将有几万万农民从中国中部、南部和北部各省起来,其势如暴风骤雨,迅猛异常,无论什么大的力量都将压抑不住。他们将冲决一切束缚他们的罗网,朝着解放的路上迅跑。一切帝国主义、军阀、贪官污吏、土豪劣绅,都将被他们葬入坟墓。"毛泽东充分肯定了农民在革命中的巨大作用,为什么农民运动会有这么大的作用呢? 这是因为:在半殖民地半封建的中国,帝国主义、封建主义是压在农民身上的两座大山,农民占中国人口总数的百分之八十,他们深受帝国主义和封建主义的剥削和压迫,经济地位低下,因而具有强

---

① 　中共中央文献研究室编:《毛泽东年谱(1893—1949)(修订本)》上卷,中央文献出版社 2013
　　年版,第 183 页注释 1。

烈的革命要求,所以农民是中国民主革命的主力军。只有把农民群众组织起来,才能完成反帝反封建的革命任务。毛泽东在《报告》中指出:"孙中山先生致力国民革命凡四十年,所要做而没有做到的事,农民在几个月内做到了。这是四十年乃至几千年未曾成就过的奇勋。"农民运动的兴起,已经初步显示了自己的威力,推动了国民革命的顺利进行,使得土豪劣绅闻风丧胆。

毛泽东在《报告》中严厉地驳斥了反动派攻击农民运动的谬论。指出"国民革命需要一个大的农村变动。辛亥革命没有这个变动,所以失败了。现在有了这个变动,乃是革命完成的重要因素。一切革命同志都要拥护这个变动,否则他就站到反革命立场上去了。"毛泽东认为,目前进行的这场农村大革命,是广大的农民群众联合起来完成他们的历史使命,是乡村的民主势力联合起来打翻乡村的封建势力。他认为这是"好得很",完全不是什么"糟得很"。他认为,"糟得很"是反革命理论,是站在了地主利益的角度去打击农民起来的理论,是拥护特权阶级利益的地主理论,这种理论阻碍农民运动的兴起,阻碍民主新秩序的建立。

毛泽东在《报告》中强调了中国共产党领导农民运动的极端重要性。指出对待农民运动和农民问题的态度如何,是检验真革命、假革命或者反革命的试金石,是党内马克思主义者与机会主义者的分水岭。"站在他们的前头领导他们呢?还是站在他们的后头指手画脚地批评他们呢?还是站在他们的对面反对他们呢?""一切革命的党派、革命的同志,都将在他们面前受他们的检验而决定弃取。"毛泽东认为,中国无产阶级及其政党必须站在农民的前头领导农民运动,他号召一切革命者都应站在农民方面支持农民的斗争。只有这样,无产阶级才能取得农民这个最广大最可靠的同盟军,革命领导权才有保证,中国民主革命才有胜利的可能性。

(二)毛泽东通过对农村各阶级的分析,指出了农民问题就是贫农问题。

毛泽东指出:农民中有富农、中农、贫农三种。他们的经济地位不同,对于革命的态度也不同。富农对待农民运动的态度始终是消极的,革命不能依靠他们。中农的态度是游移的,在革命刚开始时,他们还不甚积极,他们还要看一看,等到革命形势高涨时,他们也能参加革命,对他们要多做解释工作,应该争取和团结他们。贫农是农村中最贫苦的阶层,他们经济地位低下、深受压迫,占农村人口的大多数,因而最具有革命精神。毛泽东指出:"乡村中一向苦战奋斗的主要力量是贫农。从秘密时期到公开时期,贫农都在那里积极奋斗。"毛泽东高度地评价了贫农在农村革命中的作用,贫农是革命的先锋,没有他们参加,革命是不会成功的。毛泽东严厉斥责了那些诬蔑贫农是"痞子"、"惰农"的反革命言论。他强调,中国共产党和一切革命者必须同一切攻击贫农的反动言行作斗争,坚决支持和拥护贫农的革命行动。因为,"没有贫农,便没有革命。若否认他们,便是否认革命。若打击他们,便是打击革命。"实际上,毛泽东通过对农民各阶层的分析,已初步提出了依靠贫农、团结中农的政策,奠定了新民主主义革命时期党在农村工作的阶级路线的理论基础。

(三)毛泽东初步论述了解决农民问题的方法,即相信群众、依靠群众、放手发动群众和尊重群众的革命首创精神。

《报告》全文自始至终贯穿着相信群众、依靠群众、放手发动群众的革命思想。毛泽东认为,要推翻统治中国几千年根深蒂固的封建地主权力,必须充分发动和组织起亿万农民群众,在农村掀起一个大的革命高潮,并依靠革命的暴力,坚决打倒地主豪绅,相信农民群众自己会解放自己。毛泽东针对指责农村运动"过分"的观点,指出这完全是颠倒是非,是"拥护特权阶级利益的地主理论";农民运动中所谓"过分"的举动,完全是"土豪劣绅、不法地主自己逼出来的"。毛泽东在"所谓'过分'的问题"一节中,批驳了那些所谓"过分"、所谓"矫枉过正"、所谓"未免太不成话"之类的右派议论,指出了要正确对待农民运动和农民群众,即便是出了一些"乱子"也要从正面帮助他们总结经验教训。毛泽东在《报告》中指出:"革命不是请客吃饭,不是做文章,不是绘画绣花,不能那样雅致,那样从容不迫,文质彬彬,那样温良恭俭让。革命是暴动,是一个阶级推翻一个阶级的暴烈的行动。农村革命是农民阶级推翻封建地主阶级的权力的革命。农民若不用极大的力量,决不能推翻几千年根深蒂固的地主权力。农村中须有一个大的革命热潮,才能鼓动成千成万的群众,形成一个大的力量。上面所述那些所谓'过分'的举动,都是农民在乡村中由大的革命热潮鼓动出来的力量所造成的。这些举动,在农民运动第二时期(革命时期)是非常之需要的。在第二时期内,必须建立农民的绝对权力。必须不准人恶意地批评农会。"毛泽东在这里已经阐述得很清楚了,即对于以贫农为主体的农民在农民运动中创造出来的经验,革命党要用善意帮助他们总结提高,决不能恶意中伤,更不能站在对立面去反对。对农民运动中出现的新生事物、新鲜经验,不要看不顺眼,总是指责群众这也不行,那也不是,用太多的清规戒律去束缚农民群众的手脚。毛泽东还针对种种反对农民运动的谬论,列举了农民在农村运动大革命所做的十四件大事,他认为这十四件大事是农民在农会领导之下做出来的,应该是"好得很",每个革命者都应予以支持。

(四)毛泽东论述了建立农民革命政权和农民革命武装的必要性。

毛泽东在《报告》中阐明了解决农民问题的关键,即建立农民政权和农民武装。他认为,农村革命,首先是农民阶级推翻封建地主阶级权力的革命,而封建地主阶级是不会自动放弃自己的统治的,必定起来反抗。所以,农民如果不建立自己的政权,以取代封建地主的政权,是不能取得最后胜利的。因此,他主张必须坚决打碎旧的地主阶级的政权,代之以新的农民阶级的政权——农民协会。农会是唯一的权力机关,实行"一切权力归农会"。只有建立农会的无上权威,才能迫使地主阶级向农民投降,接受农民的统治,才能建立革命的新秩序,彻底地扫除一切封建势力;乡村中一切经济的、文化教育的改革,反对宗法思想,反对族权、神权、夫权的斗争才有可能进行。

为了建立和保卫农民的革命政权,彻底摧毁封建地主阶级的政权,必须建立农民武装。毛泽东特别强调,农民武装,是一切土豪劣绅看了打颤的一种新起的武装力量。革命当局,应当普及,而不应该限制它,更不应该害怕它。毛泽东把推翻地主武装、建立农民革命武装,列为农民十四件大事之一,指出建立农民革命武装要从两方面着手,一方面是夺取地主武装,将从反动地主手里夺过来的武装置于农民政权的管理之下,作为农民武装的一部分;另一方面是建立农会的梭镖队,把广大农协会员武装起来,这是"使一切土豪劣绅看了打颤的一种新起的武装力量"。毛泽东提出,每个青壮年农民都应有一柄梭镖,"使这种武装力量确实普及于七十五县二千余万农民之中",而不应限制它。在这里,毛泽东初步提出了全民武装的思想。

重　要　意　义

《湖南农民运动考察报告》一文的发表,沉重地打击了国民党右派、土豪劣绅、不法地主阶级以及中国共产党内右倾主义者对农民运动的种种诬蔑和攻击,极大地鼓舞了广大共产党员、革命干部和农民群众的斗志。它在革命的紧急关头,像一盏穿透迷雾的指路明灯,为革命的胜利发展进一步指明了方向,有力地推动了当时以湖南为中心的全国农民运动的深入发展,具有重要的历史意义和现实意义。

(一)历史意义。

首先,这篇报告以大量的、生动的事实和精辟的论证驳斥了一切反动派对农民运动的攻击,批评了陈独秀在农民问题上的错误认识,提出了解决中国民主革命的中心问题——农民问题的理论和政策,从而也就解决了无产阶级领导权的中心问题。在革命的紧要关头,为革命的胜利发展指明了方向。《报告》明确地提出了依靠贫农和团结中农、建立农村革命政权和农民武装、解决农民土地问题的战略思想,为从事农民运动的广大干部提供了强大的思想武器,极大地鼓舞和推动了全国农民运动的发展。《报告》一文提出了解决农民问题的理论和政策,解决了当时影响革命全局的中心问题——无产阶级领导农民的问题,有力地驳斥了反动势力对农民运动的攻击,极大地支持了农民的革命斗争,推动了农民运动的发展。

其次,这篇报告用马克思主义的立场、观点和方法,科学地总结了无产阶级领导农民革命斗争的经验,明确地指出了农民问题的重要性和建立农民武装政权的必要性。《报告》制定了党在农村中的阶级路线,第一次提出了关于建立无产阶级领导的农民武装和农民政权的伟大战略思想,丰富和发展了马克思列宁主义关于农民问题的理论,为马克思列宁主义的理论宝库作出了贡献。毛泽东在这一著作中提出的关于无产阶级领导农民革命斗争的理论,关于建立农民武装和农村革命政权的理论,为取得新民主主义革命的胜利提供了重要指导。

（二）现实意义。

第一，有利于深化中国共产党密切联系群众的优良传统，进一步坚持群众路线。这篇报告中所提倡和坚持的相信和支持群众的革命首创精神，在斗争实践中向群众学习，总结群众的斗争经验，并组织群众、引导群众前进的思想，是对马克思主义唯物史观的生动发挥和发展。中国共产党在领导中国人民的长期斗争实践中，创造和发展了马克思主义的群众观点，提出和坚持了一切为了群众、一切相信群众、一切依靠群众，从群众中来、到群众中去，密切联系群众的群众路线。历史经验充分表明：党的成长与壮大，革命的胜利与发展，都与群众路线息息相关。当党正确地制定和实行群众路线时，革命就胜利、发展；反之，党和人民的事业就会遭受损失、失败。

第二，有利于发扬调查研究、实事求是的优良传统。《报告》是在党内外对当时革命形势出现争议时，毛泽东通过自己亲身调查实践得出来的科学结论。《报告》全篇贯穿着实事求是的精神。实事求是是毛泽东思想的活的灵魂，也是中国特色社会主义理论的精髓。目前，中国正处于全面深化改革的重要历史时期，更要发扬调查研究、实事求是的优良传统，立足于社会主义初级阶段的基本国情，一切从实际出发，解决中国的现实问题。

（高中华　撰稿）

二

《关于纠正党内的错误思想》
导　读

　　这篇文献是毛泽东 1929 年 12 月为红军第四军第九次党的代表大会写的决议的第一部分。全文约六千字。原文《中国共产党红军第四军第九次代表大会决议案》(亦称古田会议决议)共有八部分,其中第一部分"纠正党内非无产阶级意识的不正确的问题"最为重要。新中国成立初,毛泽东对这一部分进行了一些修改,并以《关于纠正党内的错误思想》为题,收入了 1951 年 10 月出版的《毛泽东选集》第一卷,后收入 1991 年出版的《毛泽东选集》第二版第一卷。《关于纠正党内的错误思想》在党和军队建设史上曾发挥了重要作用,至今仍有十分重要的指导意义。

历 史 背 景

　　《关于纠正党内的错误思想》一文的写作,有着极其深刻的历史背景。

　　(一)中国特殊的国情下及特殊的革命中,党和军队建设遇到的新问题。

　　中国共产党是在共产国际的帮助下,经过短暂的筹备建立起来的。党建立后立即投入到革命洪流中。大革命时期党缺乏经验,党的建设基本上是按照马恩和列宁的建党学说,按照俄共(布)建设的模式进行的。由于党当时主要在城市工人中活动,半殖民地半封建的落后的农业国家的特殊国情对党的建设的影响尚不明显。

大革命失败后,形势发生了重大变化,党被迫离开城市到农村去领导农民开展武装斗争和土地革命。随着土地革命战争的开展,红军和根据地的发展壮大,大量吸收农民党员不可避免。土地革命战争刚刚进行不到一年,据1928年中国共产党六大时统计,从1927年五大到1928年六大,一年间党员成分由工人占54%,农民占19%,变为农民占77%,工人只占11%。到1929年6月党的六届二中全会时,党员总人数中工人成分比例减少到了7%。这就遇到了党长期在农村,党员的成分又主要是农民,经常受到各种非无产阶级思想侵蚀的情况下,如何保持先进性这一世界各国共产党的建设中前所未有的难题。这个问题解决不好,中国共产党就会变质,中国革命就会失败。

共产国际和中共中央都看到了问题的严重性,并致力于解决。在中共六大上,共产国际起草的《中国共产党组织决议案草案》认为:"共产党只有建筑基础于工业无产阶级的时候,他才有力量。而中国共产党在他第六次大会的时候,党员有百分之七十六是农民,仅只有百分之十是工人,并且这些工人同志多是失业的及小企业中的。我们应当承认党内这样现象不是应当有的。因此在最近的将来,所有党的努力都是应当走向大工业中(纺织工业、金属工业、铁路、海上交通、矿山、市政等等),而在那里巩固我们的组织。"以"使着无产阶级分子成为党的基础"。草案特别强调"干部的工人化"。① 在大会通过的《组织问题决议案提纲》中,认可共产国际起草的决议案的看法,认为党在组织上应当解决的第一个基本问题就是"党的无产阶级化"。因此把加强城市中党的组织,特别注意在主要的大工业中巩固发展党的影响,吸收广大的积极的产业工人分子入党,建立坚强的党的工厂支部,作为党的组织任务的最重要内容。

共产国际的"党的组织工人化"和"党的干部工人化"的建党路线,对中国共产党的建设实践产生了巨大影响。六大结束后,党中央领导人陆续回国,在

---

① 《中共中央文件选集》第4册,中共中央党校出版社1989年版,第443、449页。

工作中认真贯彻共产国际的建党路线。在1923年9月至1929年7月中央发出的多封给各地的指示信中,强调党要在城市中发展,认为"在城市中建设一个产业支部,比在乡僻小县中建立十个农村支部都要强","在任何一个重工业中就是建立三数人的支部,比我们在农村中发展百余同志割据一个乡村还要宝贵。"为此,党的中心任务,就是集中力量恢复城市和重要产业工人的工作,大力发展工人党员。指示信中甚至说:"不要城市就是否认共产党是无产阶级政党,是否认无产阶级对农民的领导,结果党只有变成小资产阶级农民党。"

共产国际和中共中央主张用"党的无产阶级化"和"干部的工人化"保持党的无产阶级性质的建党路线,完全不符合中国实际,是行不通的。中国是一个农业大国,农民占人口绝大多数,农民是民主革命主力军的基本国情,决定了中国共产党要发展,必须大量吸收农民入党。特别是大革命失败后,中国共产党被迫到农村开展武装斗争和土地革命,党要发展,农民和非无产阶级出身的党员占绝大多数是必然的。正视这种现象,努力地探索农民党员占绝大多数的情况下如何保持党的无产阶级先进性,才是党面临的必须解决的课题。

与党的建设的特殊性相似的,是在中国革命中人民军队建设的特殊性。由于旧中国是一个半封建半殖民地的农业大国,中国革命走的是一条以农村为中心、实行工农武装割据的道路;也由于红军处在农村分散的游击环境里,农民和小资产阶级分子占了红军的绝大多数。还有一个原因是,参加南昌起义、秋收起义的部队,有一大部分是党通过兵士运动争取来的旧军队的军官和士兵,当然也有一部分是在作战中俘虏的旧军队的士兵。在旧军队中,军官打骂士兵是家常便饭,残酷的答刑甚至使士兵丧生。而当时红军中许多军官来自旧军队,封建主义的东西非常盛行,军阀作风随处可见。在农村开展游击战争的特殊环境和条件下,如何把以农民为主要成分的武装建设成为一支新型的人民军队,成为摆在中国共产党面前迫切需要解决的又一个难题。

综上所述,中国的特殊国情和特殊的党及军队的状况,决定了中国共产党在解决党和军队的建设问题时,不可能有现成的外国党和军队建设的经验可以照搬。按共产国际的办法也解决不了中国革命的现实问题,所以只能从中国实际出发,寻找适合中国国情的建设党和人民军队的新路。

　　(二)井冈山时期党和军队建设的实践积累了经验。

　　1927 年 10 月,毛泽东在湘赣边界秋收起义失败后,率起义军余部一千余人登上井冈山,建立了第一块巩固的农村革命根据地。在坚持井冈山斗争的一年多时间里,在进军赣南闽西的革命斗争实践中,以毛泽东为代表的中国共产党人,对在特殊国情下和艰苦卓绝的革命战争中如何建设党和人民军队进行了初步探索,积累了宝贵的经验。

　　要把起义军成功地带上山,建立起小块红色政权,要在国民党军队的不断"围剿"中站住脚,并能生存发展,首先要有一支坚强的人民军队。由于队伍是失败后幸存下来的,部队中存在思想混乱、纪律涣散的情况,亟须进行整顿。1927 年 9 月 29 日,毛泽东率队到达江西省永新县的三湾村,对部队进行了改编,将起义军从一个师缩编为一个团;建立了士兵委员会,在军队中实行民主制度;确定把党的支部建在连上,在部队内建立党的各级组织,设立党代表制度,加强前敌委员会对军队的统一领导。三湾改编,给经受挫折的红军注入了新的灵魂,使红军空前地团结,不仅极大地提高了红军的凝聚力和战斗力,而且通过确立党对军队的绝对领导,开创了军队内部的民主制度,从政治上、组织上奠定了新型人民军队的基础。红军上山后,坚持党对军队的领导,加强了对部队的政治思想教育、人民军队宗旨教育、艰苦奋斗教育,进一步实行官兵平等的制度和三大纪律六项注意的军队纪律,使军队建设出现了新气象。朱毛红军运用游击战的战略战术,打败了敌人的四次"进剿"和两次"会剿",井冈山革命根据地得到了巩固和扩大,进入全盛时期。

　　坚持井冈山斗争,全靠有坚强的党的领导。毛泽东在领导井冈山斗争中深感党的建设的极端重要。首先是大量发展党员,吸收农民入党,恢复和建立地方和军队党组织。在大力发展组织的同时,重视对党员进行政治思想教育,通过作报告、解答红军中对形势和中国革命认识上的问题,办训练班等方式,提高党员的政治觉悟和思想水平。正是由于有了边界党组织的发展壮大,边界有了坚强的领导核心,各项工作才得以快速发展。

　　然而井冈山的斗争并非一帆风顺,其间经历了"三月失败"和"八月失败",暴露了党和红军建设中的一些问题。"八月失败"固然有中央和湖南省委对形势的错误估计,在军事上犯了"左"倾盲动错误,以及湖南省委代表杜修经和省委派任湘赣边界特委书记杨于明形式主义地执行上级的命令,附和第二十九团的错误情绪问题,但也与红军本身存在着种种错误思想,在决策上发生重大失误,以及党组织未能发挥作用,甚至完全失去了作用有关。

毛泽东在 1928 年 11 月 25 日写给中共中央的报告中,总结了"八月失败"的经验教训,对井冈山革命根据地党的建设中存在的问题作了透彻的分析,指出了边界党内存在的主要问题:一是存在着机会主义的错误。"一部分党员无斗争决心,敌来躲入深山,叫做'打埋伏';一部分党员富有积极性,却又流于盲目的暴动。这些都是小资产阶级思想的表现。""在红军中,这种小资产阶级的思想,也是存在的。敌人来了,主张拼一下,否则就要逃跑。"二是地方主义思想严重。"各县之间地方主义很重,一县内的各区乃至各乡之间也有很深的地方主义。""党在村落中的组织,因居住关系,许多是一姓的党员为一个支部,支部会议简直同时就是家族会议。在这种情形下,'斗争的布尔什维克党'的建设,真是难得很。"三是土客籍矛盾突出。"土籍的本地人和数百年前从北方移来的客籍人之间存在着很大的界限,历史上的仇怨非常深,有时发生很激烈的斗争。"①毛泽东在指出存在的问题的同时,对问题形成的原因作了初步分析,认为与井冈山党和军队的构成有关。一是边界各县的党,几乎完全是农民成分的党。贫苦农民有反帝反封建的积极性,但作为小生产者,又存在目光比较短浅,行动比较缓慢,组织纪律性不强的弱点。二是红军指战员中很大一部分原是旧军队士兵和战斗中俘虏过来的白军士兵,带有浓厚的雇佣军队的思想和旧军队的习气。三是以袁文才、王佐为领袖的绿林武装群众基础较好,但缺乏无产阶级政党的领导,没有革命的政治纲领,没有严格的组织纪律。上述状况造成党内和红军中存在着各种各样的非无产阶级思想。这些问题不解决,党就不能成为坚强的领导核心,革命事业就会遭受挫折和失败。针对党内存在的问题,毛泽东强调"无产阶级思想领导的问题,是一个非常重要的问题。边界各县的党,几乎完全是农民成分的党,若不给以无产阶级的思想领导,其趋向是会要错误的。"②

---

① 《毛泽东选集》第一卷,人民出版社 1991 年版,第 73—75 页。

② 《毛泽东选集》第一卷,人民出版社 1991 年版,第 77 页。

　　毛泽东在信中提出的解决思路,即要加强无产阶级思想领导是非常重要的,是解决中国特殊国情和党情下党的建设问题的正确出路。这些富有创造性的建党原则和措施,为一年以后毛泽东在古田会议决议中形成的党建思想奠定了基础。

　　然而毛泽东的建党主张提出不久,因湘赣两省国民党军队对井冈山实施第三次"会剿",红军主力被迫下山进军赣南而未能实行。

　　1929年上半年,红四军出击赣南闽西,经过几个月的英勇作战,开辟了闽西根据地。然而,在此期间红四军党的建设却出了问题,党内的非无产阶级思想更加严重。一时极端民主化、重军事轻政治、反对党管一切、不重视建立巩固根据地、主张流动游击的流寇主义等错误思想出现了。红军初创,一切都在探索中,对党怎么建设、根据地怎么搞没有经验,出现不同认识是不可避免的,也不可怕。问题是红四军领导人朱德和毛泽东之间认识并不一致。由此发生了红军史上的一场重大争论:朱毛之争。

　　争论的导火线是红四军要不要设置军委问题。

　　红四军在井冈山上时是有军委的,军委在前委的领导下工作。红四军下山后,因为没有地方工作,主要工作是红四军的行军作战。军委和前委机构重叠,效率不高。为便于机断,决定撤销军委。1929年5月,中央派从苏联留学回来的刘安恭到红四军。为了发挥他的作用,决定成立临时军委,让他当军委书记兼政治部主任。刘安恭对红四军发展的历史和现状不了解,对红四军的领导体制和战略战术不以为然,想以苏联红军的模式来改造中国红军。他上任第二天就召开军委会议,不让毛泽东参加,还作了一个决定,要前委只管地方工作,不要干涉军委的事情,此外还发表了一些不负责任的言论。刘安恭的做法不利于党的领导,在党内引起混乱。毛泽东下决心要解决这个问题,提出撤销军委。由此,红四军党内出现了一场大争论。就军委的设置来说,这本来是具体的问题,但从双方争论的内容来看,事情并非那样简单,它涉及党的建设、党与军队关系以及军事斗争和根据地建设中的一系列重大原则问题。

　　1929年5月底6月初,毛泽东主持召开了永定湖雷会议和上杭白砂会议,讨论军委设置的问题,会上争论激烈。一种意见反对撤军委。刘安恭提出三条理由：一是既名四军就得有军委；二是毛泽东搞家长制；三是毛泽东自创原则，不服从中央。一些人对毛泽东主持的前委提出尖锐批评，认为前委管得太多，权力太集中，包办了下级党的工作和群众工作，甚至指责前委是书记专政，有家长制倾向。赞成撤军委的意见则认为军队指挥必须集中机敏，只有在前委直接领导下才有利于红军的行动，恢复军委只能使机构重叠，徒增困难，进而批评主张恢复军委者为分权主义。毛泽东提交了四点书面意见：一、"前委、军委成分权现象，前委不好放手工作，但领导责任又要担负，陷于不生不死的状态"；二、"根本分歧在前委和军委"；三、"反对党管一切（认为党管太多了，权太集中于前委），反对一切归支部，反对党员的个人自由受限制，这三个最大的组织原则发生动摇，成了根本的问题"。毛泽东说我不能担负这种不生不死的责任，请求辞去书记。白沙会议投票表决的结果是不设军委，并接受毛泽东辞职，指定陈毅临时担任前委书记，主持工作。

设不设军委的问题解决了，但争论并未停止。6月14日，毛泽东在给林彪的信中把争论的问题归纳为十四个：（一）个人领导与党的领导；（二）军事观点与政治观点；（三）小团体主义与反小团体主义；（四）流寇思想与反流寇思想；（五）罗霄山脉中段政权问题；（六）地方武装问题；（七）城市政策与红军军纪问题；（八）对时局的估量；（九）湘南之失败；（十）科学化、规律化问题；（十一）四军军事技术问题；（十二）形式主义与需要主义；（十三）分权主义与集权；（十四）其他腐败思想。这些问题都是红四军中存在的问题，其中不少条涉及到党的思想建设、政治建设、军队建设、根据地建设。毛泽东认为其中最大的问题是"个人领导和党的领导的斗争，是四军历史问题的总线索。""四军中向来就有一些同志是偏于军事观点的，与站在政治观点即群众观点上的人的意见不合，这是一个很严重的政治路线问题。"

红四军党内争论不休，严重影响了工作，于是在7月占龙岩后，决定召开红四军七大，统一思想。会上毛泽东、朱德阐述了自己的观点，也为受到的责难作了解释，求得更多代表的理解和支持。与会者发言踊跃，有支持朱的，有支持毛的，不少意见是中肯的，但也不乏偏激和夸大其词的攻击。作为会议的主持者，陈毅想要消弭矛盾，息事宁人，采取了折中的办法。七大经过一天的争论,通过了陈毅起草的决议。决议对井冈山时期红四军历史上发生争论的要不要和如何建立巩固根据地的问题作出了肯定回答,对两个月来争论的军委问题作出了结论,否定了刘安恭的意见。但决议也有缺点,主要是对极端民主化、流寇主义思想没有进行批评,对毛泽东提出的坚持和加强党的领导,反对单纯军事观点、极端民主化、流寇思想等正确主张没有作出明确回应。决议在对朱、毛的处理上各打五十大板,说"朱、毛两同志都有同等的错误,但毛同志因负党代表与书记之工作,对此次争论应负较大的责任。代表大会为此决定:给毛泽东以党内严重警告处分,给朱德以书面警告处分。"会后,毛泽东离开红四军,到地方工作。

毛泽东离开红四军后,红四军顿失领导核心。由于缺乏正确理论指导,没有坚强的领导核心,红四军八大没有开好,出击闽中和东江的军事行动受挫,红四军组织散漫,各项工作难以正常开展。

但是这场争论的积极意义不能低估。一是争论充分暴露了红四军党内的问题,有问题才有解决问题,才能在解决问题中前进。二是事实证明了毛泽东在几个重大问题上的主张是正确的,同志们在事实面前逐渐认可了毛泽东。三是争论引起中央重视,促使中央认真研究红四军问题,作出正确决策。

(三)中央九月来信对解决红四军党内争论作出正确指导。

红四军七大后,陈毅到上海参加全国军事工作联席会议,其间写了《关于朱毛红军的历史及其状况的报告》《关于朱毛红军的党务概况报告》《关于朱毛争论问题的报告》《关于赣南、闽西、粤东江农运及党的发展情况的报告》和《前委对中央提出的意见——对全国军事运动的意见及四军本身问题》等五份报告,向中央客观全面地汇报了红四军的历史、现状及朱毛争论等问题。党中央十分重视,组织了由周恩来牵头,有李立三、陈毅参加的三人小组,研究解决红四军的问题。经过充分研究,周恩来委托陈毅起草了"九月来信",作为解决红四军问题的指导性文件。

"九月来信"的核心内容是关于对红军的领导问题及红军中党的建设问题。来信肯定了毛泽东的主张,指出"党的一切权力集中于前委指导机关,这是正确的,绝不能动摇。不能机械地引用'家长制'这个名词来削弱指导机关的权力,来作极端民主化的掩护。"①必须坚持党的集中领导,贯彻民主制的原则,反对极端民主化,"绝不能动摇指挥集中这个原则"②。来信指出"红军中右倾思想如取消观念、分家观念、离队观念与缩小团体倾向,极端民主化,红军脱离生产即不能存在等观念,都非常错误,皆原于同志理论水平低,党的教育缺乏。"来信要求对错误思想,"前委应坚决以斗争的态度来肃清之"③,强调必须坚持党的无产阶级思想领导,加强共产主义教育。来信还指示红四军前委仍应由毛泽东担任书记。"九月来信"为开好古田会议奠定了基础。

陈毅带着"九月来信"回到红四军,先向朱德作了传达,然后写信给毛泽东,传达了中央来信精神,请他回前委工作。由于争论双方都是出以公心,很快使问题得到解决。毛泽东回到红四军后,抓了新泉整训,并在近一个月的时间里多次召开调查会,开展对非无产阶级思想表现及危害的大讨论,为纠正错误思想做了充分准备。在充分调查研究的基础上,毛泽东根据中央"九月来信"的精神,结合两年来的实践,为红四军九大起草了决议。在认识一致的基础上,1929 年 12 月 28 日、29 日,毛泽东主持召开了红四军九大(即古田会议),着重解决在中国的特殊国情和党情下怎样建设党和军队的问题。

主　要　内　容

《关于纠正党内的错误思想》内容十分丰富。

(一)《决议》强调了纠正党内错误思想的必要性和迫切性。

《决议》开门见山,第一句话就直截了当地指出:"红军第四军的共产党内存在着各种非无产阶级的思想,这对于执行党的正确路线,妨碍极大。若不彻

---

① 周恩来:《中共中央给红四军前委的指示信》(1929 年 9 月 28 日),《周恩来选集》上卷,人民出版社 1980 年版,第 40—41 页。

② 周恩来:《中共中央给红四军前委的指示信》(1929 年 9 月 28 日),《周恩来选集》上卷,人民出版社 1980 年版,第 41、39 页。

③ 周恩来:《中共中央给红四军前委的指示信》(1929 年 9 月 28 日),《周恩来选集》上卷,人民出版社 1980 年版,第 41 页。

底纠正,则中国伟大革命斗争给予红军第四军的任务,是必然担负不起来的。"①这句话虽然文字不多,但意义重大,把纠正错误思想与执行党的路线,与中国革命的成败紧密地联系起来,凸显其重大意义。

(二)《决议》对错误思想的表现和危害作了准确的归纳。

《决议》将红四军党内的错误思想列出了八种,即单纯军事观点、极端民主化、非组织观念、绝对平均主义、主观主义、个人主义、流寇思想、盲动主义残余。八种错误思想概括起来是政治、思想和组织三个方面的问题:属于政治方面的有单纯军事观点、流寇思想、盲动主义残余;属于思想方面的有个人主义、主观主义、绝对平均主义;属于组织方面的有极端民主化和非组织观念。

政治方面的主要错误思想是"单纯军事观点"。这一错误思想,自红军成立之时就已存在,虽然一再受到批评,却总是难以克服,可谓根深蒂固,危害极深。

单纯军事观点的要害是把军事与政治相对立,"不承认军事只是完成政治任务的工具之一",或者是把军事凌驾于政治之上,"进一步认为军事领导政治",其根本是否认或者削弱党的领导。由于这一错误思想的影响,红军中一部分同志混淆了中国共产党领导的红军同旧式军队的界限,"不知道中国的红军是一个执行革命的政治任务的武装集团",只是为了打仗而打仗,更不知道红军的任务"除了打仗消灭敌人军事力量之外,还要负担宣传群众、组织群众、武装群众、帮助群众建立革命政权以至于建立共产党的组织等项重大的任务"。②有了这种观点,在组织上就会主张"司令部对外",把政治机关隶属于军事机关,忽视士兵委员会和地方群众组织的作用,在宣传上忽视宣传队的作用,在行动上就会出现本位主义和小团体主义,只知道为红四军打算,不愿意武装地方群众。有了单纯军事观点也会派生出盲动主义,容易犯革命的急性病,只想大干,不愿意艰苦地做细小严密的群众工作。有了单纯军事观点还导致了流寇思想泛滥,严重地妨碍了红军去执行党的政治任务,表现在"不愿意做艰苦工作建立根据地,建立人民群众的政权,并由此去扩大政治影响,而

---

① 毛泽东:《中国共产党红军第四军第九次代表大会决议案》(1929年12月),《毛泽东文集》第一卷,人民出版社1993年版,第78页。

② 《毛泽东选集》第一卷,人民出版社1993年版,第86页。

只想用流动游击的方法,去扩大政治影响";"扩大红军,不走由扩大地方赤卫队、地方红军到扩大主力红军的路线",而要走"招兵买马"、"招降纳叛"的路线;"不耐烦和群众在一块作艰苦的斗争,只希望跑到大城市去大吃大喝"。①决议指出,单纯军事观点的思想如果发展下去,"便有走到脱离群众、以军队控制政权、离开无产阶级领导的危险,如像国民党军队所走的军阀主义的道路一样"。②

　　思想方面的个人主义、主观主义、绝对平均主义在红军党内多有表现。个人主义有报复主义、小团体主义、雇佣思想、享乐主义、消极怠工、离队思想等多种表现。有个人主义思想的人完全从个人观点出发,不知有阶级利益和整个党的利益;只注意小团体的利益不注意整体的利益;不对党和红军负责,仅对长官个人负责;贪图享受,愿意到大城市去,不愿意在生活艰苦的红色区域工作;稍不遂意,就消极起来。这和个人主义会严重地削弱组织,削弱战斗力。主观主义主要表现在对政治形势的主观主义的分析和对于工作的主观主义的指导,其结果则会犯右倾或"左"倾盲动主义错误。在党内批评上主观主义的随意的乱说或互相猜忌,则会酿成党内无原则纠纷,造成党的组织的破坏。

　　组织上的极端民主化是古田会议所要纠正的另外一种错误思想。其主要表现为,要求在红军中实行"由下而上的民主集权制",凡事都要"先交下级讨论,再由上级决议"。由此派生的非组织观点则表现在"少数不服从多数","少数人的提议被否决,他们就不诚意地执行党的决议",以及非组织的批评,即攻击个人或不在党内而在党外去批评。这些错误思想给红军和党的建设造成严重危害在于"损伤以至完全破坏党的组织,削弱以至完全毁灭党的战斗力,使党担负不起斗争的责任,由此造成革命的失败。"③

　　(三)《决议》深挖了错误思想产生的根源,找到了解决的办法。

　　明确了错误思想的表现及危害,还要找到产生错误思想的根源,找到解决的办法,才能有效地克服错误思想。在这两方面《决议》都作出了中肯的分析,提出了行之有效的解决办法。

---

① 《毛泽东选集》第一卷,人民出版社1993年版,第94页。
② 《毛泽东选集》第一卷,人民出版社1993年版,第86页。
③ 《毛泽东选集》第一卷,人民出版社1993年版,第88—89页。

《决议》指出,总的来说,红四军党内的非无产阶级思想的来源有两个:第一,是由于红四军"党的组织基础的最大部分是由农民和其他小资产阶级出身的成分所构成的"。第二,是因为"党的领导机关对于这些不正确的思想缺乏一致的坚决的斗争,缺乏对党员作正确路线的教育"。①　具体地说,产生单纯军事观点和流寇思想的主要原因,首先是党员政治水平低,不懂得党的领导和无产阶级政治在红军中的作用与意义;其次是红军中俘虏兵多而带来的浓厚的雇佣军队思想;最后是党组织不重视,甚至放弃对于俘虏兵进行无产阶级思想教育,克服他们从旧军队带来的旧思想、旧习气。极端民主化的来源"在于小资产阶级的自由散漫性","是手工业和小农经济的产物"。个人主义的社会来源是小资产阶级和资产阶级思想在党内的反映。盲动主义的社会来源是流氓无产者的思想和小资产阶级的思想的综合。总之,非无产阶级思想客观上来自中国半殖民地半封建社会各种非无产阶级成分及其经济地位造成的思想意识上的弱点,主观上则是由于共产党对错误思想的认识和斗争不够。

在找到了错误思想产生的根源的基础上,决议提出了纠正错误思想的办法。

如对单纯军事观点和流寇思想的纠正方法,《决议》提出首先要坚持党对军队的领导,坚持政治建军,特别是要着重于党的思想建设,采取多种方式进行思想教育和政治训练。即"(一)从教育上提高党内的政治水平,肃清单纯军事观点的理论根源,认清红军和白军的根本区别。(二)加紧官兵的政治训练,特别是对俘虏成分的教育要加紧。同时,尽可能由地方政权机关选派有斗争经验的工农分子,加入红军,从组织上削弱以至去掉单纯军事观点的根源。(三)发动地方党对红军党的批评和群众政权机关对红军的批评,以影响红军的党和红军的官兵。(四)党对于军事工作要有积极的注意和讨论。一切工作,在党的讨论和决议之后,再经过群众去执行。(五)编制红军法规,明白地规定红军的任务,军事工作系统和政治工作系统的关系,红军和人民群众的关系,士兵会的权能及其和军事政治机关的关系。"②

再如对极端民主化的纠正方法,《决议》提出:"(一)从理论上铲除极端民

---

① 《毛泽东选集》第一卷,人民出版社1993年版,第85页。
② 《毛泽东选集》第一卷,人民出版社1993年版,第87—88、94页。

主化的根苗。首先，要指出极端民主化的危险，在于损伤以至完全破坏党的组织，削弱以至完全毁灭党的战斗力，使党担负不起斗争的责任，由此造成革命的失败。其次，要指出极端民主化的来源，在于小资产阶级的自由散漫性。这种自由散漫性带到党内，就成了政治上的和组织上的极端民主化的思想。这种思想是和无产阶级的斗争任务根本不相容的。（二）在组织上，厉行集中指导下的民主生活。其路线是：1. 党的领导机关要有正确的指导路线，遇事要拿出办法，以建立领导的中枢。2. 上级机关要明了下级机关的情况和群众生活的情况，成为正确指导的客观基础。3. 党的各级机关解决问题，不要太随便。一成决议，就须坚决执行。4. 上级机关的决议，凡属重要一点的，必须迅速地传达到下级机关和党员群众中去。其办法是开活动分子会，或开支部以至纵队的党员大会（须看环境的可能），派人出席作报告。5. 党的下级机关和党员群众对于上级机关的指示，要经过详尽的讨论，以求彻底地了解指示的意义，并决定对它的执行方法。"①

　　还有非常值得注意的对主观主义的纠正方法，《决议》指出："主要是教育党员使党员的思想和党内的生活都政治化，科学化。要达到这个目的，就要：（一）教育党员用马克思列宁主义的方法去作政治形势的分析和阶级势力的估量，以代替主观主义的分析和估量。（二）使党员注意社会经济的调查和研究，由此来决定斗争的策略和工作的方法，使同志们知道离开了实际情况的调查，就要堕入空想和盲动的深坑。（三）党内批评要防止主观武断和把批评庸俗化，说话要有证据，批评要注意政治。"②

　　从上述纠正错误思想的方法，可以看出毛泽东解决中国共产党建设的思路是重在思想建党，即通过加强思想教育，不断地用无产阶级思想克服非无产阶级思想，保持党的无产阶级先进性。决议不仅理念新，而且实施教育的措施和方法符合实际，具有多样、细致、简明、可操作性强等特点。只要认真去做，坚持下去，就会克服非无产阶级思想的侵蚀，使以农民为主要成分的党实现无产阶级化。

---

① 《毛泽东选集》第一卷，人民出版社1993年版，第88—89页。
② 《毛泽东选集》第一卷，人民出版社1993年版，第92页。

贡献及意义

《关于纠正党内的错误思想》是毛泽东建党思想的代表作,马克思主义党建理论与中国共产党建设的实际相结合的典范。它以全新的内容丰富了马克思主义的建党学说。它创造性地解决了中国共产党在特殊的历史条件下保持党的先进性的难题,为中国革命的胜利作出了重要贡献。贯穿在决议中的一切从实际出发、实事求是的思想路线和敢闯新路的精神,对改革开放新时期党的建设有很强的现实指导意义。

(一)它开创的党建新路解决了中国革命中的关键问题。

自 1927 年国民党蒋介石、汪精卫叛变革命,中国共产党被迫到农村,以农民为主力军进行反帝、反国民党新军阀的土地革命战争后,就遇到了全世界共产党都没有遇到的新问题,即党长期在农村,主要成分是农民的情况下,能否保持无产阶级先进性的难题。解决这个难题,马克思主义的书本里没有现成答案,共产国际用欧洲资本主义国家共产党和俄国共产党采用的靠大量吸收工人党员,由工人出身的党员担任领导干部来保持党的先进性的路子又行不通。在这种情况下,古田会议决议提出的着重思想建党,用加强政治思想教育,不断地用无产阶级思想克服非无产阶级思想,使农民出身的党员无产阶级化的办法保持党的先进性的建党新路,解决了走农村包围城市道路,夺取革命胜利的关键问题。运用这条建党新路于党的建设的实际工作中,取得了好的效果。古田会议结束后,红四军全军大力贯彻决议精神。半年以后,党的思想作风和工作作风大为改进。有了党的正确领导,反"围剿"战争接连取得胜利,中央根据地得到了大发展。抗日战争时期贯彻思想建党路线,创造了整风的形式,清除危害巨大的教条主义等各种非无产阶级思想,党的先进性建设取得巨大成功,全党空前团结统一。解放战争时期,通过整党进一步纯洁了党组织,全党思想统一,步调一致,夺取了中国革命的胜利。中国革命的实践证明,这条建党新路完全符合中国共产党建设的实际,是使中国共产党兴旺发达的法宝。

（二）它以独创性的内容丰富发展了马克思主义建党学说。

古田会议开创的建党新路在马克思主义党的学说史上有重要地位。它突破了马克思主义党的学说中通行的共产党既然是工人阶级的先锋队，它的成员就应当主要是工人，用党员工人化和党的领导干部工人化来保持党的先进性的模式，解决了共产党在落后的农业大国，党员主要是农民，长期在农村从事革命斗争环境中，不断受到非无产阶级思想侵袭的情况下，如何保持先进性的难题。毛泽东在古田会议决议中提出的着重从思想上建党的新思路，创造的一套积极解决思想问题的途径和方法，是马克思主义党的学说中没有的，是党的建设史上的伟大创举，是对马克思主义党的学说的新贡献。它发展了马克思主义建党学说，解决了在农民和其他小资产阶级占人口大多数的国家，如何建设先进的无产阶级政党的问题，把马克思主义的建党学说大大地推向前进。

（三）它独特的解决问题的思路、途径和方法，对改革开放新时期党的建设有很强的现实指导意义。

古田会议决议提出建党新路已经八十多年了，但即使在今天，《决议》中提出的解决党的建设问题的思路、途径和方法，仍然具有强大的生命力，对于在新的历史时期继续保持共产党员的先进性具有重要的指导意义。

古田会议决议能够开创建党新路，最根本的是坚持了一切从实际出发、实事求是的思想路线。以毛泽东同志为主要代表的中国共产党人，敢于冲破教条主义的束缚，坚持从中国独特的国情和党情出发，从自己的实践中总结经验，发现党的建设的规律，找出解决问题的科学的途径和办法，对党在建设中国特色社会主义的实践中解决执政党建设的难题，保持党的先进性，仍有极其重要的启示和指导意义。今天，中国共产党与当年革命年代的党一样，仍然是在特殊的国情下和特殊的环境中进行自身的建设。党在推进改革开放和社会主义现代化建设中肩负任务的艰巨性、复杂性、繁重性世所罕见。党面临的执政考验、改革开放考验、市场经济考验、外部环境考验将是长期的、复杂的、严峻的。我们要实现中华民族伟大复兴，要把党建设好，必须继承和发扬古田会议精神，始终坚持一切从实际出发，以改革创新精神加强和改进党的建设。要坚持继承和创新相结合，坚持用时代发展的要求审视自己，以改革创新的精神完善自己,不断推进党的建设的实践创新、理论创新、制度创新。要善于总结实践经验,研究新情况、解决新问题,深入探索马克思主义执政党建设规律,以科学理论指导党的建设,以科学制度保障党的建设,以科学方法推进党的建设,不断提高党的建设的科学化水平,不断增强党的创造力、凝聚力、战斗力。

(刘晶芳 撰稿)

三

《星星之火，可以燎原》
导　读

　　这是 1930 年 1 月 5 日毛泽东写给林彪的一封信，是为了答复林彪散发的一封对红军前途究竟应该如何估计的征求意见的信。全文约 6500 字。土地革命战争时期，本文曾以《毛泽东同志给林彪同志的信》为题在中央革命根据地印发过油印的小册子。抗日战争时期，中共中央书记处编辑出版的《六大以来》上册、《两条路线》，以及中央军委编印的《军事文献》上册，均收入了这封信。此外，新中国成立前，一些根据地编的党的文件集和《毛泽东选集》也曾收入了这封信。1951 年《毛泽东选集》第一卷出版时，收入了这封信，但应林彪的请求，删去了原信中批评林彪的地方，并作了一些其他的修改，题目改为《星星之火，可以燎原》。

写　作　背　景

　　《星星之火，可以燎原》是以给林彪的私人信件的形式，回答党内一些人对形势的悲观估量，批评由此而来的对红军行动问题上不赞成建立巩固的根据地，主张流动游击的错误主张，阐述农村工作在中国革命中的地位和作用的重要著作。当时古田会议刚刚开过,红四军党内在如何建设党,如何有效地克服非无产阶级思想,保持党的无产阶级先进性;如何建设人民军队,正确坚持人民军队的宗旨,坚持党指挥枪的原则,以及如何正确处理党和军队的关系等问题取得了共识。但在对形势的估量上,不少人仍存在悲观情绪,表现在过高地估计敌人的力量,看不到反革命力量由于军阀割据、长期混战也相对削弱了,看不到敌人营垒中的矛盾。特别是遇到打败仗,或四面被围,或强敌跟随的时候,有些同志便把这种一时的、局部的挫折或困难当成了全局的表现。他们过低地估计了革命力量,只看到革命力量的削弱,对革命前途悲观,不愿做艰苦的工作去创建农村革命根据地,而希望以比较轻便的流动游击方式去扩大政治影响,等到各地争取群众的工作做好了,再去举行全国武装起义,夺取和建立政权。也就是说,古田会议虽然批评了流寇思想,但问题并没有真正解决。毛泽东看到了问题的严重性,因此写了这封信,在进一步回答"红旗到底打得多久"的疑问,批评右倾悲观思想的同时,阐述中国政治经济发展不平衡规律,以及由此产生的对中国革命中城市斗争与农村斗争关系的认识,明确了党的工作重心问题。

值得注意的是,这封信虽然是写给林彪个人的,但毛泽东并未把它当作私人信件,而是以党内通讯的形式印出来发给红军指战员,让大家都能看到,参与问题的讨论,进而启发大家正确认识解决中国革命战争中的一些重大问题。之所以如此,是因为林彪的信中反映的错误思想并不是林彪一个人的思想,而是一种带普遍性的认识。这些问题是土地革命战争两年来在党内一直存在的,必须正确认识和解决而还没有解决的一个全局性的问题。因此,要理解这封信的背景,还必须了解历史上党对中国国情、对革命形势、对城市和农村斗争的关系、对中国革命战争特点等一系列问题的认识。

八七会议后,党开始独立领导中国革命。这个革命主要包括城市中的工人运动、农村中的武装斗争两大部分。党当时把工作重心放在城市,以主要力量进行工人运动,发动工人进行反抗国民党的斗争。党部署的武装暴动,也是以夺取城市为目标进行的。但在白色恐怖下,以城市工人运动为主的白区斗争成效很小,损失很大。以夺取城市为目标的武装起义也都失败了。起义军余部到了农村后坚持武装斗争,则有了一些成绩,建立了红军和一些小块根据地。这种残酷的现实和强烈的反差，迫使全党上下都在思索：到底如何处理城市斗争与农村斗争的关系才是符合实际的？走什么样的道路才有利于革命的发展？毛泽东在井冈山和赣南闽西的革命斗争实践中，对在大革命失败后白色恐怖严重、敌我力量对比悬殊、经济政治发展不平衡的条件下，革命力量如何生存发展进行了艰辛的探索。经过深入思考，他初步形成了红色政权理论和工农武装割据思想。

工农武装割据思想，是共产党和割据地方的工农群众必须充分具备的一个重要的思想。没有它，革命根本无法进行。但是，有了工农武装割据思想，找到了中国革命道路，还不能说中国革命就一定可以取得胜利。相对于开辟新道路来说，更为重要的关键和核心问题，是在中国特殊的国情和党情下，如何保持党的无产阶级先进性，以及党的工作重心放在哪里。解决这些问题要比解决工农武装割据问题更为困难，一是缺乏实践经验，二是受到来自共产国际的城市中心论的束缚。

大革命失败后，共产国际对中共组织农民暴动、建立工农武装、实行土地革命、建立根据地都是赞成的，但在全党工作的部署上，其指导思想仍是以城市为中心的，要求各地武装起义以夺取城市为目标。广州暴动失败后，共产国际对革命形势作出基本正确的估计，决定停止全国暴动，明确党的总任务是争取群众、积蓄力量，但是工作重心仍放在城市。共产国际执委会主席布哈林认为：在中国"既然农民不能独立地领导革命，那么它就需要城市的领导。农民首先应夺取一些城市，以便进行革命斗争。"①

共产国际的城市中心思想在对中共六大的指导中得到了充分体现。会前，斯大林在同中共领导人瞿秋白、周恩来等人的谈话中，认为"农民游击战争并非暴动。有些地方取得政权，组织红军，但不能持久。"中国"农民游击战争是农民革命行动的宣传。过去有的，将来也是有的。是不是它们可以取得一省政权？不可能的。"他认为"农民的游击战争如没有得到重要城市的援助，决没有改变社会制度的性质。即使有（取得）胜利也不能巩固。故城乡的

_____

① 《布哈林在共产国际执行委员会讨论中国问题会议上的发言和结束语》（1928 年 1 月 31 日），中共中央党史研究室第一研究部译：《共产国际、联共（布）与中国革命档案资料丛书》第 7 册，中央文献出版社 2002 年版，第 229 页。

关系不能建立,则胜利无望。""游击战争能从为土地革命(作)斗争(的)分子中集中军队的力量,其意义在为工人用。假使我们能从农运中吸收几万军队,集中到一个或几个城市,其意义将更重大。"①布哈林在中共六大上作的《关于政治报告的结论》中,也不主张建立巩固的根据地。他认为红军是不参加生产的,长期集聚在一个地方,就会把老百姓的最后一只老母鸡吃光,一定会遭到老百姓的反对。因此,他主张"不要将红军聚到一个地方,最好将它分成几个部分。……分聚到各地方,经相当的时间再转一个地方,在这个地方住一些时,杀一杀土豪劣绅,吃一吃饭,喝一喝鸡汤,再到另外一个地方。到另外的区域中,还是照样的杀土豪,吃鸡。过了相当时间之后再前进。……不然便会像一个肥胖的大肚子女人,坐到某一个地方,便在那里大吃大嚼个精光。"②布哈林的"吃鸡论",是他依据共产国际驻中国代表的报告,加上自己的想象推论出来的,与红军在农村发展的实际情况完全不符合。

在 20 世纪二三十年代国际共运中把马克思主义和共产国际指示教条化,把俄国革命经验神圣化盛行的环境下,共产国际的城市中心论对处在幼年、缺乏实践经验的中国共产党人产生了巨大的影响。在中共六大上,许多代表接受了布哈林、斯大林的城市中心论,赞同他们的主张,批评八七会议后的中共中央没有以城市为中心,没有看见无产阶级,只看见农民,忽视了城市工作。如蔡和森在发言中认为,促进革命高潮的条件之一是"运动发动于大城市,而且是城市工人的领导,非是单独爆发于乡村。"王若飞在发言中认为,"农村斗争虽然很发展,但城市工作不起来,失了城市的领导,是伏着很大的危险。"张国焘在发言中更说道:革命发展不平衡的现状是客观的事实,"可是此种客观事实,既不能用为忽视城市工人的辩护,也不能用为过于重视散漫不相联络的游击战争的倾向的辩护。""割据的观念,尤其是由农民游击战争包围大城市之割据观念,出自于中国历史上农民革命方式和国民党的革命方式。在现代

---

① 《周恩来对斯大林同瞿秋白和中共其他领导人会见情况的记录》(1928 年 6 月 9 日),中共中央党史研究室第一研究部译:《共产国际、联共(布)与中国革命档案资料丛书》第 7 册,中央文献出版社 2002 年版,第 478、479、481、482 页。

② 《国际代表在中国共产党第六次全国代表大会上关于政治报告的结论节录》(1928 年 6 月),中共中央党史研究室第一研究部编:《共产国际、联共(布)与中国革命档案资料丛书》第 11 册,中央文献出版社 2002 年版,第 180 页。

革命中若无城市工人领导的革命，其成功的可能性甚微小。"①顺直代表王仲一在发言中也认为，"帝国主义的势力，是集中城市和工业区，可是秋收暴动，就跑到乡村去了，城市方面受了大的白色恐怖。"中央"完全丢了城市不注意，而去做秋收暴动，是怕帝国主义而到乡下去躲避，这是大错特错了。"②

上述六大代表对城市和农村关系的看法不是个别人的一己之见，而是全党普遍的认识。它表明共产国际的城市中心思想已被中国共产党人接受，成为占统治地位的指导思想。在中共六大通过的《政治议决案》中，明确写上了在促进革命高潮的诸因素中"城市领导作用的重要和无产阶级群众的高潮，都将要表现他的决定胜负的力量"。③ 六大结束后，党中央领导人陆续回国，以城市为中心部署全党工作。

从 1929 年 6 月中共六届二中全会的文件中，可以清楚地看到中央是以城市为中心部署全党工作的。在中央政治局所作的六届一中全会到二中全会一年的工作统计中，政治局会议共召开 39 次，有议程 202 个，其中专门讨论农村工作的有 10 次，专门讨论城市工作的有 28 次，讨论城市工作远多于农村工作，表明党中央的工作重心是在城市不在农村。在这一年中央致各省委的 126 封指示信中，十分清楚地反映了中央在城市和农村工作关系上的指导思想。如在 1928 年 9 月 22 日发出的中央致湖北省委信中，批评他们"总计划中在斗争的布置上有用乡村包围城市的企图（如以监利沔阳石首等县包围沙市，以秭归宜都长阳枝江等县包围宜昌，以及各区向武汉发展），这种倾向是极危险的，在客观上不啻暗示一般同志轻视或放弃城市工作。省委应很严重的注意各大城市的工作，同时严格纠正这种危险的倾向。"9 月 24 日，中央又发出致湖北省委并转鄂西特委信，指出"特委能够纠正不要城市的错误是对的，但特委一方面要从政治上告诉各县党部，不要城市就是否认共产党是无产阶级政党，是否认无产阶级对农民的领导，结果党只有变成小资产阶级农民党。"1929 年 2 月 5 日，中央在给福建省委信中，总结闽西斗争失败的原因，认

---

① 《党的六大文献档案选载》（一九二八年六月），《党的文献》1988 年第 1 期，第 6、10、12 页。

② 《党的六大文献档案选载》（一九二八年六月），《党的文献》1988 年第 4 期，第 38 页。

③ 《政治议决案》（1928 年 7 月 9 日），中央档案馆编：《中共中央文件选集》第 4 册，中共中央党校出版社 1989 年版，第 313 页。

为没有城市工作,是失败的主要原因之一。强调城市是政治经济中心,"假如城市工人不起来,取得城市的政权,领导农民实行土地革命,我们的力量在乡村不论如何大,终难达到长期的胜利。"

中共六届二中全会后,城市中心思想变本加厉地在全党推行。1929年7月9日,中央分别发出给江西省委和给湖南省委的指示信,要求省委转变观念,确立城市中心思想。"一定要坚决的认识,在城市中建设一个产业支部,比在乡僻小县中建立十个农村支部都要强。""应当坚决地相信,在任何一个重工业中就是建立三数人的支部,比我们在农村中发展百余同志割据一个乡村还要宝贵。"党中央以城市为中心对各地的指导,阻碍了革命战争的健康发展,增加了探索新道路的难度。

城市中心论严重地束缚了正在农村从事革命斗争的人们的思想,使新道路的探索困难重重。普遍存在的问题是对建立巩固根据地的必要性和它在夺取全国胜利中的重大意义缺乏认识。一部分人热衷于走州过府、流动游击,不愿意做宣传群众、组织群众,发动群众进行土地革命,发展党的组织,发展地方武装,建立红色政权的艰苦工作,认为在革命低潮时期建立政权是徒劳的。红四军在井冈山时期遭到的三月失败和八月失败,除了湖南省委的指导错误外,很重要的是部队存在流寇主义思想,对建立巩固的井冈山军事大本营,形成革命的坚实基础的意义认识不清。

1929年1月红四军下山后,在进军赣南闽西的实践中,深感建立根据地的重要性。1929年3月20日,红四军前委在汀州召开的扩大会议上,作出"在国民党混战的初期,以赣南闽西二十余县为范围,用游击战术,从发动群众以至于公开苏维埃政权割据,由此割据区域以与湘赣边界之割据区域相连接"的决定,并在会后给福建省委和中共中央的报告中,强调了在赣南闽西割据的必要性和重要性,认为"这一计划是决须确立,无论如何,不能放弃,因为这是前进的基础",同时建议"不仅在湘赣粤闽等地,江苏北皖鄂北豫南直隶,都应有红军和小区域苏维埃之创立。"[1]但是这一决定尚未及执行,即收到了中央"二月来信"。

---

[1]　《红四军前委关于攻克汀州及四、五军江西红二、四团行动方针等问题向福建省委和中央的报告》(1929年3月20日),江西省档案馆、中共江西省委党校党史教研室选编:《中央革命根据地史料选编》(中),江西人民出版社1982年版,第66—67页。

1929 年 2 月 7 日，中共中央在给润之、玉阶两同志并转湘赣边界特委的指示信中，贯彻了中共六大的城市中心思想，要求红四军"有计划地、有关联地将红军的武装力量分成小部队的组织，散入湘赣边界各乡村中进行和深入土地革命"，以"避免敌人的消灭"。分编时"部队的大小可依照条件的许可定为数十人至数百人，最多不要超过五百人"，为隐匿大的目标，"朱毛两同志有离开部队来中央的需要"。①

1929 年 4 月 3 日，中央"二月来信"送到瑞金，对红四军产生了消极影响。有流寇思想的人似乎从中央的信中找到了反对建立巩固的根据地的理由。5 月初，刚刚从苏联回国的刘安恭又带来"一种形式主义的理论"，教条地贯彻共产国际的意图和中央"二月来信"的精神，散布脱离生产的红军不能存在，主张分散游击，更助长了流寇主义倾向。毛泽东反复强调的建立中心区域坚实基础的主张，一时不被红四军党内多数所理解和接受。红四军七大决议在检阅过去政策时，不承认四军党内有流寇思想，认为罗霄山脉中段政权的第一个时期（湘南红军退到边界至九月前）的割据是十分对的，很正确的；第二时期（九月至十二月），是一种单纯的军事割据，含有保守主义的错误。决议否定了毛泽东的必须反对不要根据地的流寇思想的主张，认为"流寇思想与反流寇思想的斗争，也不是事实"，"过去罗霄山脉政权问题，党内实有不同意见，不见得这意见就是流寇思想。"②

红四军的问题反映到中央。周恩来主持起草的"九月来信"肯定了农村斗争的重要性，明确提出"先有农村红军，后有城市政权，这是中国革命的特征，这是中国经济基础的产物。"在"九月来信"的指导下，古田会议决议批评了流寇思想，强调了建立巩固的根据地的重要性。但是从会后林彪的来信，可以看出这个问题并没有真正解决。毛泽东意识到这不是林彪等个别人的个别认识问题，而是一个在党内普遍存在的、对中国革命影响极大的严重性问题，因此有必要作系统的分析和明确的回答。

———————————

① 《中央给润之、玉阶两同志并转湘赣边界特委信——关于目前国际国内形势和党的军事策略》（1929 年 2 月 7 日），中央档案馆编：《中共中央文件选集》第 5 册，中共中央党校出版社 1989 年版，第 35—37 页。

② 傅柒生著：《古田会议》，解放军出版社 2006 年版，第 120 页。

主　要　内　容

古田会议后五天,1930 年 1 月 5 日,毛泽东在给林彪的信中,进一步批评了党内普遍存在的主张流动游击,忽视建立巩固的根据地的城市中心思想,阐明了建立巩固的农村根据地的重要性,强调了它对夺取全国政权的意义。

(一)批评了在形势估量上的悲观情绪,阐明了辩证的形势观。

正确分析形势和敌我力量对比是正确决策的基础。土地革命战争初期出现的以城市为中心、要求各地武装起义攻打大城市的"左"倾盲动错误,红四军党内出现的不愿意在农村建立巩固的根据地,只愿意流动游击,等待全国革命高潮到来时,一举攻克大城市的右倾悲观情绪,都与对形势和敌我力量对比的估量密切相关。毛泽东分析了"左"倾盲动主义和右倾悲观主义两种错误的认识论原因,指出二者都没有能够做到知己知彼,正确地认识敌我。毛泽东强调,分析形势要辩证地看,要透过现象看实质。对革命力量的估量,既要看到大革命失败后,革命的主观力量确实大为削弱了,更要看到革命力量虽然小,但在中国农村环境里不仅具备了发展的可能性,而且具备了发展的必然性,因此中国革命的发展,中国革命重新走向高潮,将会是很快的。对反动力量的估量,既要看到敌人的强大,又要看到立足于中国落后的、脆弱的社会经济组织之上的反动统治阶级的一切组织,也是相对地弱的。因此不能一遇到打败仗,或四面被围,或强敌跟追时,把一时的困难看作是全局,认为革命前途渺茫得很。总之,既要承认敌强我弱,从这一基本估计来确定我们的战略策略;又要从敌人的强中看到弱点,从我方的弱中看到长处。毛泽东在信中运用矛盾分析的方法,对国民党统治下中国社会的各种矛盾进行了分析,指出这些矛盾的存在,使中国处在惶惶不可终日的混乱状态之下,这些矛盾的发展,使中国革命的高潮不可避免。星星之火距离燎原之期,毫无疑义地是不远了。因此,悲观的形势估量是错的,因对形势的悲观估量导致的不愿意花大力气建立巩固的根据地,主张流动游击的思想也是不符合实际的。

(二)明确否定了流动游击思想,强调要确立以农村斗争的发展促进革命高潮的观念。

毛泽东在信中批评了红四军党内普遍存在的忽视建立巩固根据地的流动游击思想。指出由于"你不相信革命高潮有迅速到来的可能,因此在行动上你不赞成一年争取江西的计划,而只赞成闽粤赣交界三区域的游击;同时在三区域也没有建立赤色政权的深刻的观念,因之也就没有由这种赤色政权的深入与扩大去促进全国革命高潮的深刻的观念。由你相信×××式的流动游击政策一点看来,似乎你认为在距离革命高潮尚远的时期做建立政权的艰苦工作为徒劳,而有用比较轻便的流动游击方式去扩大政治影响,等到全国各地争取群众的工作做好了,或做到某个地步了,然后来一个全国暴动,那时把红军的力量加上去,就成为全国形势的大革命。你的这种全国范围的、包括一切地方的、先争取群众后建立政权的理论,我觉得是于中国革命不适合的。"①通过毛泽东对林彪的批评,可以看出他要解决的最主要问题是党内较普遍存在的对时局的错误估量,以及由此而来的对在农村建立巩固根据地缺乏信心问题,以便肃清古田会议后党内仍存在的流寇主义思想,确立建立红色政权的深刻观念,提高党内对坚持农村斗争,建立巩固的根据地的重要性的认识。

(三)分析了流动游击思想产生的原因。

毛泽东在信中分析了流动游击思想产生的原因,指出是因为没有把中国的基本国情认识清楚。"如果认清了中国是一个许多帝国主义国家互相争夺的半殖民地,则一,就会明白全世界何以只有中国有这种统治阶级内部互相长期混战的怪事,而且何以混战一天激烈一天,一天扩大一天,何以始终不能有一个统一的政权。二,就会明白农民问题的严重性,因之,也就会明白农村起义何以有现在这样的全国规模的发展。三,就会明白工农民主政权这个口号的正确。四,就会明白相应于全世界只有中国有统治阶级内部长期混战的一件怪事而产生出来的另一件怪事,即红军和游击队的存在和发展,以及伴随着红军和游击队而来的,成长于四围白色政权中的小块红色区域的存在和发展

---

① 《毛泽东给林彪的信》(1930 年 1 月 5 日),中央档案馆编:《中共中央文件选集》第 6 册,中共中央党校出版社 1989 年版,第 553—554 页。

（中国以外无此怪事）。"①

（四）充分肯定了农村斗争的重要性及对夺取全国政权的意义。

毛泽东在对中国特殊的国情作了深刻分析的基础上，批评了党内那种"畏惧农民势力的发展，以为将超过工人的势力而不利于革命"的城市中心观点，阐述了农村斗争在中国革命中的重要性及对夺取全国政权的意义。指出："红军、游击队和红色区域的建立和发展，是半殖民地中国在无产阶级领导之下的农民斗争的最高形式，和半殖民地农民斗争发展的必然结果；并且无疑义地是促进全国革命高潮的最重要因素"；"单纯的流动游击政策，不能完成促进全国革命高潮的任务，而朱德毛泽东式、方志敏式之有根据地的，有计划地建设政权的，深入土地革命的，扩大人民武装的路线是经由乡赤卫队、区赤卫大队、县赤卫总队、地方红军直至正规红军这样一套办法的，政权发展是波浪式地向前扩大的，等等的政策，无疑义地是正确的。"强调"必须这样，才能树立全国革命群众的信仰，如苏联之于全世界然。必须这样，才能给反动统治阶级以甚大的困难，动摇其基础而促进其内部的分解。也必须这样，才能真正地创造红军，成为将来大革命的主要工具。总而言之，必须这样，才能促进革命的高潮。"②作为全信的点睛之笔，毛泽东一针见血地指出党内在红军行动问题上出现错误的原因，即是"没有建立赤色政权的深刻的观念，因之也没有用这种赤色政权的深入与扩大去促进全国革命高潮的深刻的观念"③，鲜明地提出了要树立依靠红色政权的巩固和扩大去促进全国革命高潮到来的深刻思想。这样他就把目前还是弱小的、零星的红军和农村根据地与中国革命的大局紧密地联系在一起，从战略高度肯定了农村斗争的极端重要性和在夺取革命胜利中的重大意义，这就是农村中心思想。

上述毛泽东在这封信中对红军和农村根据地在夺取中国革命胜利中的地位和作用的阐述，表明在毛泽东的认识中，农村中心思想已经形成。农村为中心这个核心问题的解决，标志着农村包围城市道路开辟出来了。

_____

① 《毛泽东选集》第一卷，人民出版社1991年版，第98页。
② 《毛泽东选集》第一卷，人民出版社1991年版，第98—99页。
③ 《毛泽东给林彪的信》（1930年1月5日），中央档案馆编：《中共中央文件选集》第6册，中共中央党校出版社1989年版，第553页。

贡献及启示

中国共产党在争取民族独立和人民解放的斗争中，要战胜强大的敌人，夺取革命的胜利，必须要依靠最广大的农民群众，走一条适合中国特殊国情的革命道路，这就是农村包围城市，武装夺取政权的道路。走农村包围城市道路，是中国的特殊国情决定的，也是大革命失败后，敌强我弱，力量对比悬殊，国民党反动势力牢固占据城市，实行残酷的白色恐怖逼出来的。它反映了中国革命的规律，是夺取中国革命胜利的必由之路。但是规律是不容易认识的，必然要经过实践、认识、再实践、再认识的多次反复。特别是在共产国际对中国革命的指导中坚持城市中心道路的情况下，在国际共产主义运动中把马克思主义教条化盛行的氛围中，中国共产党要找到这条道路是异常艰难的。毛泽东在领导红军开辟井冈山革命根据地的实践中，对中国经济、政治不平衡的特殊国情，以及这种不平衡导致的革命力量在城市和乡村发展的不平衡有了初步认识，提出了工农武装割据思想。以武装斗争为主要形式，以土地革命为主要内容，以根据地为依托的工农武装割据思想反映了中国革命的规律，是党要生存发展必须坚持的。它构成了农村包围城市道路的基本内容。但仅有工农武装割据思想，还不能说就认清了中国革命规律，找到了农村包围城市道路。要找到这条道路还必须解决更为重要的关键问题和核心问题，也就是，党长期在农村，主要成分是农民小资产阶级，饱受各种非无产阶级思想侵蚀的情况下，能否保持党的无产阶级先进性，以及革命重心是放在城市还是放在农村的问题。1929 年 12 月召开的古田会议找到了建党新路，解决了走农村包围城市道路的关键问题。而毛泽东在《星星之火，可以燎原》这封信中，发展了《中国的红色政权为什么能够存在？》和《井冈山的斗争》两篇文章中的"工农武装割据"思想，将"工农武装割据"与促进全国革命高潮紧密联系起来，强调了农村斗争对夺取中国革命胜利的极端重要性，从而找到了中国革命在城市中被强大敌人击败后，无法以城市为中心取得全国胜利条件下的革命发展规律，形成了农村中心思想,从而进一步解决了开辟革命新道路的核心问题,为农村包围城市道路的开辟作出了重要贡献。

毛泽东在对中国革命形势的分析中,体现了透过现象看本质的唯物论和辩证法。在这封信中,毛泽东分析了"左"倾盲动主义和右倾悲观主义两种错误的认识论原因,指出二者都没有能够做到知己知彼,正确地认识敌我。他从方法论上指出:"我们看事情必须要看它的本质,而把它的现象只看作入门的向导,一进了门就要抓住它的实质,这才是可靠的科学的分析方法。"这就告诉我们,观察问题一方面不能不看现象,因为现象是最直接的客观事实,是发现事物本质的向导;但另一方面,观察问题又不能停留在对现象的认识上,而应当对现象进行辩证的分析,找出其内在的联系,发现其本质。具体来说,对于中国革命的主观力量,既要看到它在大革命失败后确实是大为削弱了,不能盲目乐观,夸大革命力量,但更重要的是要看到这种削弱了的力量在中国农村环境里不仅具备了发展的可能性,而且具备了发展的必然性,因此也不应当对革命的前途悲观失望;对于反革命力量,固然要看到它的反动统治和白色恐怖的强大,要重视敌人,但更要看到它的一切组织(政权、武装、党派等)都是立足在落后的、脆弱的社会经济组织之上的,反革命的力量也是相对地弱的,反革命潮流实质上在开始下落,因此不应过分夸大敌人的力量,惧怕敌人。综合上述两方面的分析,我们既要承认敌强我弱,从这一基本估计来确定我们的战略策略;又要从敌人的强中看到弱点,从革命力量的弱中看到强点,从而坚定革命信心。这种科学的认识方法和辩证的分析方法对于今天的工作仍有重要的指导意义。

(刘晶芳　撰稿)

四

《关心群众生活，注意工作方法》
导　读

　　这是毛泽东 1934 年 1 月 22 日至 2 月 1 日在江西瑞金召开的第二次全国工农兵代表大会上所作《关于中央执行委员会报告的结论》中的一部分。全文约三千字，曾发表在 1934 年 1 月 31 日的《红色中华》报和党刊苏区《斗争》第 66 期上。此后在 1934 年和 1935 年中华苏维埃人民委员会和中央政府编印的《中华苏维埃共和国第二次全国代表大会文献》和《苏维埃中国》中也收入了这篇报告。新中国成立后，毛泽东将这个报告的主要部分略作修改，以《关心群众生活，注意工作方法》为题，收入 1951 年 10 月出版的《毛泽东选集》第一卷。

报　告　由　来

　　1934 年 1 月 22 日，第二次全国苏维埃代表大会在江西瑞金召开。24 日至 25 日，毛泽东代表中华苏维埃共和国中央执行委员会与人民委员会向大会作了长篇工作报告。报告回顾了中国革命与世界革命发展的形势，总结了中央政府成立以来苏维埃运动在各方面的宝贵经验，提出了当前的具体战斗任务。26 日至 27 日,与会代表就毛泽东的报告分组进行了热烈的讨论。根据代表们的讨论意见,毛泽东 27 日又在大会上作了关于中央执行委员会报告的结论,突出阐述了关心群众生活和注意工作方法这两个问题。

第二次全国苏维埃代表大会召开之时,正是国民党军队加紧对中央苏区进行第五次“围剿”,革命根据地处在最困难、最艰苦的时期。当时党在革命根据地的任务,就是要动员广大人民群众参加革命战争,并进行各项必要的和可能的经济建设,以打破敌人的第五次军事“围剿”及其在经济上的封锁。毛泽东在这次大会的结论中提出“关心群众生活,注意工作方法”的主要目的,也正是为了适应当时情况的需要,解决完成革命任务的工作路线和工作方法问题。但是,当时在党和苏维埃政府的工作人员中,并不是所有的人都能正确认识群众工作与革命战争的关系。他们或者是只知向群众要粮要款,不知花大力气去帮助群众发展生产和改善生活;或者是借口扩大红军便没有人生产了,不去积极进行扩大红军和运输队的工作;或是在工作中简单粗暴,官僚主义、命令主义盛行。

正是为了解决这些问题,毛泽东在工作十分繁忙的情况下,迈开双脚到基层去了解情况,做了许多调查研究工作。特别是在第二次全国苏维埃代表大会召开之前,1933 年 11 月中、下旬,他还率领中央政府检查团专门到江西省兴国县长冈乡、福建省上杭县才溪乡做了较为详细的实地调查,了解当地苏维埃政权工作及群众的生产、生活情况,写出《兴国县长冈乡的苏维埃工作》和《上杭县才溪乡的苏维埃工作》两篇调查报告,总结了他们动员群众的先进经验。在全苏二大的总结中,毛泽东用调查得来的大量实际材料,批驳了在党和苏维埃政府的工作人员中存在的在经济建设问题上的错误观点,阐明了发展生产、关心群众生活同支持长期战争的关系,制定了革命根据地的经济政策。与此同时,毛泽东还介绍了当时革命根据地许多基层地方组织,特别是两个模范乡长冈乡和才溪乡创造的一些动员群众的办法,并且从理论上进行了总结和升华。他把调查中形成的“关心群众生活,注意工作方法”的思想写进了总结报告中,形成了群众路线的基本内容。

主 要 内 容

（一）群众是真正的铜墙铁壁。

党的群众路线是建立在对人民群众历史作用正确认识的基础上的。在为中国的民族独立和人民解放而奋斗的新民主主义革命时期，党对人民群众历史作用的认识，具体地表现在对群众在中国革命中的地位和作用的认识上。唯有正确认识群众在革命战争中的地位和作用，充分相信群众，才会坚定不移地依靠群众，满腔热情地发动群众进行革命战争。

中国共产党人在建党之初，就接受了人民群众是创造历史的动力的观点，认为广大劳苦大众是中国革命的主要力量。因此，党建立伊始就把发动和组织群众参加反帝反封建的革命斗争，作为自己的主要工作。在大革命的实践中，中国共产党人对群众的革命作用有了一些切实的了解，其中毛泽东对人民群众的大多数——农民的认识最为深刻，称其为成就革命大业的元勋，认识到国民革命要成功，非得有广大农民的积极参加。

大革命失败后，中国共产党被迫在敌强我弱、力量对比悬殊的形势下，在白色恐怖极其严重的环境中开始独立领导中国革命。党实行土地革命和武装反抗国民党的总方针，在各地发动工农武装暴动，建立了红军和小块红色政权。国民党把共产党、红军和根据地看作心腹大患，不断组织"围剿"，企图凭借政治、经济和军事优势，剿灭弱小的革命力量。以井冈山根据地为例，从1928年1月至12月短短一年间，国民党就组织了四次"进剿"、三次"会剿"。中央根据地建立起来后，国民党更是倾尽全力，在1930年秋至1933年春的两年多时间里连续组织了四次大规模的军事"围剿"。在敌我力量对比悬殊，没有任何外援的情况下，党领导红军进行了艰苦卓绝的反"围剿"战争。正是依靠苏区的广大劳苦群众的支持，才取得了四次反"围剿"战争的胜利，革命力量得到了发展壮大。1933年9月，国民党又集中50万军队发动了对中央苏区的第五次"围剿"。在敌人的政治瓦解、经济封锁和军事打击下，在以博古为首的临时中央的错误指挥下,第五次反"围剿"战争进行得极为艰难。第二次全国苏维埃代表大会正是在这样的情况下召开的。

面对敌人接连不断的、越来越严重的进攻,党和苏维埃的中心任务就是领导革命战争、组织革命战争,用战争的胜利求生存、求发展。党在几年的土地革命战争实践中,切实感到了人民群众的地位和作用的重要。为了强化对群众在反"围剿"战争中作用的认识,毛泽东在这篇文章中深刻总结了前四次反"围剿"战争的经验,揭示了中央苏区第一至第四次反"围剿"胜利的重要原因,是争取到苏区群众的支持,认识到没有人民群众的全力支持,共产党就不能生存,革命力量也难以发展。在结论报告中,毛泽东对群众在革命战争中的作用的认识十分深刻,作出了真正的铜墙铁壁"是群众,是千百万真心实意拥护苏维埃的群众,这是真正的铜墙铁壁,什么力量也打不破的,完全打不破的"著名论断。[①] 正因为充分认识到群众的革命力量,所以毛泽东才会在第五次反"围剿"正在艰难进行的严峻局势下,充满信心地说:"在苏维埃政府的周围团结起千百万群众来,发展我们绝大规模的革命战争,我们就要消灭一切反革命,我们就要夺取全中国。"[②]

(二)关心群众生活,解决群众的实际问题,切实保障群众的利益。

鉴于革命战争就是群众的战争,只有动员群众才能进行战争,只有依靠群众才能进行战争,共产党要打赢第五次反"围剿"战争,就须在动员广大群众参加革命战争上下大功夫。对于群众在革命战争中的作用,人们认识起来并不太难。对把动员群众参加革命战争作为党和苏维埃的中心任务,在党内和苏维埃的工作人员中,似乎也没有异议。但是怎样才能把群众广泛地动员起来,有效地组织起来,充分发挥广大群众在战争中的作用,却是非常不容易的。要真正把群众动员起来参军参战,就必须关心群众的生活,就要使群众时时处处感到共产党是为群众谋利益的,只有跟着共产党干革命,才能过上好日子。

在动员群众参加革命战争与关心群众生活的关系的认识和处理上,在党内和苏维埃政府的工作人员中,并不是都认识清楚了,而是存在着忽视群众利

---

① 《第二次全苏大会特刊》第五期,《红色中华》1931 年 1 月 31 日。
② 《第二次全苏大会特刊》第五期,《红色中华》1931 年 1 月 31 日。

益的倾向。正如毛泽东在报告中指出的，在实际工作中，一些苏维埃人员"只讲扩大红军，扩充运输队，收土地税，推销公债，其他事情呢，不讲也不管，甚至一切都不管。"①也就是说要群众干事了才想起群众，平日对群众的生活漠不关心。只讲索取，不想给群众以利益。在全苏二大代表讨论毛泽东所作的政府工作报告时，并没有认识清楚群众生活同革命战争的联系，更没有特别注意讨论群众生活问题。可见，在一些代表心中，并没有把群众生活问题当作必须关注和解决的问题。所以，毛泽东在作结论报告时，把这个问题清楚地提出来，并加以充分的关注，认为这是"一个极重要问题"，②必须切实花大力气解决。

关心群众生活要注意的内容是很多的，几乎包括苏维埃的全部工作。

要做到关心群众生活，首先就要了解群众生活，知道群众生活中亟须解决的问题是什么。毛泽东在报告中对应当关心的群众生活内容作了全面的阐述，指出与群众生活密切相关的大的方面有，"领导农民的土地斗争，分土地给农民；提高农民的劳动热情，增加农业生产；保护工人的利益；建立合作社；发展对外贸易"；与群众生活最直接最具体的有，"解决群众的穿衣问题，吃饭问题，住房问题，柴米油盐问题，疾病卫生问题，婚姻问题"等等。③

关心群众生活的目的，就是要解决群众生活中的问题。怎样解决群众生活的问题呢？

第一，解决群众生活问题，首先要依法保证群众的权利。

毛泽东认为根本上是要依法保证群众的主人翁地位和当家作主的权利。苏维埃政权是工农民主政权。它制定的宪法及各项法律法规，都是代表广大工农群众根本利益的。《中华苏维埃共和国宪法大纲》明确规定，"苏维埃全政权是属于工人、农民、红军兵士及一切劳苦民众的"。④ 它所确定的民主集中制的工农兵代表大会制度及其议行合一的原则，它规定的劳动群众的各项民主权利，充分体现了人民大众的意志和利益，有利于广大群众参与国家管理，行使当家作主的权利。除宪法大纲这一根本法外，苏区的选举法、劳动法、

---

① 《第二次全苏大会特刊》第五期，《红色中华》1931 年 1 月 31 日。
② 《第二次全苏大会特刊》第五期，《红色中华》1931 年 1 月 31 日。
③ 《毛泽东选集》第一卷，人民出版社 1991 年版，第 136—137 页。
④ 中国人民解放军政治学院党史政工教研室编：《中共党史参考资料》第六册，第 542 页。

土地改革法、财政金融及税收法、婚姻法等,也均从各个不同方面体现了广大劳动群众的利益。毛泽东认为关心群众生活,就要努力实现这些基本法令,以最大限度地保障人民利益的实现。

第二,解决人民生活问题,要照顾到各阶级、阶层的利益,主要是保障工人和农民的利益。

工人阶级是中国民主革命中的领导力量。党在苏维埃政权下如何保障工人阶级的利益,是争取群众的一项重要工作。为保障工人的权益,苏维埃政府制定了《劳动法》。《劳动法》的实行,使工人的利益得到了完全的保护,工人的生活得到极大改善,极大地激发了工人的革命积极性。但是,苏区的劳动立法也存在一些问题和缺陷,主要是照搬了苏联《劳动法》的一些规定,在劳动条件、工资待遇、物质福利等方面规定过高。在当时苏区工业不发达,国营工厂数量少、规模小,私人经济仍大量存在,多数工人是在私营企业工作的情况下,这些规定超过了苏区生产力水平和私人企业的承受能力,事实上是做不到的。机械地实行《劳动法》,强行推行,过分强调工人利益,导致私人经济无法生存,工厂倒闭,工人失业,最终损害了工人利益,妨碍了苏区经济的发展,在政治上也未能团结中间势力。在当时根据地经济十分落后的情况下,私人经济是苏区经济构成的重要组成部分,既然允许它存在,就不可能消灭资本家剥削。在工人不可避免地会受资本家的剥削的实际情况下,如何保障工人的利益的确是一个难题。鉴于全苏一大通过的《劳动法》在实际执行中出现了一些"左"的错误,1933年10月,中华苏维埃共和国中央政府重新颁布了修改后的《劳动法》,废除了那些脱离实际的要求过高的条文。毛泽东在全苏二大的结论中,对如何贯彻《劳动法》,维护工人利益作出新的解读。他提出的领导工人的经济斗争,限制资本家的剥削,是符合实际的、能够做到的、维护工人利益的正确决策。

农民是中国民主革命的主力军,赢得农民的支持就能赢得革命战争的胜利。在旧中国,导致国家贫穷落后、绝大多数人生活贫苦的主要原因是土地集中在地主手中,广大农民失去赖以生存的土地,陷于求生不能、求死不得的惨境。因此在旧中国,谁能解决土地问题,谁就能赢得农民。大革命失败后,中国共产党总结失败教训,把土地革命和武装反抗国民党作为新时期的总方针,决定要彻底地反封建，推翻地主阶级，使广大贫苦农民耕者有其田。这是非常正确的决策，有利于争取占人口绝大多数的农民支持革命战争。在八七会议总方针下，党在根据地普遍、彻底地开展了土地革命。土地革命解放了农民，使农民由奴隶变成了主人。分得土地的农民不仅政治上翻了身，生活上也得到了很大改善。因此土地革命是党在农村中必须重视和坚持的一项基本工作。这项工作做好了，得到了农民真心实意的拥护，也就铸就了战胜国民党"围剿"的铜墙铁壁。苏区的土地革命是进行得很彻底的，废除了封建地主土地制度，实现了耕者有其田，农民从封建压迫下解放出来，成了土地的主人。但在苏区实行土地法的过程中，也出现过"左"的错误，主要是阶级划分不当，扩大了打击面，消灭富农和损害中农的利益。在1933年的查田运动中，毛泽东起草了《怎样分析阶级》一文，并主持制定了《关于土地斗争中一些问题的决定》，纠正了土地革命中发生的一些"左"的偏向。在全苏二大的报告中，毛泽东进一步指出："土地斗争的阶级路线，是依靠雇农贫农，联合中农，剥夺富农与消灭地主"，并且强调"土地革命不但使农民得到土地，而且要使农民发展土地上面的生产力"。也就是说，农民不仅是革命的主力军，也应当是苏区经济建设的主力军。

第三，解决群众的生活问题，就要十分重视经济建设。

苏维埃不仅是革命战争的领导者，也是苏区社会生活的组织者。共产党在苏区执政后，为了支持革命战争，为了苏区社会的健康发展，为了人民生活的改善，十分重视经济建设，用发展经济，来保障战争和人民生活的供给。在苏区经济中，农业是第一位的。因此提高农民的劳动热忱，增加农业生产就是经济工作中第一位的任务。此外，建立合作社、发展对外贸易亦是苏区经济生活中必不可少的。由于革命战争的需要，苏区男性青壮年大量参军支前，农村劳动力严重不足。国民党的经济封锁，也造成了商品流通的困难。为解决这些问题，苏维埃政府积极提倡和帮助建立劳动互助组和消费合作社，以缓解劳动力不足，活跃经济，同时，加强与国民党统治区的贸易往来，流通商品，保证军需民用，促进经济发展。

第四，解决群众的生活问题，就必须细心地体察群众的困难，从具体的问题入手，抓细抓实，切实解决群众的困难。

　　共产党要争取群众对革命战争的支持,就要特别注意关心群众生活中遇到的具体问题,努力加以解决。毛泽东作为苏维埃共和国主席,长期主持苏维埃的全面工作。他日理万机,在处理繁忙的各项工作的同时,对群众生活给以充分关注。通过眼睛向下,深入群众调查研究,对苏区群众生活中的问题,从土地、劳动问题,到柴米油盐问题,均十分了解。他在报告中说到的问题就有"妇女群众要学习犁耙,找什么人去教她们呢? 小孩子要求读书,小学办起了没有呢? 对面的木桥太小会跌倒行人,要不要修理一下呢? 许多人生疮害病,想个什么办法呢?"①毛泽东不仅看到了群众生活中的问题,而且十分重视解决问题。他要求每个苏维埃都应当关心群众的生活,"一切这些群众生活上的问题,都应该把它提到自己的议事日程上。应该讨论,应该决定,应该实行,应该检查。要使广大群众认识我们是代表他们的利益的,是和他们呼吸相通的。"②总之,要得到群众的拥护,要群众拿出全力放到战争上去,"就得和群众在一起,就得去发动群众的积极性,就得关心群众的痛痒,就得真心实意地为群众谋利益,解决群众的生产和生活的问题,盐的问题,米的问题,房子的问题,衣的问题,生小孩子的问题,解决群众的一切问题。"③"假如我们对这些问题注意了,解决了,满足了群众的需要,我们就真正成了群众生活的组织者,群众就会真正围绕在我们的周围,热烈地拥护我们。"④也就是说,只有让群众认可共产党和红色政权是过好日子的依靠,把苏维埃当作他们的生命,他们才会把革命战争当作自己的事,不顾牺牲一切支持和参加革命战争,才会用生命向国民党决斗。正是从这个关系的解读中,毛泽东强调:"我们对于广大群众的切身利益问题,群众的生活问题,就一点也不能疏忽,一点也不能看轻。"⑤

　　(三)反对官僚主义,注意领导方式工作方法,提高领导艺术。

　　毛泽东在报告中讲的第二个重要问题是工作方法问题。

　　苏维埃是革命战争的领导者和组织者,也是群众生活的领导者和组织者。

---

① 《第二次全苏大会特刊》第五期,《红色中华》1931 年 1 月 31 日。
② 《第二次全苏大会特刊》第五期,《红色中华》1931 年 1 月 31 日。
③ 《第二次全苏大会特刊》第五期,《红色中华》1931 年 1 月 31 日。
④ 《第二次全苏大会特刊》第五期,《红色中华》1931 年 1 月 31 日。
⑤ 《毛泽东选集》第一卷,人民出版社 1991 年版,第 136 页。

发展革命战争，改良群众生活是苏维埃的任务和目的。要完成这个任务，达到这个目的，领导方式和工作方法十分重要。毛泽东在报告中针对苏维埃工作中存在的官僚主义，以及不注意工作方法的问题，强调要反对官僚主义，改进工作方法。毛泽东十分重视研究领导方式和工作方法。他说："我们不但要提出任务，要确定目的，而且要解决实现任务和达到目的的方法。我们的目的是过河，但没有桥不能过，不解决桥的问题，过河就是一句空话。不解决方法问题，任务也只是瞎说一顿。不注意扩大红军的领导，不讲究扩大红军的方法，尽把扩大红军念一千遍，早上念到晚上，今天念到明天，像和尚们阿弥陀佛阿弥陀佛的尽念，结果还是阿弥陀佛，红军是没有看见的。"①

为了说明领导方式和工作方法的重要性，毛泽东用苏区扩大红军和推销公债中的先进典型和落后典型作了对比。扩红的先进典型瑞金用一个半月扩大红军近四千人，而福建全省十多县的扩红成绩仅当瑞金一个县的。推销公债的先进典型瑞金收齐了 24 万元，长冈乡一个乡就销了 4500 元。而零都县只销了 1.9 万元。为什么同样都是在做工作，差距那么大？毛泽东认为先进和落后就差在领导方式和工作方法上。

先进的地方的领导深入群众，采取实际的、具体的办法耐心地说服群众，得到了群众的理解和支持，任务就落实得好，工作的成绩就大。毛泽东特别表扬了兴国和赣东北的苏维埃工作。称赞兴国的同志们创造了第一等的工作，是模范工作者。说"他们把群众生活和革命战争联系起来了，他们把革命的工作方法问题和革命的工作任务问题同时解决了。他们是认真地在那里进行工作，他们是仔细地在那里解决问题，他们在革命面前是真正负起了责任，他们是革命战争的良好的组织者和领导者，他们又是群众生活的良好的组织者和领导者。"②

与先进的瑞金、兴国截然不同的是，落后的地方的领导和苏维埃工作人员的领导方式和工作方法是错误的。他们满足于仅仅提出任务，不了解下面的实际情况，不理解群众的情绪，不去耐心地做思想工作，而是空谈空喊，甚至强

---

① 日本毛泽东文献资料研究会编集，[日]竹内实编修：《毛泽东集》第 2 版第 4 卷，苍苍社 1983 年版，第 290 页。

② 《第二次全苏大会特刊》第五期，《红色中华》1931 年 1 月 31 日。

迫命令。他们与群众的关系不好,群众自然不支持他们的工作。毛泽东指出官僚主义者"还不懂得革命战争和群众生活是应该密切联系起来,还不懂得应该努力学习领导群众的艺术,还不懂得没有好的工作方法就决不能实现工作任务。还不懂得应该使苏维埃一切工作配合革命战争。"①鉴于官僚主义不能解决问题,完成任务,只会贻误工作,危害革命,毛泽东要求他们立即转变,迅速改正错误。对顽固不改的官僚主义分子,则要把他们从苏维埃洗刷出去。

历史意义和现实意义

　　毛泽东八十多年前的这篇在全苏二大的总结报告是其群众路线的代表作。当年,它对指导党和苏维埃的工作,克服官僚主义,密切联系群众,保证党和群众的血肉联系,领导群众进行艰苦的革命战争,起了重要作用。根据地军民为战胜各种困难,开展了轰轰烈烈的经济建设的群众运动,取得了巨大的成绩。经济建设的胜利,为粉碎敌人的经济封锁,改善人民的生活,抵制商人的经济剥削,创造了条件,有力地支援了革命战争。

　　报告中阐述的关心群众生活,注意工作方法,对今天全党践行群众路线,完善领导制度,革新工作方法仍有很强的指导意义。

　　当前,我们党所处的历史方位发生了深刻的变化,党的队伍,特别是干部队伍的结构发生了深刻的变化,这两个深刻变化的相互交织和作用,就使得我们党在长期执政的条件下,在贯彻执行党的群众路线中出现了新情况、新问题,脱离群众的现象大量存在。集中表现在形式主义、官僚主义、享乐主义和奢靡之风的"四风"上,具体表现在一些党员干部中,理想信念动摇,宗旨意识淡薄,精神懈怠;贪图名利,弄虚作假,不务实效;脱离群众,脱离实际,不负责任;铺张浪费,奢靡享乐,甚至以权谋私,腐化堕落。这些问题的存在严重损害党在人民群众中的形象,严重损害党群、干群关系,把党和人民群众的关系变成了

---

① 《第二次全苏大会特刊》第五期,《红色中华》1931 年 1 月 31 日。

油水关系、蛙水关系，甚至是水火关系。这些问题解决不好，进一步地发展蔓延，就会对党造成致命的伤害，党就有走向自我毁灭的危险。因此，必须认真学习毛泽东的群众路线思想，挖掘毛泽东群众工作方法的精髓，把它运用到实践中，探索新形势下开展群众工作的规律，忠实当好最广大人民根本利益的代表，坚持把人民的根本利益作为出发点和归宿，在社会不断发展进步的基础上，使人民群众不断获得切实的经济、政治、文化利益。同时，下大决心解决作风建设上的突出问题，反对官僚主义和形式主义，真正赢得群众的理解、信任和支持。

（刘晶芳　撰稿）

五

《实践论》
导 读

　　《实践论》,最初是毛泽东在延安抗日军事政治大学的讲演稿,是毛泽东撰写的《辩证法唯物论(讲授提纲)》的一部分,时间为 1937 年 7 月。新中国成立后,在编辑《毛泽东选集》时,《辩证法唯物论(讲授提纲)》的第二章第十一节"实践论"单独成篇,保持原题"实践论"。在整理编辑后,收入 1951 年 10 月出版的《毛泽东选集》第一卷。人民出版社 1991 年第二版《毛泽东选集》也是收入第一卷。

写 作 背 景

　　毛泽东当时研究和讲授认识论中的实践问题,并不是一时心血来潮,而是要从认识论上来探索和弥补中国共产党进行中国革命的理论准备不足问题。用毛泽东本人的话说,"是适应于当时的需要而不能不写的。"①中国当时是半殖民地半封建社会,中国革命由于国情不同,必须走一条与俄国革命不同的道

---

① 《毛泽东文集》第八卷,人民出版社 1999 年版,第 109 页。

路,即在农村建立根据地,以农村包围城市,最后夺取城市的道路。毛泽东在实践和理论上正是这个正确方向的代表。但这条道路开始在党内不能为大多数人所认可,反对意见中最有代表性的是教条主义。在教条主义者看来,似乎只有在外国、在城市、在书本上,才能有马克思主义,山沟里不能有马克思主义。教条主义者讥笑毛泽东的井冈山道路为"山沟里出不了马列主义",是否定马克思主义的"狭隘经验论"。当时党内还有一部分经验主义者,他们长期固守和拘泥于自己的片面经验,不了解理论对于革命实践的指导性作用,看不见革命的全局和方向,只是在一味陶醉于暂时的成功和盲目工作。不管是教条主义还是经验主义,都背离了马克思主义认识论的基本观点和立场;尤其是教条主义,他们高喊马克思主义的口号,披着马克思主义的外衣,迷惑了党内很大一部分同志,在1934年的第五次反"围剿"中,致使我们党辛辛苦苦创立的江西瑞金苏维埃根据地无法保存,红军被迫进行艰辛的二万五千里长征。

在我党的历史上,在十年内战的后期,曾经发生过一场关于"狭隘经验论"的争论,毛泽东曾经被指责为"狭隘经验论"的代表。《实践论》的写作,是与这场争论有历史联系的。从某种意义上可以说,《实践论》是对这场争论的一个总结,是毛泽东对争论的另一方从理论上所作的系统的答辩和批评。毛泽东1941年在《农村调查》的序言中一针见血地说:"'没有调查就没有发言权',这句话,虽然曾经被人讥为'狭隘经验论'的,我却至今不悔;不但不悔,我仍然坚持没有调查是不可能有发言权的。有许多人,'下车伊始',就哇喇哇喇地发议论,提意见,这也批评,那也指责,其实这种人十个有十个要失败。因为这种议论或批评,没有经过周密调查,不过是无知妄说。"

《实践论》是毛泽东经过长时间理论思考、反复酝酿而形成的。早在1930年5月,为了批判红四军中某些领导人的唯心主义先验论,用唯物主义反映论教育党员和干部,毛泽东就写出了名作《反对本本主义》(原题是《调查工作》)。文章开篇就提出一个重要命题:"没有调查,没有发言权"。在编辑《毛泽东选集》第一卷时,这篇文章已经散失。到20世纪60年代初,又重新找到。中共中央在1961年3月把它作为中央文件印发给各中央局,各省、市、自治区党委。毛泽东特地为它写了一段说明:"这是一篇老文章,是为了反对当时红军中的教条主义思想而写的。那时没有用'教条主义'这个名称,我们叫它做

'本本主义'。"①《反对本本主义》断言："一切结论产生于调查情况的末尾，而不是在它的先头。"在文中，毛泽东还提出对待"本本"要有正确的态度，为什么说马克思主义是对的？为什么我们欢迎这个理论？决不是因为马克思主义的创始人马克思是什么"先哲"、天生的圣人；而是因为马克思主义能够指导我们的实践斗争，马克思主义在我们的实践斗争中已被证明是对的，我们的斗争需要马克思主义，"马克思主义的'本本'是要学习的，但是必须同我国的实际情况相结合。"这是唯物主义的态度。而本本主义则相反，"以为上了书的就是对的"，生搬硬套马克思主义书本上的词句，根本不去对实际情况进行调查，这是唯心主义、主观主义的方法，也是反马克思主义的态度。1936 年 12 月，毛泽东又写了《中国革命战争的战略问题》，研究革命战争的认识论，指出把握战争的规律必须经过两个过程：一是制定战争的计划。"指挥员的正确的部署来源于正确的决心，正确的决心来源于正确的判断，正确的判断来源于周到的和必要的侦察，和对于各种侦察材料的联贯起来的思索。"二是执行战争的计划。"认识情况的过程，不但存在于军事计划建立之前，而且存在于军事计划建立之后。当执行某一计划时，从开始执行起，到战局终结止，这是又一个认识情况的过程，即实行的过程。"关于战争认识发展的两个过程，后来演化成《实践论》中通过实践这个基础，从感性认识上升到理性认识的过程和从理性认识回到实践的过程。毛泽东还用十六字口诀形象地描述了从感性认识上升到理性认识的过程，"去粗取精、去伪存真、由此及彼、由表及里"。这些论述都为《实践论》写作提供了充足的理论准备。

　　《实践论》重点是对两次国内革命战争，特别是第二次国内革命战争的经验进行总结，用马克思主义的世界观、方法论武装广大干部，以迎接抗日战争新阶段的到来。两次国内革命战争有许多经验值得总结，最重要的是要找出导致革命遭受挫折的根本原因，特别是找出共同的、带规律性的东西，这只有从认识论上加以总结才能做到。毛泽东认为，两次国内革命战争的受挫，问题主要都出在党内，特别是出在党的领导层。以陈独秀为代表的右倾机会主义和以王明为代表的"左"倾机会主义，是导致两次革命受挫的元凶。右倾机会

---

① 《建国以来毛泽东文稿》第 9 册，中央文献出版社 1996 年版，第 438 页。

主义和"左"倾机会主义虽在政治上表现不同,但在思想路线上有其共同点,这就是背离实事求是,犯了主观主义的错误.理论脱离实际、主观背离客观;因而提出了与中国国情不符、混淆社会矛盾的路线、方针、政策。毛泽东一贯认为,在中国革命的过程中,面对的最大敌人,不是蒋介石和国民党反动派,而是党内的主观主义,因为主观主义是思想懒汉.他们不知道"必须将马克思主义的普遍真理和中国革命的具体实践完全地恰当地统一起来"。① "这种反科学的反马克思列宁主义的主观主义的方法,是共产党的大敌,是工人阶级的大敌,是人民的大敌,是民族的大敌……"②

《实践论》写作目的很明确:就是反对党内的主观主义(教条主义和经验主义),尤其是教条主义。党内的教条主义者无视中国的国情,否认革命实践的重要性,拒绝中国革命的经验;他们割裂理论和实践的辩证关系,把马克思主义当作教条到处套用,去吓唬人们,导致革命事业的屡屡失败。《实践论》是在总结中国共产党人对中国国情和中国革命规律的实践的基础上而形成的,它饱含中国人民革命实践的成功和失败的种种经验和教训。由于中国革命的敌人强大,中国社会政治经济发展的不平衡,决定了中国革命的长期性和艰巨性。这种长期性和艰巨性,决定了中国共产党人对中国国情和中国革命规律的认识,不是一次能够完成的,而必须经过一个从实践到认识,又从认识到实践的多次反复过程,它又是以大量的事例活生生地向人们显示了人类认识发展的规律性。《实践论》就是中国革命的认识论,就是党的实事求是的思想路线,就是党的群众路线。

基 本 内 容

为了驳倒教条主义,毛泽东把认识论定位为实践论,即从认识高度上总结

① 《毛泽东选集》第二卷,人民出版社1991年版,第707页。
② 《毛泽东选集》第三卷,人民出版社1991年版,第800页。

中国革命的实践经验。他在《实践论》中阐明了认识和实践(中国哲学称之为"知和行")的辩证关系。

(一)知和行统一的基础是社会实践。《实践论》特别突出实践的观点是辩证唯物论的认识论的首要的基本的观点,对社会实践的内涵和外延作了概括,认为是"社会实际生活的一切领域都是社会的人所参加的",它包括了人们社会生活一切领域的活动;为了批判割裂认识和实践关系的教条主义,《实践论》强调,生产活动是最基本的实践活动,是决定其他一切活动的东西,"人的认识,主要地依赖于物质的生产活动,逐渐地了解自然的现象、自然的性质、自然的规律性、人和自然的关系;而且经过生产活动,也在各种不同程度上逐渐地认识了人和人的一定的相互关系。"同时,《实践论》十分重视阶级斗争的实践,指出"各种形式的阶级斗争,给予人的认识发展以深刻的影响。"

(二)系统地阐明了实践在认识中的作用。《实践论》针对教条主义看重书本、轻视实践的错误,强调实践是认识的来源、认识发展的动力、检验真理的标准、认识的最终目的。首先,实践在认识中具有决定地位和作用。人类的生产活动是最基本的实践活动,是决定其他一切活动的基础,其他社会实践活动,如阶级斗争、政治生活、科学和艺术活动,也是认识的来源。其次,实践是认识发展的动力。既然社会实践是认识的来源,那么,社会实践由低级向高级的发展,便决定了认识由低级向高级的发展。再次,实践是检验真理的唯一标准,因为主观或客观都不能证明真理的存在,只有人类的社会实践作为主客观之间的桥梁,才是人们对于认识的真理性的标准。最后,实践作为人们改造客观世界的理性活动,也说明了实践是人类认识的最终目的。

(三)知和行的统一是辩证发展的。《实践论》强调,知和行的辩证发展主要体现在感性认识和理性认识两对范畴,阐明了由感性认识到理性认识,又由理性认识到革命实践两个能动的飞跃的认识过程。感性认识是认识的初级阶段。它是人们在实践基础上,由感觉器官直接感受到关于事物的现象、事物的各个片面和事物的外部联系的认识,是建构事物外观和印象的阶段,感性认识的形式有感觉、知觉和表象三个范畴。理性认识是认识的高级阶段。它是人们借助抽象思维把握到关于事物的本质、事物的全体、事物的内部联系的认识,理性认识是同科学抽象联系在一起的,正科学抽象所形成的理性认识,能更深刻、更正确、更完整地反映出客观事物。理性认识有概念、判断、推理三个范畴。关于感性认识与理性认识的关系:第一,两者的性质和作用不同。从性质看,感性认识是现象认识,理性认识是本质认识;从作用看,感性认识只能解决现象问题,不能有效地指导实践,而理性认识能解决本质及规律问题,能有效地指导实践。第二,两者又相互联系,在实践的基础上达到统一。毛泽东指出,通过无产阶级对资本主义社会的认识,中国人民对帝国主义的认识,阐明了理性认识依赖于感性认识,感性认识有待于上升为理性认识。毛泽东指出,认识的辩证发展过程,就是人们发挥主观能动性的过程。在革命战争实践中,必须充分发扬根据和符合客观实际的主观能动性。第三,知和行的统一是在实践到认识、认识到实践辩证发展过程中实现的。实践到认识,是认识发展的第一个过程;认识到实践,是认识发展的第二个过程。毛泽东特别重视认识到实践这一过程,因为认识的根本目的是指导实践,为实践服务。认识的能动作用,一种表现为从感性认识上升为理性认识之飞跃,另一种则表现为理性认识到实践这一飞跃,后一过程比前一过程更重要,更有意义。因为前一过程所得到的理性认识,是否正确,是无法在这一过程证明的;要想检验其是否具有真理性,就必须要有认识发展的第二个过程。在实践检验这一过程中,正确的被证实,错误的被纠正,欠缺的被充实。可见,从认识到实践,是一个检验理论和发展理论的过程,是整个认识过程的继续和重要环节。

(四)知和行的统一就是人们获得真理的过程。真理是认识过程中主观客观的相统一,是具体的和历史的。而教条主义则把马克思主义当作一成不变的、僵死的东西,否认了真理发展的辩证法。为了批判教条主义,《实践论》指出,"一切客观世界的辩证法的运动,都或先或后地能够反映到人的认识中来。社会实践中的发生、发展和消灭的过程是无穷的,人的认识的发生、发展和消灭的过程也是无穷的。"人们对于不断发展的客观世界的某一具体过程的认识,只具有相对的真理性,无数相对真理的总和,才是绝对真理。故《实践论》说,"客观现实世界的变化运动永远没有完结,人们在实践中对于真理的认识也就永远没有完结。"真理的发展过程,就是真理同错误作斗争并战胜错误的过程;也就是真理的相对性和绝对性互相作用、互相转化的过程。这个过程是无限发展的,永远不会完结。

(五)揭示了认识发展的总规律。《实践论》强调,一个正确的认识往往需要经过这样的多次反复,即由物质到精神,由精神到物质的多次反复才能完成。《实践论》在分析认识发展过程以及真理形成中,认为"实践、认识、再实践、再认识,这种形式,循环往复以至无穷,而实践和认识之每一循环的内容,都比较地进到高一级的程度。"这就是认识发展的总规律,它清晰地揭示了人类能动地认识世界和改造世界是一个日新月异、永无止境的发展过程,不能把马克思主义当作教条,必须把马克思主义与中国革命的具体实际相结合。《实践论》的结论是:解决中国革命过程中"主观和客观、理论和实践、知和行的具体的历史的统一,反对一切离开具体历史的'左'的或右的错误思想。""主观和客观、理论和实践、知和行的具体的历史的统一"这个结论,就是毛泽东在延安整风中所倡导的党的"实事求是"的思想路线。

《实践论》在延安整风运动中还导引出一个重大的理论成果,就是把马克思主义认识论和党的群众路线相统一,科学地阐明了"从实践到认识,从认识到实践"同"从群众中来,到群众中去"这两个过程的一致性。这是毛泽东对马克思主义哲学的一个独创性贡献。他说:"在我党的一切实际工作中,凡属正确的领导,必须是从群众中来,到群众中去。这就是说,将群众的意见(分散的无系统的意见)集中起来(经过研究,化为集中的系统的意见),又到群众中去作宣传解释,化为群众的意见,使群众坚持下去,见之于行动,并在群众行动中考验这些意见是否正确。然后再从群众中集中起来,再到群众中坚持下去。如此无限循环,一次比一次地更正确、更生动、更丰富。这就是马克思主义的认识论。"①这段话体现了党的群众路线的领导方法和工作方法与马克思主义认识论是一致的。它表明:群众是社会实践的主体,也是认识的主体。"从群众中来",是在实践的基础上从感性认识能动地飞跃到理性认识,就是将群众分散的不系统的意见,化为集中的系统的意见;"到群众中去",是理性认识能动地飞跃到实践,是将集中起来的正确意见,化为群众的自觉行动,并在实践中检验这些意见是否正确。坚持不断地"从群众中来,到群众中去",

---

① 《毛泽东选集》第三卷,人民出版社 1991 年版,第 899 页。

从认识上说也就是实践、认识、再实践、再认识,循环往复,以至无穷。

为了更有效地贯彻和落实党的群众路线,毛泽东创立了一整套关于调查研究的理论和方法。他一贯反对那种不做调查研究,喜欢凭主观发表议论、凭主观制定工作方法的错误做法。认为"离开实际调查就要产生唯心的阶级估量和唯心的工作指导,那末,它的结果,不是机会主义,便是盲动主义"①。无论什么人,不管你担任什么职务,"没有调查,没有发言权"②。那么,进行调查研究应抱什么样的态度,首先,必须树立实事求是的态度;其次,要向人民群众学习,"没有满腔的热忱,没有眼睛向下的决心,没有求知的渴望,没有放下臭架子、甘当小学生的精神,是一定不能做,也一定做不好的。"③再次,调查研究"也是长期的。今天需要我们调查,将来我们的儿子、孙子,也要作调查,然后,才能不断地认识新的事物,获得新的知识。"④

《实践论》是打上了中国烙印的马克思主义认识论,是中国共产党人对马克思主义认识论的学习研究心得。《实践论》中说到,"马克思列宁主义之所以被称为真理,也不但在于马克思、恩格斯、列宁、斯大林等人科学地构成这些学说的时候,而且在于为尔后革命的阶级斗争和民族斗争的实践所证实的时候。"我们知道,马克思、恩格斯在发现唯物史观同时,也创立了认识论,他们把人的实践纳入认识论,指出实践是人的"感性活动"、"客观的活动",充分肯定实践活动革命的、批判的意义,这就不仅从根本上和唯心主义认识论,而且同旧唯物主义认识论划清了界限。马克思、恩格斯虽然没有写过专门的认识论专著,但他们的认识论思想始终贯穿于他们的其他哲学论述,尤其是马克思对资本主义社会的认识专著《资本论》当中,也可以说,《资本论》就是马克思的一部认识论著作。到了19世纪末20世纪初,认识论问题成为唯心主义和唯物主义斗争的焦点,第二国际的理论家们,跟在资产阶级的各种"新"哲学后面,集中攻击马克思主义认识论,企图以康德和马赫之流的唯心主义的、不可知主义的认识论来取代辩证唯物主义的认识论。为了迎接这些挑战,列宁

① 《毛泽东选集》第一卷,人民出版社1991年版,第112页。
② 《毛泽东选集》第一卷,人民出版社1991年版,第109页。
③ 《毛泽东选集》第三卷,人民出版社1991年版,第790页。
④ 《毛泽东文集》第二卷,人民出版社1993年版,第373页。

在新的历史条件下,写出了《唯物主义和经验批判主义》等若干认识论著作,发展了马克思主义认识论,提出了两条认识路线(从物质到意识或从意识到物质)原理,指出实践的观点是马克思主义认识论的首要的和基本的观点,考察了作为真理的实践标准的辩证性质,概括了认识真理的辩证途径等等。但由于当时对马克思主义认识论的攻击重点在于唯物论的基础上,为了捍卫马克思主义认识论的基础,列宁的著述的注意力也不能不放在这一方面,故对马克思主义认识论的基本原理没有作全面的研究和论述。

毛泽东所面对的认识对象与马克思、列宁都不同,既不像马克思那样要创立辩证唯物主义认识论,也不像列宁那样要维护辩证唯物主义认识论的唯物基础,他所要解决的是党内如何正确对待马克思主义和俄国革命经验的两种截然不同的认识态度:是实事求是的还是主观主义(教条主义)的。毛泽东认为,中国革命有着和西欧资本主义国家以及十月革命前的俄国不同的特点,半殖民地半封建的旧中国是世界东方许多矛盾的焦点,要充分认识中国国情,掌握中国革命的客观规律,必须经历一个从实践到认识,又由认识到实践的反反复复的过程,这就需要马克思主义认识论的若干基本原理的指导,同时,马克思主义认识论的基本原理也就需要面对新的历史条件作进一步的充实和发展。《实践论》就是这方面的集大成者,它在总结中国革命成功和失败经验教训的基础上,对马克思主义认识论进行了全面研究和阐述。

现 实 意 义

《实践论》告诉人们:实践性是马克思主义最显著的特点,也是马克思主义能够与时俱进的不竭动力。马克思主义作为无产阶级革命实践的科学世界观和方法论,与以往一切理论体系的根本区别,就在于它产生于实践,在实践中不断发展完善,并以指导实践作为最终归宿。中国共产党从成立那天起,就面对着如何处理马克思主义理论与中国革命和建设实际的关系这样一个重大课题,毛泽东领导的新民主主义革命如此,邓小平开创的中国特色社会主义事业也是一样。中国共产党的历史反复证明:中国革命和建设,没有马克思主义理论指导不行;不与中国革命和建设具体实际相结合的"本本主义"指导也不行。在当代中国,对于开创中国特色社会主义道路的中国共产党人来说,应该经常发问,"什么是马克思主义?""什么是社会主义,怎样建设社会主义?"对于这些问题的回答,答案不是在书本中,也不是在照抄照搬的别国经验中,而是在把马克思主义理论与中国建设实际相结合的具体实践中,在中国特色社会主义道路、理论和制度创新当中。一句话,马克思主义不是教条,只有在实践中不断发展马克思主义,才能真正坚持马克思主义。

人们不会忘记,1845 年春,马克思写了《关于费尔巴哈提纲》(恩格斯评价为无产阶级世界观天才萌芽的第一个文件),在文中马克思通过实践概念完成了对黑格尔、费尔巴哈的批判和超越,故马克思主义哲学又称为"实践唯物主义"。历史有着非常惊人的相似之处,1973 年 5 月 11 日,《光明日报》刊登题为《实践是检验真理的唯一标准》的特约评论员文章。文章论述了马克思列宁主义的实践第一的观点,明确地指出任何理论(包括"最高指示")都要接受实践的考验。马克思主义的理论并不是一堆僵死不变的教条,它要在实践中不断增加新的内容。这篇文章引发了关于实践是检验真理的唯一标准问题的讨论,邓小平在 1978 年 11 月 10 日中央工作会议结束时发表了《解放思想,实事求是,团结一致向前看》重要讲话。他指出,真理标准问题讨论,是个思想路线问题,是个政治问题,是个关系到党和国家的前途和命运的问题。"一个党,一个国家,一个民族,如果一切从本本出发,思想僵化,迷信盛行,那它就不能前进,它的生机就停止了,就要亡党亡国。"邓小平的讲话,是对这个讨论所作的最好的总结。随后召开党的十一届三中全会,提出全党工作重心由阶级斗争转向经济建设,标志着真理标准问题讨论取得了成功。

"实践是检验真理的唯一标准",是新时期哲学领域的第一声呐喊。这一口号的提出,并不是单纯地在认识领域恢复了实践的权威和基础地位,更重要的是为探索中国特色社会主义道路扫平了障碍。随着"实践是检验真理的唯一标准"这一观念权威性的确立,冤假错案得以纠正,自农村起步的改革开始了,越来越多的新生事物让国人应接不暇,当然更重要的是中国人从此踏上了务实的道路。实践理念在中国改革开放中具备两点特定含义:一是实践探索。"改革是一场试验","是一个伟大的试验";"从世界考察角度讲,也是一个大试验",是探索"一条新路"、"一条好路"的试验;"没有一点闯的精神,没有一点'冒'的精神,没有一股气呀、劲呀,就走不出一条好路,走不出一条新路,就干不出新的事业。"①二是实践标准。一个政策,一项措施,一个决策,判断它们是不是实事求是,是否正确,我们拿什么作标准,用什么去衡量它们呢? 标准只有一个,那就是实践。"实践是检验真理的唯一标准",成为了改革开放三十多年来哲学领域中最响亮、最具关键意义的口号。可谓一句口号,使中国发生了翻天覆地的变化,改变了中国的形象和中国人的生活。

对于《实践论》的现实意义,邓小平说得十分明了:"马克思、恩格斯创立了辩证唯物主义和历史唯物主义的思想路线,毛泽东同志用中国语言概括为'实事求是'四个大字。"②党的十一届三中全会以来建设中国特色社会主义的历史,就是恢复和坚持党的思想路线的历史。我们破除"两个凡是"的思想禁锢,坚持实践是检验真理的唯一标准;破除苏联那种僵化的社会主义模式观念,坚持走自己的道路;破除超阶段的"左"的思想观念,坚持一切从社会主义初级阶段实际出发;破除抽象谈论姓"社"姓"资"的思维定式,坚持"三个有利于"的判断标准;破除把马克思主义教条化的思想影响,坚持根据现在的情况认识、继承和发展马克思主义。在这个过程中,围绕"什么是社会主义、怎样建设社会主义","建设什么样的党、怎样建设党","实现什么样的发展、怎样发展"等重大理论提出了许多新思想、新观点、新论断。例如,关于社会主义本质的新概括,关于中国社会主义初级阶段基本国情的新判断,关于中国社会主义初级阶段基本经济制度的新论断,关于改革开放是社会主义社会发展重要动力的新思路,关于建立和完善社会主义市场经济体制的新论断,关于科学技术是第一生产力的新概括,关于"三个代表"重要思想的新概括,关于以人为本、全面协调可持续发展的新概括,关于构建社会主义和谐社会的新概括,等等。因此,党的思想路线是中国特色社会主义理论体系的精髓,它贯穿于中国特色社会主义理论的各个方面,又贯

---

① 《邓小平文选》第三卷,人民出版社1994年版,第372页。
② 《邓小平文选》第二卷,人民出版社1994年版,第278页。

穿于中国特色社会主义理论形成和发展的全过程。可以说,改革开放以来,我们在理论上的每一个重大突破,在政策上的每一次重大调整,在实践上每一步重大跨越,都是坚持党的思想路线的结果,也都是继承和发展《实践论》的重大胜利。

（刘毅强　撰稿）

六
《矛盾论》
导　读

　　《矛盾论》,最初是毛泽东在延安抗日军事政治大学的讲演稿,是毛泽东撰写的《辩证法唯物论(讲授提纲)》的一部分,时间为 1937 年 8 月间。新中国成立后,在编辑《毛泽东选集》时,《辩证法唯物论(讲授提纲)》的第三章第一节"矛盾统一法则"以"矛盾论"为篇名。《矛盾论》经过修改,既保全了原来的精神面貌,又在内容上、逻辑上有了发展和提高,收入 1952 年 3 月出版的《毛泽东选集》第二卷,不久又改为收入 1952 年 7 月第二次印刷的《毛泽东选集》第一卷。人民出版社 1991 年第二版《毛泽东选集》也是收入第一卷。

写　作　背　景

　　中国共产党自 1921 年宣告正式成立之后,如何认识中国的国情? 如何认识中国的资产阶级? 如何领导中国的工人阶级和农民阶级进行阶级斗争? 这些问题一直困扰着党的领导层。尤其是在第二次国内革命战争时期,党内教条主义领导人只知道生吞活剥马克思主义书本上的只言片语,根本否认中国革命战争的特殊性,根本否认中国社会矛盾的特殊性,不懂得要用不同的方法解决不同的矛盾,导致 1934 年第五次反"围剿"彻底失败,中央红军被迫放弃根据地进行长征。

如何按照马克思创立的唯物史观在中国进行阶级斗争?这个问题也一直困扰着毛泽东。1941 年 9 月 13 日毛泽东在延安说过,"记得我在一九二〇年,第一次看了考茨基著的《阶级斗争》,陈望道翻译的《共产党宣言》,和一个英国人作的《社会主义史》,我才知道人类自有史以来就有阶级斗争,阶级斗争是社会发展的原动力,初步地得到认识问题的方法论。可是这些书上,并没有中国的湖南、湖北,也没有中国的蒋介石和陈独秀。我只取了它四个字:'阶级斗争',老老实实地来开始研究实际的阶级斗争。"①因为中国革命面对的环境与资本主义高度发达的欧洲国家截然不同,中国是一个半殖民地半封建的国家,社会矛盾错综复杂,有着很大的特殊性。在中国,不仅有无产阶级和资产阶级的矛盾,无产阶级和农民小资产阶级的矛盾,还有无产阶级和人民大众同封建主义、帝国主义的矛盾。在中国,各个帝国主义之间以及依附于不同帝国主义的封建势力、买办资产阶级之间又存在着各种复杂的矛盾。就西欧以及俄国各资本主义国家普遍存在的无产阶级和资产阶级的矛盾来说,中国的资产阶级可以一分为二,区分为买办资产阶级和民族资产阶级,所以,中国无产阶级同资产阶级的矛盾,又呈现出极其复杂的情况。中国共产党要把中国革命引向胜利,就一刻也离不开对中国社会矛盾的科学分析和正确解决。党的历史经验告诉了毛泽东,光懂得唯物史观是不够的,必须掌握唯物辩证法。

延安时期,毛泽东看得最多的是哲学书。他曾在哲学读书批注中断言:"一切大的政治错误没有不是离开辩证唯物论的。"②批注最多的哲学著作有西洛可夫、爱森堡等著《辩证法唯物论教程》,米丁等著《辩证唯物论与历史唯物论》、艾思奇著《哲学与生活》、李达著《社会学大纲》、《辩证唯物论与历史唯物论》、艾思奇编的《哲学选辑》、《辩证法唯物论教程》、《思想方法论》。毛泽东在读哲学书的过程中,许多地方画了竖线、横线、斜线、浪线、三角、方框、

① 《毛泽东文集》第二卷,人民出版社 1993 年版,第 378—379 页。
② 《毛泽东哲学批注集》,中央文献出版社 1988 年版,第 312 页。

问号和圈、点、勾、叉等各种符号;有的是用红铅笔圈画的,有的是用蓝铅笔圈画的,有的是用黑铅笔圈画的;最长的一段批注有一千二百多字。毛泽东还提倡成立学哲学小组,并亲自任组长。一次在听完艾思奇讲授《大众哲学》后,毛泽东请艾思奇吃饭,打趣地说,你讲课,给我精神食粮;我请吃饭,给你物质食粮。这就是"精神变物质、物质变精神"。虽说是玩笑话,但反映出毛泽东对知识的渴望,对学习哲学的高度重视。毛泽东一生都强调要使马克思主义哲学真正成为中国无产阶级和人民群众认识世界和改造世界的锐利思想武器,尤其是要求党的各级干部要善于从唯物辩证法高度来思考和解决中国革命和建设的问题。

毛泽东写作《矛盾论》(包括《实践论》)得益于 20 世纪 30 年代苏联哲学教科书,这一点是历史事实。毛泽东是带着中国革命所遇到的棘手问题去研读苏联哲学教科书的。他一遍又一遍地认真批读《辩证法唯物论教程》,写下了一万多字的读书批注,对于《辩证唯物论与历史唯物论》也写下了两千多字的读书批注。如何把握马克思主义哲学的本质? 对于这些苏联哲学教科书,毛泽东无意去背诵其中的词句,也无意去研究其理论结构和来龙去脉,而是迅速准确地把握其中的要点。目的性很明确,因为只有坚持唯物辩证法的世界观和方法论,才能科学认识和正确指导中国现实的阶级斗争,这才是真正的符合中国国情的马列主义。他在批注中写道:"唯物辩证法在马克思主义中是决定要素。"①李立三和后来的军事冒险主义者(博古、李德)"不从具体的现实出发,而从空虚的理论命题出发,……不但不是辩证法,而且不是唯物论。"②如何总结中国革命的经验教训? 毛泽东在读这些苏联哲学教科书的过程中,不断对照思考中国革命的现实问题。例如,中国社会的特点、中国革命战争的特点、中国革命中的土地问题、中国民主革命中各个不同的阶段、中国对帝国主义的认识,等等。他力图运用书中提供的马列主义观点分析总结中国革命的经验教训。在读到"在主张对立的统一之时,而不理解斗争的绝对性,必然不可避免地引到对立物的和解。对立物的和解论,是右翼派的立场之

---

① 《毛泽东哲学批注集》,中央文献出版社 1988 年版,第 14 页。
② 《毛泽东哲学批注集》,中央文献出版社 1988 年版,第 9 页。

特征"这段话时,毛泽东在下面画上浪线,并在旁边批注道:"这两句说的是陈独秀主义"。① 在读到"外的矛盾,只有通过过程之发展的内的规律性,才影响于过程的发展"这一观点时,毛泽东批注道:"'非战之罪,乃天亡我'的说法是错误的。五次反围剿失败,敌人的强大是原因,但战之罪,干部政策之罪,外交政策之罪,军事冒险之罪,是主要原因。机会主义,是革命失败的主要原因";"国民党能够破苏区与红军,但必须苏区与红军存在有不能克服的弱点。若能克服弱点,自己巩固,则谁也不能破坏"。② 由此,毛泽东得出结论:右倾机会主义和"左"倾冒险主义虽然有不同的表现形式,但却有共同的认识论根源。二者都离开了对现实过程唯物的和辩证的理解,陷入了唯心论和形而上学。他批注道:"左的与右的相通,因为都离开过程之正确的了解,到达于不顾过程内容,不分析具体的阶段、条件、可能性等抽象的一般的空洞见解。因此,他们两极端就会于一点。"③

《矛盾论》写作就是自觉运用对立统一规律,不断分析和解决中国革命矛盾的特殊性。毛泽东高度重视唯物辩证法,尤其是对立统一规律。这个问题的形成源于两个方面:一是中国革命所要解决的矛盾的复杂性决定的,中国国情是半殖民地半封建社会,中国革命所面对的是帝国主义、封建主义和官僚资本主义三座大山。二是批判党内教条主义的需要,教条主义者把马列主义教条化、把苏联经验神圣化,不知道中国革命战争的特殊性,不分析中国社会矛盾的特殊性,不懂得要用不同的方法解决不同的矛盾。1935 年 1 月遵义会议事实上确立了毛泽东在党内的领导地位,但是会议只解决了当时最迫切的军事问题,红军长征结束后,中日民族矛盾上升为主要矛盾,全党必须从国内革命转变到抗日战争上来。当时,王明的教条主义在党内还有相当的市场,加之王明又主张"一切经过统一战线"、"一切服从统一战线"。这些都严重妨碍了全党统一思想和推进工作重心的转移。在这种形势的要求下,毛泽东意识到,唯物辩证法,尤其对立统一规律,将能使全党进一步统一思想,也将会给我们党认识和解决中国社会和中国革命战争等错综复杂的矛盾提供了锐利的思想

①　《毛泽东哲学批注集》,中央文献出版社 1988 年版,第 97 页。
②　《毛泽东哲学批注集》,中央文献出版社 1988 年版,第 105—108 页。
③　《毛泽东哲学批注集》,中央文献出版社 1988 年版,第 112—113 页。

武器。《矛盾论》与《实践论》一样,是为揭露党内长期存在的教条主义和经验主义,特别是教条主义这些主观主义的错误而写的。

基 本 内 容

对立统一规律是唯物辩证法的实质和核心。这是马克思、恩格斯开始提出的,恩格斯在《反杜林论》中认为世界统一于物质,运动是物质的存在方式,而运动本身就是矛盾。列宁在《谈谈辩证法问题》中进一步深化了恩格斯的思想,提出了"辩证法简要地确定为关于对立面的学说,这样就会抓住辩证法的核心"。毛泽东的《矛盾论》则从矛盾是事物发展的动力以及唯物辩证法的各个规律和范畴之间的相互关系上,阐明了对立统一规律是辩证法的根本规律。

(一)关于两种根本对立的宇宙观(世界观)。形而上学宇宙观的基本特征是用孤立性、静止性和片面性来认识世界,"这种宇宙观把世界一切事物,一切事物的形态和种类,都看成是永远彼此孤立和永远不变化的。如果说有变化,也只是数量增减和场所的变更。"与此相反,辩证法的宇宙观的基本特征是用联系性、发展性和全面性来认识世界,"唯物辩证法的宇宙观主张从事物内部、从一事物对他事物的关系去研究事物的发展,即把事物的发展看作是事物内部的必然的自己的运动,而每一事物的运动都和它的周围其他事物互相联系着和互相影响着。"

(二)关于事物发展变化的原因。唯物辩证法的宇宙认为事物发展变化的根本原因"在于事物内部的矛盾性"(内因论),一事物和他事物的互相联系和互相影响则是事物发展的第二位原因。这样,唯物辩证法就有力地反对了形而上学的机械唯物论和庸俗进化论的外因论,因为"单纯的外部原因只能引起事物的机械的运动,即范围的大小,数量的增减,不能说明事物何以有性质上的千差万别及其互相变化。"《矛盾论》还论述了事物发展过程中内因与外因的辩证关系:内因和外因是相互对立的,内因是事物发展根本原因,外因只是发展的条件；内因和外因是相互联系不可分割的；外因可以通过内因推动事物的发展。

（三）关于矛盾普遍性的意义。《矛盾论》指出，矛盾普遍性有两点含义：一是矛盾存在于一切事物的发展过程中；对此，毛泽东列举了许多自然科学和人类社会的事实和经典作家的论述。二是每一事物的过程存在着自始至终的矛盾；这个问题，毛泽东从批判苏联哲学家德波林否认差异就是矛盾的错误观点入手，指出差异就是矛盾，差异性可以贯穿事物发展的始终。当然，差异性是矛盾的一种表现形态，矛盾也可以表现为激烈对抗性的，差异性并不是矛盾的有无问题。矛盾时时有，而不是时有时无。新过程的发生，不是从无矛盾而来，而是从旧过程的矛盾转化而来；旧过程结束，不是走向无矛盾，而是转化为新过程的矛盾。新旧过程的交替，不是矛盾的消灭，而是矛盾的转化。对于矛盾普遍性，"中国共产党人必须学会这个方法，才能正确地分析中国革命的历史和现状，并推断革命的将来。"

（四）关于矛盾特殊性的表现形式。一是各种物质运动形式的矛盾特殊性。任何一种物质运动形式，其内部都包含着特殊的矛盾，从而构成一物质运动形式区别于他物质运动形式的特殊本质，具有矛盾特殊性。例如，机械运动、物理运动、化学运动、生物运动和社会运动是五种不同的运动形式，因为它们都具有各自的矛盾特殊性。二是每一运动形式发展中的不同过程的矛盾特殊性。一切运动形式每一个发展的不同过程，都是不同质的，例如俄国的二月革命和十月革命是两个不同的革命过程，各有其特殊性，"不同质的矛盾，只有用不同质的方法才能解决。"三是发展过程中矛盾各方面的特殊性。一个复杂的事物在发展过程中包含许多矛盾，这些矛盾都具有各自的特殊性，而且这些矛盾中的每一个矛盾的两方面，也有其特殊性；"所谓了解矛盾的各个方面，就是了解它们每一方面各占何等特定的地位，各用何种具体形式和对方发生互相依存又互相矛盾的关系，在互相依存又互相矛盾中，以及依存破裂后，又各用何种具体的方法和对方作斗争。"四是发展过程中不同阶段具有的矛盾特殊性。由于根本矛盾的影响，在事物发展过程中，有些矛盾激化了，有些矛盾解决了，有些矛盾缓和了，有些矛盾发生了，因此，过程就区分为不同的阶段，这些阶段各有其特殊性。比如，"拿从辛亥革命开始的中国资产阶级民主革命过程的情形来看,也有了若干特殊阶段。特别是在资产阶级领导时期的革命和在无产阶级领导时期的革命,区别为两个很大不同的历史阶段。"五是发展阶段中矛盾各方面的特殊性。《矛盾论》举例,在第一次统一战线时期、在1927年国民党叛变革命时期、在1936年西安事变之后,国共两党在这三个阶段都有不同的特点,"如果我们不去研究这些矛盾方面的特点,我们就不但不能了解这两个党各各和其他方面的关系,也不能了解两党之间的相互关系。"《矛盾论》最后断言:"研究所有这些矛盾的特性,都不能带主观随意性,必须对它们实行具体的分析。离开具体的分析,就不能认识任何矛盾的特性。我们必须时刻记得列宁的话:对于具体的事物作具体的分析。"

(五)关于矛盾问题的精髓。《矛盾论》从一切事物内部无不包含矛盾,事物因内部矛盾引起发展这一根本观点出发,分析了矛盾的普遍性和特殊性,主要的矛盾和矛盾的主要方面,矛盾的统一性和矛盾的斗争性,对抗性和非对抗性等问题,而贯穿于这一切的则是矛盾的普遍性和特殊性、绝对性和相对性的关系问题。《矛盾论》强调,"这一共性个性、绝对相对的道理,是关于事物矛盾的问题的精髓,不懂得它,就等于抛弃了辩证法。"关于矛盾精髓问题的提出,奠定了马克思主义普遍真理和中国革命具体实践相结合的辩证法基础,也为清算主观主义,尤其是反对教条主义,提倡马克思主义中国化找到了理论依据。

(六)关于主要矛盾和次要矛盾的关系。主要矛盾是指在许多矛盾构成体系中起领导作用,规定和影响其他矛盾的存在和发展;其他则处于被领导和服从地位的,是次要矛盾。主要矛盾和次要矛盾是对立统一关系:主要矛盾和次要矛盾在一定条件下相互转化,一旦转化则事物的性质就发生变化,这种转化是否成功取决于矛盾双方斗争力量的对比程度;事物新陈代谢的过程就是矛盾的主要方面和次要方面转化的过程,次要方面上升为矛盾的主要方面,主要方面下降为矛盾的次要方面,并逐步趋向消灭。

(七)关于矛盾的同一性和斗争性问题。指出同一性有两种情形:一是矛盾的两方面,各以它的对立面作为自己存在的前提,双方共处于统一体中;二是矛盾的双方,依据一定的条件,各向其对立面所处的地位转化。《矛盾论》认为,同一性和斗争性是相对和绝对的关系;同一性和斗争性相互联结相互依存;同一性和斗争性相结合,是事物发展的源泉和动力。

（八）关于矛盾对抗性问题。矛盾可以划分为非对抗性和对抗性。矛盾对抗性是指矛盾斗争发展到最后采取外部冲突的一种形式。这种形式在阶级斗争社会比较普遍,对立着的两大阶级的斗争发展到一定阶段不得不采取对抗的方式解决,这就是革命。所以,在阶级社会中,对抗是解决矛盾斗争的最后形式,社会革命和战争是不可避免的,暴力革命是阶级社会的普遍规律。

《矛盾论》最突出的贡献就在于他以矛盾的普遍性为指导,从物质运动的形式、各个运动形式的发展过程阶段,以及过程和阶段的矛盾的诸方面,分析了矛盾的特殊性,建立了一个分析矛盾特殊性的逻辑结构,这个逻辑结构体现了辩证法、认识论和逻辑的一致性。毛泽东在分析矛盾特殊性问题时,把主要矛盾和主要的矛盾方面特别地提出来加以分析,从而揭示了矛盾发展的不平衡性。他认为,从主要矛盾和非主要矛盾的关系看,半殖民地的旧中国呈现出极为复杂的情况;从主要的矛盾方面和非主要的矛盾方面看,"就中国的情形来说,帝国主义处在形成半殖民地这种矛盾的主要地位,压迫中国人民,中国则由独立国变为半殖民地。然而事情必然会变化,在双方斗争的局势中,中国人民在无产阶级领导之下所生长起来的力量必然会把中国由半殖民地变为独立国,而帝国主义则将被打倒,旧中国必然要变为新中国。"①关于矛盾发展的不平衡性原理,为中国革命走一条以农村包围城市,最后夺取全国胜利的道路提供了可靠的哲学依据。

把辩证法娴熟应用于中国革命战争,是毛泽东的大手笔。在八年抗日战争和四年解放战争中,毛泽东运筹帷幄,决胜千里。他在《中国革命战争的战略问题》(1936年12月)一文中指出:"我们的战争是革命战争,我们的革命战争是在中国这个半殖民地的半封建的国度里进行的。因此,我们不但要研究一般战争的规律,还要研究特殊的革命战争的规律,还要研究更加特殊的中国革命战争的规律。"否则就不能引导中国革命战争走向胜利。他明确提出研究战争要着眼于其特点及其发展,要把握矛盾的特殊性,必须注意时间、地域和性质这三个环节。在长期的革命战争中,毛泽东深入地研究了表现于战

---

① 《毛泽东选集》第一卷,人民出版社1991年版,第324页。

争中的辩证法,论述了战争中的各种矛盾,敌我双方的特点在战争当中的展开,战争发展的各个阶段及其特点,战争发展过程中的量变与质变以及由此产生的战略战术,论述了人民战争与人民军队、政治与军事、人和武器、战争的客观物质条件和主观能动性等问题。在《论持久战》(1938 年 5 月)中,毛泽东依据对中日敌我矛盾双方的全部特点在战争过程中各依其本性发生变化的必然性的认识,首先从纵的(时间顺序)方向论证了持久战将要经历的三个阶段:敌之战略进攻,我之战略防御阶段;敌之战略保守,我之准备反攻阶段;敌之战略退却,我之战略反攻阶段。接着又从横的角度具体地推断出抗日战争的犬牙交错的矛盾状态:内线和外线、包围和反包围、大块和小块、有后方和无后方同时存在,相反相成,矛盾双方在一定的条件下向对立面转化。再接着从"抗日战争的政治动员"到"兵民是胜利之本"而得出了"最后胜利是中国的——这就是我们的结论"。毛泽东就是这样一步步地把抗日战争的客观辩证法从逻辑上再现出来,并为抗日战争的过程所证实,形成了人类战争史上的壮丽奇观。

现 实 意 义

《矛盾论》告诉人们:对立统一规律是辩证法的实质和核心,普遍性和特殊性的辩证统一体现马克思主义辩证法和矛盾观的精髓。毛泽东反对教条主义的杀手锏就是分析矛盾的特殊性,他不仅分析了矛盾的特殊性,而且建立了一个分析矛盾特殊性的逻辑结构。毛泽东运用这个逻辑结构剖析了中国半殖民地半封建社会的特殊性,使中国革命走出了与俄国革命完全不同的道路:以农村包围城市,最后夺取全国胜利。在改革开放之初,邓小平告诫全党:"过去搞民主革命,要适合中国情况,走毛泽东同志开辟的农村包围城市的道路。现在搞建设,也要适合中国情况,走出一条中国式的现代化道路。"①

————————

① 《邓小平文选》第二卷,人民出版社 1994 年版,第 163 页。

"中国式的现代化道路",就是中国特色社会主义道路。中国特色社会主义道路的重要哲学基础就是《矛盾论》中提出的矛盾问题的精髓原理。"中国特色社会主义"这一命题,深刻地体现了共性与个性的辩证法。在这个命题中,社会主义是一般和普遍性,中国特色是个别和特殊性,社会主义这个一般必须与中国特色这个个别相结合,才具有完整性和统一性。也就是说,中国特色和社会主义是辩证统一的关系,中国特色必须与社会主义相联系,与社会主义的本质相一致,必须体现科学社会主义的基本原理,遵循社会主义社会发展的共同规律。如果我们不把中国特色与社会主义相联系,就会脱离社会主义轨道。另一方面,社会主义的一般只能在各国特色的个别中存在,正如《矛盾论》所说,"普遍性即存在于特殊性之中",科学社会主义的普遍真理不能脱离各国社会主义实践的具体形式,只有通过丰富多彩的各国社会主义具体实践形式才能不断完善起来。所以,《矛盾论》的基本原理把社会主义和中国特色统一起来,才能使中国特色社会主义成为科学命题,才能使中国特色社会主义道路无限宽广,才能使中国特色社会主义事业欣欣向荣。

什么是"中国式的现代化道路"的特殊性? 第一,特殊性即具体国情。现代中国的国情,就是正处于社会主义初级阶段。党的十三大报告指出:"我国社会主义的初级阶段,是一个什么样的历史阶段呢? 它不是泛指任何国家进入社会主义都会经历的起始阶段,而是特指我国在生产力落后、商品经济不发达条件下建设社会主义必然要经历的特定阶段。"从时间上来看,"我国从五十年代生产资料私有制的社会主义改造基本完成,到社会主义现代化的基本实现,至少需要上百年时间,都属于社会主义初级阶段"。漫长的社会主义初级阶段的基本特征有两点:一是人口多、底子薄,地区发展不平衡,生产力不发达的状况没有根本改变;二是社会主义制度还不完善,社会主义市场经济体制还不成熟,社会主义民主法制还不够健全,封建主义、资本主义腐朽思想和小生产习惯势力在社会上还有广泛影响。经过三十多年的改革开放,我国的经济建设和社会发展已取得了巨大成就,胜利地实现了现代化建设的前两步战略目标,生产力水平上了一个大台阶,商品匮缺状况基本结束,市场供求关系发生了重大变化,即将进入全面建设小康社会。对此,党的十七大报告明确提醒全党:"我国仍处于并将长期处于社会主义初级阶段的基本国情没有变,人民日益增长的物质文化需要同落后的社会生产之间的矛盾这一社会主要矛盾没有变。"第二,特殊性决定走自己的路。走自己的路,就是敢于走前人没有走过的路。走自己的路与坚持和发展马克思主义并不相悖,对马克思主义经典作家的论述,我们应该作具体的分析:一是有些论述是针对特定的历史条件和具体情况而言的,面对着当今变化了的现实,其论断已不适用了,需要后人加以修正;二是有些论述特别是对未来社会发展的论述,只是作了一般原则上的说明,没有也不可能对细节作详细的描写,这需要后人加以完善和发展;三是随着社会的发展,出现了许多新情况、新问题,这些马克思主义经典作家没有论述,后人只能运用马克思主义的立场、观点、方法加以探索,作出新的概括。1992 年 10 月,在邓小平南方谈话直接影响下的党的十四大宣布:中国经济体制改革的目标是"建立社会主义市场经济体制"。它表明,从 1848 年马克思写下《共产党宣言》开始,经过马克思主义诞生百余年的风风雨雨、经过了中国社会主义数十年的曲折实践和改革开放十几年的惶惑与争论,中国共产党终于彻底摆脱了计划与市场属于社会根本制度范畴的思想束缚,找到了具有中国特色的经济体制改革的目标模式。这是人类经济发展史上一种全新的目标模式,教科书没有记载,经典作家没有论述,它突破了马克思主义诞生百余年以来人们思考的"禁区"。中国特色社会主义道路使我们党和老百姓懂得:贫穷不是社会主义,发展太慢也不是社会主义;平均主义不是社会主义,两极分化也不是社会主义;僵化封闭不能发展社会主义,照搬外国也不能发展社会主义;不解放思想搞不成社会主义,超越社会主义初级阶段也搞不成社会主义;没有民主就没有社会主义,没有法制也没有社会主义;不重视物质文明搞不好社会主义,不重视精神文明也搞不好社会主义。只有社会主义能够救中国,中国必须坚持社会主义基本制度。

当今天改革开放进入"攻坚期"和"深水区"时,各种矛盾的表现更为胶着化、冲突化;当我们面对"新的历史起点"下的"全面深化改革",经济领域的政治因素发生碰撞,经济之外的其他社会矛盾与改革中的经济问题产生摩擦;当全球性的金融风暴和经济危机不断向我们袭来,怎么办? 有没有"以不变应万变"的东西? 有的,这就是坚持唯物辩证法,要坚持《矛盾论》提出的一系列行之有效的矛盾分析方法和解决方法。习近平总书记在《中共中央关于全面

深化改革若干重大问题的决定》的说明中强调指出:"要有强烈的问题意识",
"以重大问题为导向,抓住关键问题进一步研究思考,着力推动解决我国发展
面临的一系列突出矛盾和问题";要"进一步解放思想、解放和发展社会生产
力、解放和增强社会活力,坚决破除各方面体制机制弊端,努力开拓中国特色
社会主义事业更加广阔的前景。"

（刘毅强　撰稿）

七
《论持久战》
导　读

　　《论持久战》是毛泽东 1938 年 5 月撰写的一篇研究抗日战争的军事论著,它完整地阐述了中国共产党的持久战理论,清晰地描绘了战争发展全过程的蓝图,回答了人们在如何抗战问题上最关心而又迷惘的种种问题。它逻辑严密,富有哲理,具有强大说服力和科学预见性,因而驰名中外,对坚定中国人民的抗日信心、坚持持久抗战、争取抗日战争的最后胜利,产生了重大的动员和指导的作用。它是一部比较完整地体现毛泽东军事思想的伟大的马克思主义军事著作,是一部运用马克思主义哲学的极为生动的教科书。今天研读它,仍有重大的理论意义和现实意义。

历 史 背 景

　　1937 年卢沟桥事变后,国共实现第二次合作,中华民族掀起了伟大的抗日战争。其时,如何进行战争并夺取胜利? 是中国抗日战争必须解决的首要问题,也是影响中国抗日战争发展和胜利的决定性的问题。

　　当时,中日力量悬殊。日本是帝国主义国家,是世界军事强国;而中国是半殖民地半封建的国家,是备受帝国主义欺凌的弱国,日本在军力、经济、科技等方面占有绝对、压倒性的优势。据有关材料统计,1937 年,日本的现代工业产值在国民经济总产值中已占到 80%,而中国现代工业(包括帝国主义在华企业在内)在国民经济总产值中仅占 10%;日本的工业总产值是中国的 4.4倍。在军事工业方面,日本能大规模生产重炮、坦克、飞机、军舰等,而中国除能生产轻武器和小口径火炮外,其他大型武器装备基本不能制造。日本海军有大型舰艇 200 艘,共 77.1 万吨,中国又有舰艇 66 艘,共 5.9 万吨;日本有作战飞机 2625 架,而中国的作战飞机只有 305 架。日本一个常设师与中国一个整编师相比,步骑枪比中国多 1.5 倍,轻重机枪多 1.1 倍,野榴山炮多 3.1 倍,此外还多有炮兵车和辎重车 1000 余辆,坦克 24 辆。日军不但武器装备好,而且训练有素,长期受武士道精神灌输,作战中十分顽强。总之,日本是一个让美国、英国都让它几分的军事强国,具有强大的战争能力,中华民族遇到一个强大的、凶悍的敌人,中国的抗日战争将是十分艰苦的。

正因如此,在抗战爆发后产生了几种严重影响中国抗战的不正确的认识。

一是"亡国论"。一些当时颇有身份和影响力的人只看到日本恃强侵略的一面,大肆宣扬"抗日亡国"的论调。曾任国民政府行政院长、时任国民党副总裁的汪精卫在抗战前,就到处散布"中国武装不如人,战必败","如果抗战,必会作阿比西尼亚"("阿比西尼亚"即埃塞俄比亚,1935 年被意大利法西斯灭亡);抗战全面爆发后,他竭力散布战争的恐怖:如果再打下去,"无论是通都大镇,无论是荒村僻壤,必使人与地俱成灰烬。""所谓抵抗,便是能使整个国家,整个民族为抵抗侵略而牺牲。"一些国民党高官和学者认同汪精卫的看法,认为积极抗战的主张是唱高调,"歇斯底里的风气",组织所谓"低调俱乐部",大肆宣扬"亡国论":"除了头脑极简单的糊涂虫以外,没有不明白继续打下去,中国绝不能侥幸成功的道理。"①随着抗战初期国民党战场上的节节败退和日本侵略军的长驱直入,这种"亡国论"越来越流行,极大地影响人们对抗战的信心。

二是"速胜论"。"速胜论"者已看到日本帝国主义的强大,但把希望寄托

① 周佛海:《回忆与前瞻》,《中华日报》1939 年 7 月 22 日。

在国际大国身上,幻想依靠美、英等国的干预,迫使日本停止侵略;或者希望苏联出兵对日作战,帮助中国战胜日本;甚至有人幻想日本国内发生变化,从而迅速结束战争。抗战开始后,蒋介石集团指望英、法、美等国直接出面干预,并多次要求苏联政府出兵。由于过度强调了国际因素,因此当时国内许多人都推测苏联会参战:"只要打三个月,国际局势一定变化,苏联一定出兵,战争就可解决。""速胜论"的出发点是期盼中国胜利,但对中国抗战的艰难性和长期性认识不足,因此当期盼的制胜因素不能出现时,"速胜论"就会破灭,转而陷入"亡国论"的迷惑中。

这两种错误的认识在台儿庄战役后更加突出。1938年4月,中国军队在台儿庄歼灭日军近两万人,取得正面战场抗战以来的最大的一次胜利,强劲地鼓舞了全国人民的抗日斗志。但蒋介石却因此滋长了速胜心理,他调集六十多万军队到徐州附近,部署与日军"准决战","速胜论"因此一时间高调频起。然而,战事的发展迅速地粉碎了蒋介石的幻想,国民党军随后被日军分割、包围,陷入败局,最后不得不向豫皖边突围。5月19日,徐州沦陷。于是,国民党内的失败主义情绪猛烈反弹,"再战必亡"的"亡国论"再次泛滥。

应该强调的是,国民党是执政党,它的官员的"速胜论"、"亡国论"的论调,影响了中间阶层和社会上的许多人。

三是对"持久战"的错误认识。其时,对日"持久战"观点也在国内流行。最早提出中国应以"持久战"战略应对日本侵略的人,是曾任保定陆军学校校长的蒋百里,他还出任过吴佩孚、孙传芳、蒋介石的高级参谋等职。1922年,他撰文指出:中日一旦开战,"我侪对敌人制胜之唯一方法,即是事事与之相反。彼利速战,我恃之以久,使其疲弊;彼之武力中心在第一线,我侪则置之第二线,使其一时有力无用处。"①而其持久战的内涵就是利用地大人众的优势来"拖",然后通过国际力量解决:"中国有地大人众两个优越条件,不打则已,打起来就得运用拖的哲学,拖到东西战争合流,我们转弱为强,把敌人拖垮而已。"②蒋百里提出了中国抗日的重要战略思想,其观点有许多合理的成分,因

---

① 　蒋方震:《国防论》,上海书店出版社1989年版,第130页。
② 　陶菊隐:《蒋百里传》,中华书局1985年版,第136页。

此受到关注中日战争者的普遍重视,抗战全面爆发前后凡论及中国抗日战争者,大都引用他的持久战的说法。但是,其认识依据也存在严重的漏洞。在古今中外历史上,拥有地大人众优势条件而亡国的事例,非常之多,满族贵族灭亡明朝就是明显的例子;而国际干预,是有条件的,九一八事变日本侵略以来,国民党政府一再谋求依靠"国联"(第一次世界大战后出来的国际组织)解决,但结果一次次落空,让国人心冷。由于蒋百里用地大人众来论证持久战之说存在漏洞,颇不能说服人。因此,也就给"亡国论"和"速胜论"留下了颇为流行的空间。

抗日战争全面爆发后,执政的国民党提出了"持久消耗战"的战略方针,依据也是从中国地大人众、苦撑而等待国际形势变化等展开的,实际上是照搬了蒋百里的见解。因而在认识上,对中国抗日战争为什么持久、如何持久等问题,没有深入的、成熟的、足以反映这场战争规律和制胜敌人的见解;在行动上,在抗战爆发后的很长一段时间里,持久消耗战的方针没有实行,与日军大打阵地战,拼消耗,典型者如淞沪会战、台儿庄战役后准备的"准决战"等。在如何抗战问题上,支撑国民党抗战的主要的、基本的认识,是等待国际大国的干预。蒋介石自承,"我们军队不但各种技术装置和一切准备,都不如敌人,就是我们自己的学问能力和种种计划,我们自觉也都比敌人差次,这样,我们什么事情都赶不上敌人"。[1] 因此,他反复剀述要依靠国际力量来取得胜利:"凡属与远东有利害关系的国家,必不容许他侵略野心的实现……只要我们能自强自立,能持久抗战,就天天可以促起日本利害相反的各国包围日本,如此,国际形势不变也要变,各国不助我也就是助我。"[2]由于国民党不相信依靠中国自己的力量能够战胜日本,由于它从巩固其一党专政的利益出发,所以它忽略国内各种力量的动员和发动,压制中国共产党和其他党派,压制民众的抗日活动,实行由其政府和军队包办抗战的片面抗战路线。

显而易见,"亡国论"和"速胜论"都是极端错误的,对中国抗日战争的危

① 蒋介石:《第一次南岳军事会议上的训词》(1938 年 11 月 25 日),《蒋总统集》,台湾"国防研究院"1961 年版,第 809 页。
② 蒋介石:《认识抗战真谛与建立必胜基础》(1938 年 1 月 17 日),《蒋总统集》,台湾"国防研究院"1961 年版,第 8867 页。

害是巨大的;国民党政府的"持久消耗战"存在严重的缺陷,是不能支持和夺取抗战胜利的。如果不对这些观点予以澄清,任其流行,必然会在群众中造成思想混乱,瓦解中国人民的斗志,影响抗日战争的开展、坚持和发展。

中国共产党的抗日战略是持久战。早在 1935 年 12 月的瓦窑堡会议上,中共中央就号召全党"准备着长时间同敌人奋斗","为着同敌人作持久战而准备自己的艰苦工作"。① 1937 年 8 月在陕北洛川县召开的政治局扩大会议,明确指出:"应该看到这一抗战是艰苦的持久战。"②而争取抗战胜利的关键,在于使已经发动的抗战发展为全面的全民族的抗战。因此确定中国共产党在抗日战争全面爆发后的中心任务是,"动员一切力量争取抗战的胜利",并具体提出了党领导进行抗战的大政方针。

但是,当时党内在如何抗日问题上也存在一些不正确的认识。党内没有"亡国论"的认识,但受到"速胜论"的影响,一些人存在盲目乐观的轻敌思想,把抗战的希望寄托在国民党的二百万正规军上,对战争的长期性、艰苦性缺乏精神准备,因此,急于打大仗,轻视游击战争;有些人虽然承认抗日战争是持久的,但不清楚怎样进行持久战。

鉴于存在对持久战战略认识的严重偏差,鉴于"亡国论"和"速胜论"颇为流行的情况,毛泽东深感"有着重地研究持久战的必要"。为了澄清党内外的混乱思想,揭示抗日战争发展的客观规律,给全国人民指明抗日战争的进程和光明的前途,他集中全党的智慧,总结抗战十个月以来的经验,撰写了《论持久战》这篇影响深远的军事理论著作。

主　要　内　容

《论持久战》首先以"问题的提起"的方式破题,开门见山地列出了当时中

---

① 《中共中央文件选集》第 10 册,中共中央党校出版社 1991 年版,第 603 页。
② 《中共中央文件选集》第 11 册,中共中央党校出版社 1991 年版,第 322 页。

国社会对抗日战争的各种疑惑：战争的过程究竟会怎样？中国的抗战能不能胜利？能速胜还是不能速胜？中国的抗战为什么是持久战？怎样进行持久战？这是全文逻辑论证的起点，也表明该文的主题是要回答这些问题。然后以大量篇幅，逐次从中国的抗战为什么是持久战、持久抗战的发展阶段、如何实现持久战等方面展开，进行正面理论阐述，驳斥"亡国论"、"速胜论"和持久战问题上的错误观点。

全文约 5 万字，讲了 21 个问题，共 120 节。其内容大体可分为两个部分。前 9 个问题（1 至 58 节）主要分析中日两国的基本特点，论述了抗日战争为什么是持久战，为什么最后胜利是中国的，批驳"亡国论"和"速胜论"；后 12 个问题（59 至 120 节）主要论述在抗日战争中发挥自觉的能动性，实行人民战争的极端重要性和人民战争的战略战术，阐明了怎样进行持久战和怎样争取最后胜利。

具体而言，其主要内容是：

（一）科学地揭示抗日战争的基本规律。毛泽东在文章中多次回答了这样两个问题：中国会亡吗？不会亡。中国能够速胜吗？不能速胜。明确指出：中国抗日战争是持久的，最后胜利是中国的，这就是中国抗日战争总的、基本的规律。

这一规律，是通过对中日战争双方特点的全面、客观的分析得出的。毛泽东指出："中日战争不是任何别的战争，乃是半殖民地半封建的中国和帝国主义的日本之间在二十世纪三十年代进行的一个决死的战争。全部问题的根据就在这里。"①根据中日战争的性质及时代特征，毛泽东具体分析了中日双方存在着互相矛盾的四个基本特点：敌强我弱，敌小我大，敌退步我进步，敌寡助我多助。具体地说，日本是一个帝国主义强国，具有很强大的战争力量，中国是半殖民地半封建的弱国，这一特点决定日本的进攻能在中国横行一时，而中国不能速胜，中国的抗战不可避免地要走一段艰难的路程。但是，日本帝国主义发动的侵略战争是非正义的、退步的，它所进行的疯狂的战争冒险，只会加

---

① 毛泽东：《论持久战》（1938 年 5 月），《毛泽东选集》第二卷，人民出版社 1991 年版，第 447 页。

剧其本身的内外矛盾,使它走向灭亡;而且日本是小国,它的人力、财力、物力不足以支持长期战争;日本虽然得到国际法西斯国家的支持,但由于它推行侵略扩张政策,威胁和损害着其他国家的利益,这就必然会使它受到国际反对力量的遏制。这些都是日本的短处,这些短处是日本自己无法克服的。中国则正处于向前进步的历史时期,"已经不是完全的封建国家,已经有了资本主义,有了资产阶级和无产阶级,有了已经觉悟或正在觉悟的广大人民,有了共产党,有了政治上进步的军队即共产党领导的中国红军,有了数十年革命的传统经验,特别是中国共产党成立以来的十七年的经验。"中国在进步的历史时期所进行的抗日战争是进步的正义的战争,因而能够唤起全国人民的抗战热情,同仇敌忾,利用中国地大、人多的有利条件来支持长期的战争,并将得到国际上的广大援助。这些基本特点规定了抗日战争是持久战,最后的胜利是中国的。

依据以上分析,毛泽东批驳了"亡国论"和"速胜论",指出:"亡国论"者只看到敌人军事力量强大的一面,而没有看到敌人的根本弱点和中国的优势;"速胜论"者不承认敌强我弱的现实状况,不了解敌方的短处需要一个长时期才能充分地暴露出来,而我方的长处也需要经过长时期的努力才能充分地发挥出来。两者看问题的方法都是非科学的,即主观的和片面的,因而得出的结论都是错误的。在实践中,"亡国论"产生妥协倾向,"速胜论"则"因为估计不符合真相,行动就无法达到目的;勉强行去,败军亡国,结果和失败主义者没有两样"。因此,两者都是十分有害的。

(二)系统阐述持久战的三个阶段的发展规律。基于对敌我特点变化发展的客观分析,毛泽东预见持久的抗日战争将经过战略防御、战略相持和战略反攻三个阶段。在第一阶段,敌人大举进攻,占领许多大城市和重要交通线,但因战线太长,困难极大,财政经济开始竭蹶,"由于敌之兵力不足和我之坚强抵抗,敌人将不得不决定在一定限度上的战略进攻终点,到达此终点以后,即停止其战略进攻,转入保守占领地的阶段",战争遂转入第二阶段。在第二阶段,敌人的企图是保守占领地,组织伪政府,搜刮中国人民,以维持和继续扩大侵略战争。"我们的任务,在于动员全国民众,齐心一致,绝不动摇地坚持战争,把统一战线扩大和巩固起来,排除一切悲观主义和妥协论,提倡艰苦斗争,实行新的战时政策,熬过这一段艰难的路程。"毛泽东特别强调,"这个第二阶段是整个战争的过渡阶段,也将是最困难的时期,然而它是转变的枢纽。中国将变为独立国,还是沦为殖民地,不决定于第一阶段大城市之是否丧失,而决定于第二阶段全民族努力的程度。如能坚持抗战,坚持统一战线和坚持持久战,中国将在此阶段中获得转弱为强的力量。"①

在第三阶段,经过相持阶段的努力,中国的力量将转弱为强,日军的力量将变弱,使敌我力量对比发生根本性的变化,那时,抗日战争就能够进入收复失地的反攻阶段了。

为了清晰地展示持久战全过程的轮廓,毛泽东运用辩证唯物主义的质量互变规律分析了三个阶段敌我力量的变化:第一阶段,敌优我劣。我之劣势有两种变化,一种是向下的,即经济、军事力量的消耗和土地、人口的减少等,但这是旧的量和质,主要表现在量上;一种是向上的,即战争中的经验、军队的进步、政治的进步、人民的动员、文化向新方向的发展、游击战争的出现、国际援助的增长等,这是新的量和质,主要地表现在质上。敌之优势也有两种变化,一种是向下的,表现在经济、军事力量的消耗,士气的颓靡,国内人心的不满,国际舆论的责备等;一种是向上的,即扩大了土地、人口和资源,但这只是暂时和局部的。第二阶段,大体上是日本继续向下,中国继续向上,经过相当长的时间,敌我力量的对比将发生巨大的相反的变化,中国脱出劣势,日本脱出优势,先走到平衡的地位,再走到优劣相反的地位。第三阶段,中国利用优势实行反攻,驱敌出国。总之,"中国由劣势到平衡到优势,日本由优势到平衡到劣势,中国由防御到相持到反攻,日本由进攻到保守到退却——这就是中日战争的过程,中日战争的必然趋势。"

(三)论述争取抗战胜利的政治方针和战略战术,这是回答怎样进行持久战和争取最后胜利的问题。

其一,充分发挥抗日的自觉能动性。毛泽东指出,一切事情是要人做的,坐着不动,只有被灭亡,没有持久战,也没有最后胜利。因此,要夺取抗日的胜利,就必须发挥自觉的能动性。他说:"思想等等是主观的东西,做或行动是

---

① 《毛泽东选集》第二卷,人民出版社 1991 年版,第 465 页。

主观见之于客观的东西,都是人类特殊的能动性。这种能动性,我们名之曰'自觉的能动性',是人之所以区别于物的特点。一切根据和符合于客观事实的思想是正确的思想,一切根据于正确思想的做或行动是正确的行动。我们必须发扬这样的思想和行动,必须发扬这种自觉的能动性。"而在一定条件下,自觉能动性可以起决定性的反作用:"战争的胜负,固然决定于双方军事、政治、经济、地理、战争性质、国际援助诸条件,然而不仅仅决定于这些;仅有这些,还只是有了胜负的可能性,它本身没有分胜负。要分胜负,还须加上主观的努力,这就是指导战争和实行战争,这就是战争中的自觉的能动性。""指导战争的人们不能超越客观条件许可的限度期求战争的胜利,然而可以而且必须在客观条件的限度之内,能动地争取战争的胜利。"因此,在抗日战争中,"必须动员全中国人民,统统发扬其抗日的自觉的能动性,才能达到目的。"他提出战争中的主动性、灵活性、计划性是发扬自觉能动性的好形式,依靠主观上的正确指导,就可以掌握战争中的主动性,就可以有计划地灵活地用兵,从而人为地造成我们许多的局部优势,剥夺敌人的许多局部优势,战而胜之。

其二,坚持全民动员的政治方针。毛泽东指出,抗日战争是全民族的革命战争,只有动员全民族,才能取得战争的胜利。他反复强调:"兵民是胜利之本","武器是战争的重要的因素,但不是决定的因素,决定的因素是人不是物。力量对比不但是军力和经济力的对比,而且是人力和人心的对比。军力和经济力是要人去掌握的。""动员了全国的老百姓,就造成了陷敌于灭顶之灾的汪洋大海,造成了弥补武器等等缺陷的补救条件,造成了克服一切战争困难的前提。""战争的伟力之最深厚的根源,存在于民众之中。"为此,毛泽东强调,全军全民的广大的政治动员,对于中国的抗日战争"实在是头等重要","是一件绝大的事"。并强调指出:"我们之所以不惜反反复复地说到这一点,实在是没有这一点就没有胜利,……这是胜利的最基本的条件。"

其三,采取持久战的战略战术。持久战是总的战略方针,在其过程中,还需根据不同的阶段采取不同的具体战略方针。这就是:在第一、第二阶段,应是战略防御中的战役和战斗的进攻战,战略持久中的战役和战斗的速决战,战略内线中的战役和战斗中的外线作战。毛泽东分析指出:由于敌强我弱,敌在战略上采取进攻的、速战速决的和进行外线作战的方针,我则采取防御的、持久的和进行内线作战的方针。但是,由于敌小我大,敌以少兵临大国,只能占领中国一部分领土,我们有对敌进行运动战和游击战的极其广大的地盘。这样,在战役战斗中,对于部分敌人,我可能集中优势兵力,主动地进行外线的速决的进攻战。结果,在具体战斗中,敌可由强者变为弱者,由优势变为劣势;我则相反,可以弱者变为强者,由劣势变为优势,取得战役战斗的胜利。这些胜利的积累,将逐渐改变总的敌我形势,我日益壮大,敌日益削弱直至走向完全失败。这是以弱胜强所必须采取的方针。第三阶段,应是战略的反攻战。与此相联的战略作战形式,在第一阶段,运动战是主要的,游击战和阵地战是辅助的;第二阶段,则游击战将升到主要地位,而以运动战和阵地战辅助之;第三阶段,运动战再升到主要地位,而辅之以阵地战和游击战。

毛泽东特别强调游击战争的重要性,指出游击战的战略作用,一是辅助正规战,一是把自己也变成正规战;就游击战在中国抗日战争中的空前广泛空前持久的意义说来,它的战略地位是更加不能轻视的了。从抗日战争的三个阶段来看,游击战决不是可有可无的。它将在人类战争史上演出空前伟大的一幕。游击战争虽然没有正规战争那样迅速的成效和显赫的名声,但在长期和残酷的战争中,它将表现其很大的威力,实在是非同小可的事业。并且正规军分散作游击战,集合起来又可作运动战,八路军就是这样做的。八路军的方针是:"基本的是游击战,但不放松有利条件下的运动战。"这个方针是完全正确的。

围绕持久战的具体战略方针,毛泽东还阐述了主动性、灵活性、计划性、乘敌之隙、打有把握之仗等一系列具体的战略战术原则,以保证持久战的坚持和最后胜利的实现。

重 要 意 义

《论持久战》是一部杰出的马克思主义军事理论著作,它在抗日战争开始不久,人们对战争将如何发展不甚了了的时候,异常清晰而又符合实际地、以惊人的精确性预见了抗日战争的前途和进程,回答了当时人们最关心而又迷惘的问题。它从中日交战双方的基本国情出发,无可辩驳地论证了"抗日战争是持久的"和"最后的胜利是中国的"这两大结论的客观必然性,深刻地批判和彻底地驳倒了"亡国论"、"速战论"等错误论调,并且在此基础上科学地预见了抗日战争发展过程的三个阶段,制定了一整套持久战的战略方针和战术原则。在当时起到了预见抗日战争的发展趋势、指明抗日战争的正确道路、坚定和鼓舞抗日军民抗战信心、指引抗日战争取得伟大胜利的重大历史作用。其巨大的理论作用,已经为中国抗日战争的实践所检验和证明。

同时,它从中国抗日战争的特殊规律入手,系统地阐述了马克思主义的战争观、战争与政治、武器与人、战争中的能动性等一般的军事原则和战争规律,尤其是针对敌强我弱、敌优我劣的特殊战争现象,极其深刻地论述了持久战的战略思想、游击战争的战略思想、普遍深入的政治动员的人民战争思想、转劣为优的灵活的战略思想,极大地丰富和发展了马克思主义的军事科学理论。

《论持久战》是马克思主义的普遍真理同中国革命的具体实践相结合的光辉典范,它具体地创造性地运用马克思主义的立场、观点和方法,成功地揭示了中国民族战争和民族解放的特殊规律,形成了一整套独具特色的抗日战争的理论,在毛泽东军事理论或军事辩证法体系中占有重要地位。1981年6月27日中共十一届六中全会通过的《关于建国以来党的若干历史问题的决议》,把这部著作列为毛泽东思想体系中关于革命军队的建设和军事战略部分的代表作之一。

《论持久战》又是一部马克思主义的哲学著作,它在分析中日双方对立、矛盾的因素,论述战争的发展进程和众多复杂的战略战术时,对马克思主义哲学的对立统一规律、质量互变规律,革命的能动的反映论,相信群众、依靠群众、放手发动群众的观点作了创造性的运用和透彻的发挥,通篇闪耀着辩证唯物主义和历史唯物主义的思想光芒,被称为杰出的马克思主义的"应用哲学"或"实践哲学"。

抗日战争早已远去,我们正在进行的中国特色社会主义现代化的建设,同抗日战争的历史背景和任务是根本不同的,但是二者又有许多相似之处。比如,它们都是决定中国命运的伟大而艰巨的事业;它们都要经历长期持久的历史过程;它们都充满错综复杂的矛盾;它们都需要时时注意克服主观性和片面性、悲观论和急性病;它们都需要发扬根据客观实际的"想"和"做"这种自觉的能动性;它们都需要通过主观指导的正确,化劣势为优势、变被动为主动;它们都需要尊重和动员全中国人民,因为这是争取胜利的伟力之最深厚的根源。因此,作为一部不朽的著作,《论持久战》在今天仍然有重大的理论意义和现实意义,特别是对于领导干部仍然有很强的教育和启迪作用。

(一)重视学习和掌握马克思主义,认识和把握规律。

《论持久战》是运用马克思主义立场、观点、方法,对社会发展中的重大问题进行解疑释惑,成功解决中国重大社会问题的典范。毛泽东运用马克思主义哲学的对立统一规律,质量互变规律,从分析中日双方对立的矛盾入手,论述中国抗日战争的特殊规律、发展进程;运用革命的能动的反映论,相信群众、依靠群众、放手发动群众的观点等阐述了持久战的众多复杂的战略战术,系统地阐述了马克思主义的战争观、战争与政治、武器与人、战争中的能动性等一般的军事原则和战争规律,尤其是针对敌强我弱、敌优我劣的特殊战争现象,极其深刻地论述了持久战的战略思想、抗日游击战争的战略思想、普遍深入的政治动员的人民战争思想、转劣为优的灵活的战略思想,从而揭示了抗日战争的内在规律和发展趋势。从普遍的意义上说,《论持久战》为我们提供了把马克思主义的普遍真理同我国具体实践相结合,一切从实际出发,在实践中发现和揭示客观规律,又能动地灵活地运用客观规律去指导实践,取得胜利的方法论。

中国社会主义现代化建设的实践表明,什么时候准确地把握了国情、主客观条件、发展规律,就能较科学地确定发展规划,我们的建设就比较顺利;反之,就会脱离实际、背离规律,遭受挫折。今天,遵循规律、按照规律办事,已经成为全社会的基本共识,成为领导干部孜孜不懈的追求,但如何认识规律、掌握规律,却是一个很大的难题。

正如毛泽东在分析"亡国论"和"速胜论"错误根源时指出的:"战争问题中的唯心论和机械论的倾向,是一切错误观点的认识论上的根源。他们看问题的方法是主观的和片面的。或者是毫无根据地纯主观地说一顿;或者是只根据问题的一侧面、一时候的表现,也同样主观地把它夸大起来,当作全体看。"

认识论上的偏差，必然使观察失真、结论谬误，背离规律。而毛泽东能够在抗战刚刚十个月的时间里，写出《论持久战》这样不朽的著作，既得益于他长期革命战争中积累的丰富的经验，又得益于他刻苦的理论学习和研究，特别是长征到陕北后如饥似渴地"作工具的研究，即研究哲学、经济学、列宁主义，而以哲学为主"。《论持久战》通篇贯穿和闪耀着辩证唯物主义和历史唯物主义的思想光芒，是毛泽东深邃的马克思主义理论修养的结晶。毛泽东的《论持久战》为我们树立了如何观察事物、探索和把握规律的榜样，也从一个方面再次论证了认真地学习马克思主义，用马克思主义理论武装自己的极端重要性。

我们要把握建设有中国特色社会主义的规律，并在此基础上制定正确的方针政策，推进中国特色社会主义的建设，全党特别是党的领导干部就一定要认真学习和掌握马克思主义，因为辩证唯物主义和历史唯物主义是我们认识世界、改造世界，把握规律、取得成功的思想理论基础和锐利武器。

（二）充分认识人民群众的决定性作用，坚持党的群众路线。

党领导的新民主主义革命，实际上就是人民革命、人民战争。《论持久战》坚持和贯穿了党的这一基本理念。一是，通过批驳"亡国论"和"速胜论"，廓清错误论调的影响，坚定和鼓舞全国人民的抗日信心与斗志，是毛泽东撰写该文的一个主要目的；二是，深入动员人民群众是《论持久战》的一个重要内容，毛泽东在文中反复强调动员人民群众的极端重要性，他指出："抗日战争是要赶走帝国主义，变旧中国为新中国，必须动员全中国人民，统统发扬其抗日的自觉的能动性，才能达到目的。"毛泽东把此视为中国抗日战争的一件"绝大的事"，"如此伟大的民族革命战争，没有普遍和深入的政治动员，是不能胜利的。"三是，在持久战中深入挖掘中国潜在的优势，通过中国人民的艰苦奋斗去夺取抗日战争的胜利，是中国共产党持久战理论的显著特点和坚实基础，也是其和国民党抗日总战略的一个根本区别。四是，党在抗日战争时期贯彻持久战的战略思想，开展敌后游击战争，建立抗日根据地，开辟、坚持和发展敌后战场的实践，实质上就是规模空前的人民战争。也就是说，发动群众、组织群众，形成浩浩荡荡的抗日大军，是中国共产党领导抗日的基本路线，是中国共产党在抗日战争时期的最大政治优势。

我国正在进行建设中国特色社会主义现代化的伟大事业，这是一个中华民族实现腾飞的、前无古人的伟大的事业,同时又是非常艰巨的,同样要经过艰苦的奋斗、甚至是比抗日战争更艰苦的奋斗才能完成的历史任务。这是党在现阶段和今后很长一个时期内执政的一个主要使命。但是,现实情况与党完成这个历史使命的差距甚大。虽然经过新中国成立以后的长期艰苦奋斗,特别是经过三十多年来的改革开放,我国经济建设得到很大的发展,综合国力显著增强,物质基础日益丰厚,人民生活得到明显改善,为加速社会主义现代化建设创造了有利条件。但是,我国尚处在全面建设小康社会的阶段,人口众多,家底很薄,资金短缺,经济发展极不平衡,与世界发达国家的差距仍然很大。也就是说,在实现现代化的道路上,存在着严峻的、巨大的困难,我国现在的条件与完成历史赋予的伟大使命存在很大的差异。

实现中华民族的伟大复兴,是执政的中国共产党的庄严、义不容辞的使命,党必须履行和完成这个使命。而要完成这个任务,就必须克服重重困难,这就需要发挥中国共产党的政治优势,以革命精神凝聚全党智慧,集中广大人民的力量。只有凝聚人民群众的智慧和力量,赢得人民群众的信赖和支持,把十八大提出的"两个一百年"目标转化为人民群众的自觉行动,才能抓住历史机遇,锐意进取;才能科学判断发展大势,解决可以预料或难以预料的困难和问题,赢得各种挑战;才能使党始终保持旺盛的生机和活力,更好地团结和带领人民在全面建设社会主义现代化国家的征程中不断创造新的业绩。

现实的国情,要求党和党的领导干部们像《论持久战》所强调和阐明的那样,加强同人民群众的血肉联系,坚持一切为了群众、一切依靠群众,贯彻从群众中来、到群众中去的群众路线,团结和依靠全国人民,调动一切力量、一切积极因素,发挥全部的先进性去进行不懈的奋斗。

(三)努力提高领导干部的能力。

毛泽东在《论持久战》中强调了战争指挥员的作用:"战争就是两军指挥员以军力财力等项物质基础作地盘,互争优势和主动的主观能力的竞赛。竞赛结果,有胜有败,除了客观物质条件的比较外,胜者必由于主观指挥的正确,败者必由于主观指挥的错误。"因此,"主观指导的正确与否,影响到优势劣势和主动被动的变化"。有鉴于此,毛泽东指出,抗日指挥员应具备主观上的领导能力,比如:一是,要竭力全面了解敌我双方的各种情况,做到知己知彼,经过思考认识战争的客观规律,实现一般的正确指导。二是,在指挥方法上必须机智灵活、随机应变。"灵活不是妄动,妄动是应该拒绝的。灵活,是聪明的指挥员,基于客观情况,'审时度势'(这个势,包括敌势、我势、地势等项)而采取及时的和恰当的处置方法的一种才能,即是所谓'运用之妙'。"三是,要有计划性。虽然战争情况只有相对的确实性和迅速地向前流动的(或运动的,推移的),但战争的情况和行动都有其相对的固定性,因而应有战争计划,"抗日战争应该是有计划的"。四是,敢于和善于在战争中创造有利于我的态势,充分运用错觉心理蒙蔽敌人,给敌人造成错觉,调动敌人就我范围。即乘敌之隙,而少授敌以可寻之隙。五是,发挥主观能动性,身体力行党的方针政策,"一切事情是要人做的,持久战和最后胜利没有人做就不会出现"。

同时,毛泽东《论持久战》中,彰显了许多宝贵的思想方法,如深入研究,从实际出发,善于找事物内部的规律性;按照唯物辩证法的发展观,以运动、变化和发展的眼光观察事物;认真总结经验,科学预见;着眼时代性,运用矛盾分析的方法等。

当前,我国处在改革的攻坚阶段、发展的关键时期,诸多深层次的矛盾和棘手的难题呈现在人们面前。领导干部所处的地位和职责,使他们承担着化解矛盾、促进社会经济发展的关键作用,也承受着严峻的考验。毛泽东在《论持久战》中提出的要求和体现的精神,对于许多领导干部都是极其宝贵的精神财富,对于提升他们的思想品质、工作能力和领导水平,是大有裨益的。认真研读和汲取,必然获益良多。

(李东朗　撰稿)

八
《〈共产党人〉发刊词》
导　读

　　抗日战争全面爆发后,伴随着抗日民族统一战线的建立和扩大,中国共产党的影响日益增强,迅速"变成了全国性的大党"。在此背景下,为了进一步加强党的建设,中共中央于1939年10月4日出版了《共产党人》,并由毛泽东撰写了发刊词。在发刊词中,毛泽东系统总结了党的历史,强调党的建设是一件"伟大的工程",并正式提出三大"法宝"概念,认为"统一战线,武装斗争,党的建设,是中国共产党在中国革命中战胜敌人的三个法宝。"①毛泽东的论述,揭示了新民主主义革命胜利的基本经验,不仅为民主革命时期党的建设指明了方向,而且为今天加强执政能力建设提供了重要借鉴,值得学习和重视。

写 作 背 景

　　抗日战争初期,是中国共产党发展壮大的一个重要阶段。在此之前,由于

---

① 毛泽东:《〈共产党人〉发刊词》(1939年10月4日),《毛泽东选集》第二卷,人民出版社1991年版,第606页。

受"左"倾错误影响,红军损失惨重,被迫长征,致使全国共产党员人数一度由30万下降到4万多。但是,抗日战争全面爆发后,伴随着国共合作、携手抗战局面的形成,共产党各级组织迅速建立,党员人数也有了大幅增加。为了进一步壮大党的力量,1938年3月15日,中共中央还作出了《关于大量发展党员的决议》,指出:"大量的十百倍的发展党员,成为党目前迫切与严重的任务。"①在这一决议精神指导下,各地都加快了发展党员人数的速度。截至1938年底,全国共产党员人数达到50余万。

党组织和党员人数的迅速增加,使得中国共产党的影响日益扩大,标志着"党的组织已经从狭小的圈子中走了出来,变成了全国性的大党"。然而,与之相伴随的,则是党的自身建设面临着一系列新问题急需解决。其中,比较突出的问题是,许多新的党组织缺乏凝聚力,"还不能说是广大群众性的,还不是思想上、政治上、组织上都巩固的,还不是布尔什维克化的。"与此同时,大批的新党员、新干部缺乏必要的教育,没有足够的革命经验,"他们对于中国的历史状况和社会状况、中国革命的特点、中国革命的规律还不懂得或懂得不多。他们对于马克思列宁主义的理论和中国革命的实践之完全的统一的理解,还相距很远。"更危险的是,党组织内甚至"混进了许多投机分子和敌人的暗害分子"。所有这些都使得党的建设任务比以前更加繁重、艰巨。鉴于此,毛泽东在《〈共产党人〉发刊词》中,首先强调了加强党的建设的重要性和必要性,认为党的建设是一件"伟大的工程",党的建设的目的和任务就是"建设一个全国范围的、广大群众性的、思想上政治上组织上完全巩固的布尔什维克化的中国共产党"。② 这实际上为民主革命时期党的建设指明了方向。

当时,中国共产党除了需要加强党的自身建设之外,还面临着另外一个重要的问题,就是如何坚持和巩固抗日民族统一战线。民族统一战线是国共合作抗战的重要形式,也是抗日战争最终取得胜利的保障。在民族危亡迫在眉睫的状况下,坚持和巩固民族统一战线,是中国共产党责无旁贷的责任和使

---

① 《中央关于大量发展党员的决议》(1938年3月15日),《中共中央文集选编》第11卷,中共中央党校出版社1991年版,第466页。

② 毛泽东:《〈共产党人〉发刊词》(1939年10月4日),《毛泽东选集》第二卷,人民出版社1991年版,第603、612、602页。

命。然而,由于当时大资产阶级顽固派和投降派,不断在全国制造摩擦斗争,鼓吹"溶共"、"限共"、"防共",企图在思想上"溶解"共产主义,在政治上、组织上消灭共产党,取消边区,取消党的武装力量,有的甚至为妥协投降做准备,因此,为了防止抗日民族统一战线破裂,毛泽东在发刊词中,一方面重申了同资产阶级建立统一战线的必要性,另一方面也要求对资产阶级提高警惕,做好斗争准备,防止突然事变,指出:"党的任务是动员群众克服投降危险、分裂危险和倒退危险,并准备对付可能的突然事变,使党和革命不在可能的突然事变中,遭受出乎意料的损失。"考虑到中国资产阶级具有明显的"二重性",并且在革命过程中,"党的失败和胜利,党的后退和前进,党的缩小和扩大,党的发展和巩固,都不能不联系于党同资产阶级的关系和党同武装斗争的关系。"毛泽东主张对资产阶级采取"联合又同它斗争"的政治路线,认为"中国共产党的党的建设的重要一部分,就是在同资产阶级联合又同它斗争的中间发展起来和锻炼出来的。"[①]这为正确处理抗日民族统一战线内部关系提供了理论指导,有效维护了国共合作、团结抗战的有利局面。

很明显,毛泽东在《〈共产党人〉发刊词》中,反复强调党的建设、统一战线和武装斗争的重要性,是有很强针对性的。其目的不只是为了总结历史经验,更重要的是要"集中十八年的经验和当前的新鲜经验传达到全党,使党铁一样地巩固起来,而避免历史上曾经犯过的错误"[②]。这既是党当时面临的迫切任务,也是毛泽东撰写《〈共产党人〉发刊词》的根本意图。

基 本 内 容

在党的建设史上,《〈共产党人〉发刊词》的最大贡献是提出并系统阐释了

[①]　毛泽东:《〈共产党人〉发刊词》(1939年10月4日),《毛泽东选集》第二卷,人民出版社1991年版,第602、605、608页。

[②]　毛泽东:《〈共产党人〉发刊词》(1939年10月4日),《毛泽东选集》第二卷,人民出版社1991年版,第614页。

三大"法宝"概念。总结党的历史,毛泽东认为有三个基本问题关乎中国革命成败,指出:"统一战线问题,武装斗争问题,党的建设问题,是我们党在中国革命中的三个基本问题。正确地理解了这三个问题及其相互关系,就等于正确地领导了全部中国革命。"为了突出三个基本问题在党的历史上的地位和作用,他形象地称它们为三大"法宝",认为"统一战线,武装斗争,党的建设,是中国共产党在中国革命中战胜敌人的三个法宝,三个主要的法宝。这是中国共产党的伟大成绩,也是中国革命的伟大成绩。"①

三大"法宝",是毛泽东对中国革命成功经验的深刻总结。关于三个"法宝",毛泽东虽然于 1939 年 7 月 9 日在陕北公学讲话时,曾经进行过初步阐释,认为三个"法宝"是"统一战线"、"游击战争"、"革命中心的团结"。② 但是与当初相比,《〈共产党人〉发刊词》对三大"法宝"的论述,毫无疑问是最为系统和准确的,可以说是毛泽东对三大"法宝"的标准表述。尤其值得注意的是,在发刊词中,毛泽东还对三大"法宝"之间的关系进行了系统论述,认为三大"法宝"的地位和作用各不相同,缺一不可。其中,党的建设是一件"伟大的工程",统一战线和武装斗争是"战胜敌人的两个基本武器",党的组织是掌握这两个武器"以实行对敌冲锋陷阵的英勇战士"。③

在三大"法宝"中,毛泽东之所以将"统一战线"和"武装斗争"定位为"两个基本武器",主要原因在于近代中国是半殖民地半封建国家,政治、经济、文化各方面发展很不平衡。这一国情特点,不仅决定了中国革命的性质是资产阶级民主革命,革命的对象是帝国主义和封建主义,革命的动力是无产阶级、农民阶级、城市小资产阶级,甚至包括民族资产阶级,而且还规定了中国革命斗争的主要形式是武装斗争。在这种历史条件下,"统一战线"和"武装斗争",实际上成为了中国民主革命进程中的两个基本特点。了解了这两个基本特点,也就掌握了中国革命克敌制胜的基本武器。两者互相依存,密不可

---

① 毛泽东:《〈共产党人〉发刊词》(1939 年 10 月 4 日),《毛泽东选集》第二卷,人民出版社 1991 年版,第 605—606 页。

② 《毛泽东年谱》中卷,人民出版社、中共中央文献出版社 2013 年版,第 132 页。

③ 毛泽东:《〈共产党人〉发刊词》(1939 年 10 月 4 日),《毛泽东选集》第二卷,人民出版社 1991 年版,第 613 页。

分，即"统一战线，是实行武装斗争的统一战线"。

鉴于"统一战线"和"武装斗争"对中国民主革命的胜利至关重要，并且中国资产阶级具有明显的"二重性"，既存在参加革命的可能性，又很容易与强大的敌人达成妥协，甚至背叛革命。因此，在谈及中国共产党的政治路线时，毛泽东特别强调要采取"同资产阶级联合又同它斗争"策略，指出："中国资产阶级在资产阶级民主革命中的这种二重性，对于中国共产党的政治路线和党的建设的影响是非常之大的，不了解中国资产阶级的这种二重性，就不能了解中国共产党的政治路线和党的建设。中国共产党的政治路线的重要一部分，就是同资产阶级联合又同它斗争的政治路线。"①

至于如何坚持同资产阶级既联合又斗争的政治路线，毛泽东认为，对于资产阶级，无论是联合，还是斗争，都需要根据形势发展的需要来确定，切忌机械僵化，生搬硬套。分析党的历史上"左"倾或右倾错误发生的原因，毛泽东认为，它们共同的思想根源在于不能很好地处理同资产阶级的关系。其中，"左"倾关门主义，错误地将中国资产阶级等同于资本主义国家的资产阶级，没有看到其参加革命的可能，因而，在政策上只强调斗争，而"忽视同资产阶级建立统一战线并尽可能保持这个统一战线"；右倾机会主义，则是否认无产阶级和资产阶级在纲领、政策、思想、实践等方面存在原则性差别，忽视共产党在思想上、政治上、组织上保持独立的必要性，甚至忽视大资产阶级曾经叛变过革命的事实，因而，一到危急时刻，就处处妥协、退让，不愿肩负领导革命的责任，甚至甘愿当资产阶级及其政党的尾巴。

鉴于历史上"左"倾错误和右倾错误都曾经给中国革命造成了严重损失，因此，为了防止类似错误发生，毛泽东对"联合"与"斗争"的含义进行了专门的界定，指出："所谓联合，就是同资产阶级的统一战线。所谓斗争，在同资产阶级联合时，就是在思想上、政治上、组织上的'和平'的'不流血'的斗争；而在被迫着同资产阶级分裂时，就转变为武装斗争。"总结党的历史，毛泽东强调，党只有审时度势，正确处理同资产阶级既联合又斗争的关系，革命的成功

① 毛泽东：《〈共产党人〉发刊词》(1939年10月4日)，《毛泽东选集》第二卷，人民出版社1991年版，第608页。

才有可能。为此,他指出:"如果我们党不知道在一定时期中同资产阶级联合,党就不能前进,革命就不能发展;如果我们党不知道在联合资产阶级时又同资产阶级进行坚决的、严肃的'和平'斗争,党在思想上、政治上、组织上就会瓦解,革命就会失败;又如果我们党在被迫着同资产阶级分裂时不同资产阶级进行坚决的、严肃的武装斗争,同样党也就会瓦解,革命也就会失败。"①这实际上为处理党与资产阶级的关系提供了一个政策标准。

在毛泽东看来,武装斗争是党的政治路线的一部分。具体到抗日战争阶段的武装斗争,毛泽东强调,在敌强我弱的情况下,武装斗争的全部含义就是游击战争,游击战争是人民武装队伍战胜强敌"所必须依靠的因而也是最好的斗争形式"。这一时期,党的政治路线和党的建设均须密切联系于游击战争。为了表明游击战争是坚持敌后抗战的主导形式,毛泽东甚至将游击战争纳入到了党的政治路线的范畴,指出:"离开了武装斗争,离开了游击战争,就不能了解我们的政治路线,也就不能了解我们的党的建设。"②这在根本上纠正了关于游击战争的各种偏见,为长期坚持敌后抗战提供了正确指导方针。

由于近代中国是一个农业大国,农民占了全国总人口的绝大多数,因而,在论述"武装斗争"时,毛泽东十分注重农民的地位和作用,认为农民是革命武装斗争的主力,指出:"在中国,只要一提到武装斗争,实质上即是农民战争,党同农民战争的密切关系即是党同农民的关系。"分析新民主主义革命时期武装斗争的实质,他更是明确地宣称:"中国共产党的武装斗争,就是在无产阶级领导之下的农民战争。"这些论述揭示了民主革命时期武装斗争的本质,进一步表明了发动农民参与革命的重要性。

在三大"法宝"中,"党的建设"是核心。它既是正确贯彻执行党的政治路线的重要保障,也是正确处理统一战线问题和武装斗争问题的关键,即"党更加布尔什维克化,党就能、党也才能更正确地处理党的政治路线,更正确地处理关于统一战线问题和武装斗争问题。"正因为党的建设工作重要而又复杂,

①　毛泽东:《〈共产党人〉发刊词》(1939年10月4日),《毛泽东选集》第二卷,人民出版社1991年版,第608—609页。

②　毛泽东:《〈共产党人〉发刊词》(1939年10月4日),《毛泽东选集》第二卷,人民出版社1991年版,第609—610页。

牵一发而动全身，所以，毛泽东形象地称之为"伟大的工程"，要求全党高度重视。总结党的历史，毛泽东认为，党的建设过程实际上就是"党的发展、巩固和布尔什维克化"的过程。正是在艰难曲折的发展过程中，中国共产党的力量和影响日益扩大，变成了全国性的大党。其间，虽然党开辟了人民政权的道路，学会了治国安民的艺术；创造了坚强的武装部队，学会了战争的艺术。同时，党对马克思列宁主义理论和中国革命的实践有了更加深入的理解。然而，同抗日战争时期党所面临的艰巨任务相比，党的发展还面临很多不足。尤其是大批新党员需要教育，新的党组织需要进一步纯洁和巩固，理论和实际联系还不够密切，等等。这都对党的建设提出了新的要求，也构成了当时党的建设的主要内容。

三大"法宝"是《〈共产党人〉发刊词》主旨和内涵的集中体现。它的提出，在党的建设史上具有重要的意义，不仅揭示了中国新民主主义革命成功的基本经验，而且构成了毛泽东思想体系不可或缺的重要方面，影响深远。

历 史 影 响

在《〈共产党人〉发刊词》中，毛泽东将统一战线，武装斗争，党的建设比喻为中国共产党克敌制胜的三个"法宝"，表明党对自身历史的认识和总结已经达到了一个新的高度。之后，伴随着革命实践的发展，毛泽东又对三个"法宝"进行了补充和完善，并于1949年6月30日在《论人民民主专政》一文中进行了阐释，指出："一个有纪律的，有马克思列宁主义的理论武装的，采取自我批评方法的，联系人民群众的党。一个由这样的党领导的军队。一个由这样的党领导的各革命阶级各革命派别的统一战线。这三件是我们战胜敌人的主要武器。这些都是我们区别于前人的。依靠这三件，使我们取得了基本的胜利。"①

---

① 毛泽东：《论人民民主专政》（1949年6月30日），《毛泽东选集》第四卷，人民出版社1991年版，第1480页。

这使得三大"法宝"具有了更广泛的指导意义。即使历史发展到今天，三大"法宝"对加强执政党建设、提高执政能力水平也是深有启迪和借鉴的，是中国特色社会主义理论体系的思想源泉之一。

（一）党的建设，作为一项新的伟大工程，在今天仍然至关重要，直接关系到中国特色社会主义建设的兴衰成败。新的历史时期，党肩负着领导全国人民进行改革开放和实现社会主义现代化的伟大任务，任重而道远。在这种背景下，要顺利完成这一历史所赋予的重任，就需要高度重视党的自身建设，努力"把我们党建设成为有战斗力的马克思主义政党"，①并把"推进新的伟大工程视为自己的神圣责任"②。目前，党带领全国人民经过长期的奋斗和探索，尤其是经过改革开放三十多年的成功实践，已经开辟了一条中国特色社会主义道路，形成了中国特色社会主义理论体系，确立了中国特色社会主义制度。这些成就举世瞩目，令人赞叹。然而，不容忽视的是，在取得伟大成绩的同时，党所面临的问题也是纷繁复杂，前所未有。其中，比较突出的问题是：党的领导方式和执政方式、领导体制和工作机制还不完善；一些领导班子整体作用发挥不够，思想理论水平不高、依法执政能力不强，解决复杂矛盾本领不大；一些地方和部门选人用人公信度不高，跑官要官、买官卖官等现象屡禁不止；一些党员干部法治意识、纪律观念淡薄，事业心和责任感不强、思想不端正、工作作风不扎实、脱离群众；一些基层党组织软弱涣散，部分党员的党员意识淡化，不能发挥先锋模范作用；有些领导干部宗旨意识淡薄，"脱离群众、脱离实际，不讲原则、不负责任，言行不一、弄虚作假，铺张浪费、奢靡享乐，个人主义突出，形式主义、官僚主义严重"；一些高级干部贪污腐化，生活堕落，影响恶劣。所有这些都严重削弱了党的创造力、凝聚力和战斗力，损害了党同人民群众的血肉联系，影响了党的执政成效和执政地位。③ 在这种情况下，要使中国共产党始终成为中国特色社会主义事业的坚强领导核心，"始终成为立党为

---

① 邓小平：《党在组织战线和思想战线上的迫切任务》(1983 年 10 月 12 日)，《邓小平文选》第三卷，人民出版社 1993 年版，第 39 页。

② 江泽民：《推进党的建设新的伟大工程》(1994 年 9 月 28 日)，《江泽民文选》第一卷，人民出版社 2006 年版，第 404 页。

③ 《中共中央关于加强和改进新形势下党的建设若干重大问题的决定》(2009 年 9 月 18 日)，人民出版社 2009 年版，第 4—5、15、19 页。

公、执政为民的执政党,成为科学执政、民主执政、依法执政的执政党,成为求真务实、开拓创新、勤政高效、清正廉洁的执政党",①那么,就没有别的选择,只有不断加强自身建设,注重提高执政能力,努力在思想上和组织上纯洁党的队伍,才能赢得人民的信任,从而巩固党的领导地位。为此,就要全面提高党的建设的科学化水平,就必须"牢牢把握加强党的执政能力建设、先进性和纯洁性建设这条主线,坚持思想解放、改革创新,坚持党要管党、从严治党,全面加强党的思想建设、组织建设、作风建设、反腐倡廉建设、制度建设,增强自我净化、自我完善、自我革新、自我提高能力,建设学习型、服务型、创新型的马克思主义执政党"。与此同时,为了保证党的领导的正确,为了党同人民保持血肉联系,还需在维护党的集中统一的前提下,不断扩大党内民主,包括:坚持和完善党的领导制度,保障党员主体地位和民主权利,开展批评与自我批评,健全党代表大会制和党内选举制度,改进党内民主决策机制,深化干部选拔任用和管理制度改革、创新基层党建工作等。②惟有如此,改革开放的攻坚任务才能顺利完成,中国特色社会主义事业才能更加兴旺发达。

(二)武装斗争,在新时期主要表现为军队和国防现代化建设,在现阶段仍然具有很强的现实意义,是国家长治久安和党长期执政的保障。尽管当今时代的主题是和平与发展,世界范围内的战争还暂时不会发生,但是,这并不意味着天下已经完全太平,更不能说明从此无战事。事实上,第二次世界大战之后局部战争一直持续不断地存在着。就近些年的情况而言,仅西亚、北非地区就接连出现了阿富汗战争、伊拉克战争、利比亚战争、叙利亚战争。这些局部战争此起彼伏,接连不断,深刻影响着世界局势,对中国的外交和军事政策也是极大的考验。中国是世界上最大的发展中国家,迫切需要一种和平的发展环境。为此,中国坚持走和平发展道路,在对外关系中坚定奉行独立自主的和平外交政策,反对穷兵黩武,主张在国际关系中弘扬"平等互信、包容互鉴、

① 《中共中央关于加强党的执政能力建设的决定》(2004年9月19日),人民出版社2004年版,第3—4、6页。
② 胡锦涛:《坚定不移沿着中国特色社会主义道路前进　为全面建成小康社会而奋斗——在中国共产党第十八次全国代表大会上的报告》(2012年11月8日),人民出版社2012年版,第49—55页。

合作共赢"精神,呼吁构建一个和平、发展、合作、和谐、共赢的世界秩序。这在世界上赢得了广泛响应,深受好评。然而,与此同时,我们也应该清醒地看到,对和平的呼吁,仅仅依靠良好的愿望是不够的,而且还必须要以强大军事实力作后盾。尤其是中国自近代以来曾饱受西方列强欺凌,深知弱国无外交的艰难,更能体会军事落后困境下国家所面临的危机。因此,无论是历史的教训,还是现实的需要,都要求党要时刻重视军队建设,加快推进国防和现代化建设,努力把中国构建成世界一流的军事强国。总结近代以来中国在御侮战争中屡屡失败的原因,展望世界军事发展趋势,当前国防和军队现代化建设的重点在于:加紧完成机械化和信息化建设双重历史任务;贯彻新时期积极防御军事战略方针,并"与时俱进加强军事战略指导,高度关注海洋、太空、网络空间安全,积极运筹和平时期军事力量运用,不断拓展和深化军事斗争准备,提高以打赢信息化条件下局部战争能力为核心的完成多样化军事任务能力。"①同时,还应该关注军队思想政治工作,以中国特色社会主义理论体系武装全军,保证党对军队的绝对领导,从而充分发挥人民军队为中国特色社会主义建设事业保驾护航的作用。

(三)统一战线,在新的历史时期,在发扬人民民主、联系各方面人民群众方面发挥着不可替代的作用,"仍然是一个重要法宝,不是可以削弱,而是应该加强,不是可以缩小,而是应该扩大。"②民主革命时期,毛泽东对统一战线高度重视,在《〈共产党人〉发刊词》中,称统一战线为共产党的三大"法宝"之一,在《中国革命和中国共产党》中更是把统一战线视为中国革命胜利的必要条件,指出:"中国无产阶级应该懂得:他们自己虽然是一个最有觉悟性和最有组织性的阶级,但是如果单凭自己一个阶级的力量,是不能胜利的。而要胜利,他们就必须在各种不同的情形下团结一切可能的革命的阶级和阶层,组织

---

① 胡锦涛:《坚定不移沿着中国特色社会主义道路前进　为全面建成小康社会而奋斗——在中国共产党第十八次全国代表大会上的报告》(2012 年 11 月 8 日),人民出版社 2012 年版,第 46—47、42 页。

② 邓小平:《各民主党派和工商联是为社会主义服务的政治力量》(1979 年 10 月 19 日),《邓小平文选》第二卷,人民出版社 1994 年版,第 203 页。

革命的统一战线。"①由于"两头小,中间大"是近代中国社会的显著特点,因此,为了团结广大的中间势力及其党派,中国共产党在不同时期建立了不同形式的革命统一战线。这有效孤立了敌人,壮大了革命阵营,推动了新民主主义革命胜利的进程。1949 年 9 月 21 日至 30 日,中国人民政治协商会议第一届全体会议召开,"标志着一百多年来中国人民争取民族独立和人民解放运动取得了历史性的伟大胜利,标志着爱国统一战线和全国人民大团结在组织上完全形成,标志着中国共产党领导的多党合作和政治协商制度正式确立。"②新中国成立后,统一战线进入一个新的历史发展阶段,此时,统一战线成为了"工人阶级领导的、工农联盟为基础的社会主义劳动者和拥护社会主义的爱国者的广泛联盟"。同时,统一战线的任务也与以前有所不同,其目的在于"调动一切积极因素,努力化消极因素为积极因素,团结一切可以团结的力量,同心同德,群策群力,维护和发展安定团结的政治局面,为把我国建设成为现代化的社会主义强国而奋斗。"③在完成这些任务的过程中,中国人民政治协商会议的作用日益增强,不仅是最广泛的爱国统一战线组织,而且是多党合作和政治协商的机构,是人民民主的重要实现形式,体现了中国特色社会主义制度的鲜明特点。新的历史时期,中华民族复兴事业蒸蒸日上,中国的改革开放事业也已经进入攻坚阶段,社会矛盾纷繁复杂,人民群众的需要日趋多样化,在这种背景下,统一战线的作用进一步增强,是"中国共产党夺取革命、建设、改革事业胜利的重要法宝,也是实现中华民族伟大复兴的重要法宝"。为充分发挥统一战线作用,就必须坚持"大团结大联合",进一步做好人民政协工作,进一步扩大爱国统一战线,从而"最大限度调动一切积极因素,团结一切可以团结的人,汇聚起共襄伟业的强大力量"。④ 这是新时期统一战线的本质要求,也是

① 毛泽东:《中国革命和中国共产党》(1939 年 12 月),《毛泽东选集》第二卷,人民出版社 1991 年版,第 645 页。

② 习近平:《在庆祝中国人民政治协商会议成立 65 周年大会上的讲话》(2014 年 9 月 21 日),《人民日报》2014 年 9 月 22 日,第 2 版。

③ 邓小平:《新时期的统一战线和人民政协的任务》(1979 年 6 月 15 日),《邓小平文选》第二卷,人民出版社 1994 年版,第 187 页。

④ 习近平:《在庆祝中国人民政治协商会议成立 65 周年大会上的讲话》(2014 年 9 月 21 日),《人民日报》2014 年 9 月 22 日,第 2 版。

人民政协组织的重要特征。

总之,《〈共产党人〉发刊词》是毛泽东思想科学体系不可或缺的重要部分。特别是三大"法宝"的提出,在党的建设史上具有里程碑意义。它将党的建设视为一件"伟大的工程",将武装斗争和统一战线确定为中国共产党政治路线的重要内容,对加强党的建设、提高党的战斗力、增强党的凝聚力具有重要的指导意义,加快了民主革命胜利的进程,是中国特色社会主义理论体系的重要思想源泉。

（张卫波　撰稿）

九

《中国革命和中国共产党》
导　读

　　《中国革命和中国共产党》是 1939 年冬毛泽东主持编写的一个干部教材,是 20 世纪 40 年代初到 50 年代中干部学习马列主义、毛泽东思想最基本的入门要籍之一,对在党和革命队伍内进行马克思主义的教育,培养大批干部,提高全党的马克思主义理论水平,起到了重要的作用。同时它是一本重要的理论著作,它运用马克思主义的立场、观点和方法,全面科学地考察了中国历史的现状,有力地揭示了中国革命发生的历史必然性,深刻地分析了中国社会各阶级的经济地位和政治态度,丰富和发展了党在以往革命斗争实践中所逐步形成的一系列重要理论观点,从而形成较为系统的新民主主义理论,是马克思主义的普遍真理同中国革命的具体实践相结合的典范。

写 作 背 景

　　延安时期,中共中央把干部学习列为全党的重大战略任务。刚刚落脚陕北之时,毛泽东就指出:"提高老干部的程度,创造许多新的干部,这是红军在大战争面前的迫切任务。"①1935 年 12 月 25 日中共中央政治局会议（即瓦窑堡会议）通过的《中共中央关于目前政治形势与党的任务的决议》明确提出："必须大数量的培养干部。党要有成千成万的新干部，一批又一批的送到各方面的战线上去。"②1937 年全国抗战爆发后，为使党的干部队伍适应蓬勃发展的抗日战争，中共中央特别强调了干部的学习和教育工作。毛泽东在党的六届六中全会上指出："政治路线确定之后，干部就是决定的因素。因此，有计划地培养大批的新干部，就是我们的战斗任务。"他特别强调了干部的理论学习和把马克思主义中国化的问题："我们的任务，是在领导一个四万万五千万人口的大民族，进行着空前的历史斗争。所以普遍地深入地研究理论的任务，对于我们，是一个亟待解决并须着重致力才能解决的大问题。""使马克思主义在中国具体化，使之在其每一表现中带着必须有的中国的特性，即是说，按照中国的特点去应用它，成为全党亟待了解并亟须解决的问题。"他把学习提到关系党的根本目标的战略高度，"学习理论是胜利的条件"，号召"来一个全党的学习竞赛"。③ 1939 年 5 月 20 日，毛泽东在中共中央干部教育部召开的学习运动动员大会上强调："学习是我们注重的工作，特别是干部同志，学习的需要更加迫切，如果不学习，就不能领导工作，不能改善工作与建设大党。"他高度赞扬在职干部学习制度，号召在全党掀起学习的高潮，"这样的学习制度，中央要在全国推广，只要共产党力所能及，就要把它推动起来，造成一个学习的热潮。""要把全党变成一个大学校。"④

为此，中共中央采取两大举措。一是，创办大量学校。在延安，先后创办中共中央党校、中国人民抗日红军大学（1937 年 1 月 20 日改称"中国人民抗日军政大学"）、陕北公学、鲁迅艺术学院、马列学院、自然科学院、中国女子大学、延安工人学校、泽东青年干部学校、行政学院、八路军军政学院、中国医科大学、民族学院、新文字干部学校、军事学院等干部学校。中共中央并指示敌

---

① 皇甫束玉等编：《中国革命根据地教育纪事》（1927.8 — 1949.9），教育科学出版社 1989 年版，第 108 页。

② 《中共中央文件选集》第 10 册，中共中央党校出版社 1991 年版，第 621 页。

③ 《中共中央文件选集》第 11 册，中共中央党校出版社 1991 年版，第 657、658 页。

④ 毛泽东：《在延安在职干部教育动员大会上的讲话》（1939 年 5 月 20 日），《毛泽东文集》第二卷，第 179、180、185 页。

后抗日根据地大量开办干部学校。1937 年 8 月 1 日在《关于南方各游击区域工作的指示》中,要求南方各级游击区党组织"有组织有计划的以马克思列宁主义重新训练党的干部与党员,了解党的新政策。要有计划有系统的举办党校和训练班"。① 1938 年 1 月 15 日,指示山东省委:"根据最近中央新的决定,重新布置工作与重新教育干部,成为顺利地进行游击战争与建立游击区域的基本条件。"②随后,中共中央再次针对山东情况明确指出,"极力扩大你们的学校。……最广大的训练干部,是你们的极重要的任务。"③直至 1940 年,毛泽东向各抗日根据地的指示中,还明确指出:"每个根据地都要尽可能地开办大规模的干部学校,越大越多越好。"④据比,各敌后抗日根据地相继建立了各级党校(中央局、分局党校,省委(区委)党校、地委党校和许多县委党校)、抗大分校,及其他干部学校和培训班。二是,部署干部在职学习。毛泽东在《中国革命战争的战略问题》中指出:"从战争学习战争——这是我们的主要方法。没有进学校机会的人,仍然可以学习战争,就是从战争中学习。"⑤张闻天在六届六中全会关于组织工作的报告中也强调:"所以必须用一切方法使我们的干部在工作中学习","任何干部均应以'不知为不知',放下自己的架子,老老实实的来学习。"⑥1939 年 3 月,中央干部教育部制定《延安在职干部教育暂行计划》,具体部署了在职干部的事宜。1940 年 1 月,中共中央书记处在《关于干部学习的指示》中,规定"建立在职干部平均每日学习两小时的制度,并保持其持久性与经常性。""各级党的组织必须把干部教育放在党的重要工作的地位上来,经常给以检查、指导和帮助。"3 月,又发出《关于在职干部教育的指示》,再次强调:"全党在职干部必须保证平均每日有两小时的学习时间,非因作战或其他紧急事故不可耽搁。各个环节的负责干部必须以身作

---

① 《中共中央文件选集》第 11 册,中共中央党校出版社 1991 年版,第 304 页。
② 《中共中央文件选集》第 11 册,中共中央党校出版社 1991 年版,第 417 页。
③ 《山东革命历史档案资料选编》第 4 辑,山东人民出版社 1982 年版,第 17 页。
④ 毛泽东:《论政策》(1940 年 12 月 25 日),《毛泽东选集》第二卷,人民出版社 1991 年版,第 769 页。
⑤ 毛泽东:《中国革命战争的战略问题》(1936 年 12 月),《毛泽东选集》第一卷,人民出版社 1991 年版,第 181 页。
⑥ 张闻天:《关于抗日民族统一战线的与党的组织问题》(1938 年 10 月 15 日),《中共中央文件选集》第 11 册,中共中央党校出版社 1991 年版,第 708 页。

则的保证之。"①

为了强劲地开展全党的学习运动，1939 年 2 月，中共中央"特设立干部教育部"，由张闻天任部长、李维汉任副部长，"领导全党的马列主义学习，以提高党的理论水平"。②

但在当时，干部学习的图书、资料匮乏，教材不足，"供给教材"是党内教育首先需要解决的问题。毛泽东对干部学习的教材非常重视，为此，他主编了这部教材。

这部教材还有一个背景，反击国民党顽固派在思想领域的进攻。抗日战争进入相持阶段后，蒋介石调整了对内政策，由联共抗日转变为积极反共。1939 年 1 月召开的国民党五届五中全会，主要议题是"强化"国民党，"与共产党作积极之斗争"。会议确定的"防共、限共、溶共"的方针中，有一个鲜明的特色，即注重与共产党的政治思想斗争。会议通过的《对于党务报告之决议案》明确提出："今后本党应着重革命理论之宣传与领导，而使违反主义之思想无从流布于社会，而于战区及敌人后方，尤应特别注意。"③会后，国民党在思想战线掀起了反共高潮。《三民主义半月刊》、《中央周刊》、《抗战与文化》、《民意》、《前卫》、《血路》等国民党刊物连续登载反共文章，宣传"一个主义、一个政党、一个领袖"。国民党反共理论家叶青，于 1939 年初创办了一个名曰"专门研究三民主义的理论刊物"——《时代思潮》，发表大量反对马克思主义和中国共产党的文章。说共产党既宣布三民主义为中国今日之必需，就该放弃共产主义；要中国共产党"收起共产主义"、"取消边区"、"放下武器"；叫嚣要以"三民主义"统一中国人的思想，"今天国民党外的一切党派，都没有独立存在的理由。从它们的言论来看，不止今天，就是将来也没有独立存在的理由。"④"中国有了三民主义就够了，用不着社会主义……中国有实行三民主义的国民党就够了，用不着实行社会主义的共产党了。""共产主义便不合于

---

①　《中共中央文件选集》第 12 册，中共中央党校出版社 1991 年版，第 228、334 页。

②　张培森主编：《张闻天年谱》上卷，中共党史出版社 2000 年版，第 609 页。

③　荣孟源主编：《中国国民党历次代表大会及中央全会资料》(下)，光明日报出版社 1985 年版，第 554 页。

④　《血路》第 2 期，1938 年 1 月 22 日出版。

中国的历史道路,失去了存在的根据,……用不着共产主义了。"①1939 年 5 月 7 日,蒋介石亲自出马,在中央训练团党政班作了《三民主义之体系及其实行程序》的讲演。他全面歪曲孙中山的三民主义,攻击共产主义,宣扬其专制独裁的假三民主义。他强调要以国民党来"管理一切",实行"以党治国"、"以党建国"。国民党顽固派的反共宣传,在全国造成极为恶劣的影响。

国民党的反共宣传,提出了一个重大的理论问题,即中国究竟向何处去?它的发展前途如何? 中国共产党当时进行的革命是什么性质的革命? 如何争取中国革命的胜利? 这是迫切需要澄清的重大理论问题,具有强烈的现实意义。

针对国民党顽固派的进攻,1939 年 8 月,中共中央政治局会议作出《关于巩固党的决定》,提出"在思想上政治上组织上巩固党"的任务。决定指出:"为着巩固党,必须加强对党的各级干部的教育工作","巩固党的中心一环,就是加强党内马克思列宁主义的教育,阶级教育与党的教育"。《中国革命和中国共产党》就是适应这样的现实需要,作为干部教育的教材而公开发行的。1940 年《共产党人》第四期在公开发表该书第一章时的编委启事,清楚地说明了编辑该书的目的:"《中国革命和中国共产党》一书,为本书编辑委员会编辑,供各学校、各训练班教课及在职干部自修学习之用。"

主 要 内 容

《中国革命和中国共产党》共两章,由毛泽东和其他几位在延安的同志合作撰写。第一章"中国社会"是张闻天等起草,经过毛泽东修改;第二章"中国革命"是毛泽东撰写。全文约 2.1 万字。1940 年下半年,毛泽东根据反对第一次反共高潮的经验和当时的形势,对他写的第二章作了重要修改,其中一些观点有重要的发展。

---

① 《血路》第 2 期,1938 年 1 月 22 日出版。

第一章共三节,阐述了中华民族的基本概况、中国的历史状况和社会状况。

第一节,阐述中国是一个地大物博、人口和民族众多、有着悠久历史和灿烂文化的国家。论证"中华民族不但以刻苦耐劳著称于世,同时又是酷爱自由、富于革命传统的民族",是一个光荣而伟大的民族。通过这样的叙述,表达了强烈的爱国主义情感,呼唤人们为国家独立、人民解放而奋斗。

第二节,主要分析了中国古代封建社会的经济制度和政治制度,以及封建社会的主要矛盾。

中国经历了漫长的封建社会,这个封建国家的经济制度和政治制度有四个主要特点:(1)自给自足的自然经济占主要地位。(2)封建的统治阶级——地主、贵族和皇帝,拥有最大部分的土地,而农民则很少土地,或者完全没有土地,农民实际上还是农奴。(3)不但地主、贵族和皇室依靠剥削农民的地租过活,而且地主阶级的国家强迫农民交贡税,并强迫农民从事无偿劳役,去养活一大群的国家官吏和主要的是为镇压农民之用的军队。(4)保护这种封建剥削的权力机关,是地主阶级的封建国家,其中,皇帝有至高无上的权力,在各地方分设官职以掌兵、刑、钱、谷等事,并依靠地主绅士作为全部封建统治的基础。地主阶级残酷的剥削和压迫造成农民极端的穷苦和落后,这是中国社会几千年在经济上和社会上生活停滞不前的原因。因此,中国封建社会的主要矛盾,是农民阶级和地主阶级的矛盾。

地主阶级对于农民残酷的经济剥削和政治压迫,迫使农民多次举行起义,以反抗地主阶级的统治。从秦末农民大起义到清朝的太平天国运动,中国发生大小数百次农民的革命战争。每一次较大的农民起义和农民战争,都打击了当时封建统治,因而也就多少推动了社会生产力的发展。只是由于当时还没有新的生产力和新的生产关系,没有新的阶级力量,没有先进的政党,农民革命总是陷于失败,总是在革命中和革命后被地主和贵族利用,当作他们改朝换代的工具。这样,在每一次大规模的农民革命斗争停息以后,虽然社会多少有些进步,但封建的经济关系和政治制度,基本上依然继续下来。这一节既说明了我国人民有着光荣的斗争传统,也指出了无产阶级及其政党领导的重要性。

第三节,分析了近代中国社会的性质。1840 年鸦片战争后,西方列强的武装侵略,使中国一步一步地变成半殖民地和半封建的社会;自从 1931 年九一八事变日本帝国主义侵略中国以后,中国又变成一个殖民地、半殖民地和半封建的社会。外国资本主义的侵入给中国社会带来两个方面的变化,"在一方面促使中国封建社会解体,促使中国发生了资本主义因素,把一个封建社会变成了一个半封建的社会;但是在另一方面,它们又残酷地统治了中国,把一个独立的中国变成了一个半殖民地和殖民地的中国。"

中国半殖民地和半封建社会有六个特点:(1)封建时代的自给自足的自然经济基础被破坏,但封建剥削制度的根基——地主阶级对农民的剥削,不但依旧保持着,而且同买办资本和高利贷资本的剥削结合在一起,在中国的社会经济生活中,占着显然的优势。(2)民族资本主义有了某些发展,并在中国政治的、文化的生活中起了颇大的作用,但没有成为中国社会经济的主要形式,它的力量是很软弱的,大部分对于外国帝国主义和国内封建主义都有或多或少的联系。(3)皇帝和贵族专制政权被推翻了,代之而起的先是地主阶级的军阀官僚的统治,接着是地主阶级和大资产阶级联盟的专政。在沦陷区,则是日本帝国主义及其傀儡的统治。(4)帝国主义不仅操纵了中国财政经济的命脉,并且操纵了中国政治和军事的力量。在沦陷区,则一切被日本帝国主义独占。(5)由于中国是在许多帝国主义国家统治或半统治之下,由于中国实际上处于长期的不统一状态,又由于中国的土地广大,中国的经济、政治和文化的发展,表现出极端的不平衡。(6)由于帝国主义和封建主义的大举进攻,中国广大人民,尤其是农民,日益贫困化以至大批破产,过着饥寒交迫和毫无政治权利的生活。中国人民的贫困和不自由的程度,是世界上所少见的。这些特点,决定了帝国主义和中华民族的矛盾,封建主义和人民大众的矛盾,是半殖民地半封建社会的主要矛盾,"而帝国主义和中华民族的矛盾,乃是各种矛盾中的最主要的矛盾。"这些矛盾及其尖锐化,不能不造成日益发展的革命运动。"伟大的近代和现代的中国革命,是在这些基本矛盾的基础上发生和发展起来的。"

关于中国社会性质的论述,就为中国共产党制定新民主主义革命的总路线和总政策,提供了理论依据。

第二章共七节,集中论述了中国革命的基本问题。

毛泽东指出,百年以来中国人民为反抗帝国主义及其走狗的侵略和压迫,进行了一系列不屈不挠的英勇斗争,这些斗争"使得帝国主义至今不能灭亡中国,也永远不能灭亡中国"。但是要取得斗争的完全胜利,就必须解决好革命的对象、任务、动力、性质及前途等一系列重大问题。文章对此作了透辟的分析。

1.关于中国革命的对象。中国现时社会的性质,既然是殖民地、半殖民地、半封建的性质,那么,中国现阶段革命的主要对象或主要敌人,就是帝国主义和封建主义。帝国主义和中国封建主义互相勾结,压迫中国人民,阻止中国社会向前发展。而以帝国主义的民族压迫为最大的压迫,因而帝国主义是中国人民的第一个和最凶恶的敌人。"在日本武力侵入中国以后,中国革命的主要敌人是日本帝国主义和勾结日本公开投降或准备投降的一切汉奸和反动派。"

中国革命的敌人是异常强大的,而且这些敌人总是长期地占据着中国的中心城市。由此,决定了中国革命的长期性和残酷性;决定了中国革命的主要方法和主要形式,不是和平的,而必须是武装斗争;决定了共产党领导革命队伍必须有革命根据地,必须把落后的农村造成先进的巩固的根据地,造成军事上、政治上、经济上、文化上的伟大的革命阵地,借以反对利用城市进攻农村区域的凶恶敌人,借以在长期战斗中逐步地争取革命的全部胜利。在这种革命根据地上进行的长期的革命斗争,主要的是在中国共产党领导之下的农民游击战争。但是着重武装斗争,不能放弃其他各种形式的斗争相配合,着重根据地的工作但不能放弃充分的城市工作和其他农村工作;要在战争中消灭敌人的军队,同时瓦解敌军的工作也是重要的工作。在敌人长期占领和统治的城市和农村中进行共产党的宣传工作和组织工作,必须采取隐蔽精干、积蓄力量、以待时机的方针,有理、有利、有节地进行斗争。

2.关于中国革命的任务。是对外推翻帝国主义的民族革命和对内推翻封建地主阶级的压迫的民主革命,而最主要的是推翻帝国主义的民族革命。这两大任务是相关联的,如果不推翻帝国主义的统治,就不能消灭封建地主阶级的统治,因为帝国主义是封建地主阶级的主要支持者;反之,因为封建地主阶级是帝国主义统治中国的主要社会基础,不能推翻封建地主阶级,也不能推翻帝国主义的统治。它们是互相区别,又是互相统一的。那种把民族革命和民主革命分为截然不同的两个革命阶段的观点是不正确的。

3. 关于中国革命的动力。毛泽东指出,中国社会各阶级对于革命的态度和立场如何,全依他们在社会经济中所占的地位来决定。所以社会的经济性质,不仅规定了革命的对象和任务,又规定了革命的动力,而只有认清革命的动力问题,才能正确地解决中国革命的基本策略问题。

中国革命的动力主要是无产阶级、农民阶级、其他小资产阶级和民族资产阶级。

(1)中国无产阶级除了一般无产阶级的基本优点,即与最先进的经济形式相联系、富于组织纪律性、没有私人占有的生产资料以外,还有三大突出的优点:第一,身受帝国主义、资产阶级和封建势力这三种压迫,因此在革命斗争中比任何别的阶级都要坚决和彻底;第二,开始走上革命的舞台,就在本阶级的革命政党共产党的领导之下,成为中国社会中比较最有觉悟的阶级;第三,同广大农民有一种天然的联系,便于结成亲密的联盟,因此,无产阶级是中国革命最基本的动力,是革命的领导阶级。

(2)农民阶级,包括贫农、中农、富农。贫农,是没有土地或土地不足的广大农民群众,是农村中的半无产阶级,是中国革命的最广大的动力,是无产阶级的天然的和最可靠的同盟者,是中国革命队伍的主力军。中农,土地或略不足或略多余,一般地自给自足,经济上受帝国主义、地主阶级和资产阶级的剥削,政治上没有权利,因此不但能够参加反帝国主义革命和土地革命,并且能够接受社会主义,因此中农都可以成为无产阶级的可靠的同盟者,是重要的革命动力的一部分。"中农态度的向背是决定革命胜负的一个因素,尤其在土地革命之后,中农成了农村中的大多数的时候是如此。"富农被称为农村的资产阶级,它在农民群众反对帝国主义的斗争中一般可能参加一分力量,在反对地主的土地革命斗争中也可能保持中立。因此,我们不应把富农看成和地主无分别的阶级,不应过早地采取消灭富农的政策。富农的生产在一定时期中还是有益的。

(3)知识分子、小商人、手工业者和自由职业者等农民以外的各种类型的小资产阶级,受帝国主义、封建主义和大资产阶级的压迫,日益走向破产和没落的境地,因此是革命的动力之一,是无产阶级的可靠同盟者。

（4）资产阶级有带买办性的大资产阶级和民族资产阶级的区别。带买办性的大资产阶级，是直接为帝国主义国家的资本家服务并为他们所豢养的阶级，他们和农村中的封建势力有着千丝万缕的联系。因此在中国革命史上，它历来不是中国革命的动力，而是中国革命的对象。但它是分属于几个帝国主义国家的，在几个帝国主义国家间的矛盾尖锐地对立着的时候，在革命主要的是反对某一个帝国主义的时候，属于别的帝国主义系统之下的买办阶级也有可能在一定程度上和一定时间内参加当前的反帝国主义战线。但是一到他们的主子起来反对中国革命时，他们也就立即反对革命了。在抗日战争中，我们对于亲日派大资产阶级（投降派）的政策，是坚决地打倒他们；而对于欧美派大资产阶级（顽固派），因其一面抗日，一面反共，则是用革命的两面政策去对待，一是联合他们抗日，二是对他们破坏抗日和团结的反共反人民的高压政策，作坚决的斗争。

民族资产阶级是带双重性的阶级，一方面，受帝国主义的压迫，又受封建主义的束缚，同帝国主义和封建主义有矛盾，从这方面来说，他们是革命的力量之一；另一方面，由于经济和政治上的软弱性，同帝国主义和封建主义并未完全断绝经济上的联系，没有彻底的反帝反封建的勇气。这种两重性，决定了他们在一定时期中和一定程度上能够参加反帝国主义和官僚军阀政府的革命，而在另一时期，就有跟在买办大资产阶级的后面，作为反革命助手的危险。在抗日战争时期，他们不但和大地主大资产阶级的投降派有区别，而且和大资产阶级的顽固派也有区别，至今仍然是我们较好的同盟者。

毛泽东还分析了中国革命可以利用或联合的其他力量——小地主、游民。指出，小地主，作为阶级来说是革命的对象，不是革命的动力。在抗日战争中，一部分地主跟着一部分大资产阶级（投降派）已经投降日寇了，变成汉奸了；另一部分大地主跟着另一部分大资产阶级（顽固派），虽然还留在抗日营垒里，亦已非常动摇。但是许多中小地主出身的开明绅士即带有若干资本主义色彩的地主们，还有抗日的积极性，还需要团结他们一道抗日。

游民是以不正当职业过活的人群，如土匪、流氓、乞丐、娼妓和许多迷信职业家。这个阶层是动摇的阶层，其中一部分容易被反动势力所收买，另一部分则有参加革命的可能性。他们缺乏建设性，破坏有余而建设不足，在参加革命以后,又成为革命队伍中流寇主义和无政府思想的来源。因此,应该善于改造他们,注意防止他们的破坏性。

4.关于中国革命的性质和前途。现阶段中国革命的性质,既不是无产阶级社会主义的,也不是旧式的资产阶级民主主义的,而是新式的特殊的资产阶级民主主义的革命,即新民主主义革命。"所谓新民主主义的革命,就是在无产阶级领导之下的人民大众的反帝反封建的革命。"

新民主主义革命变更中国殖民地、半殖民地、半封建的社会性质,就为资本主义发展扫清了道路上的障碍物,资本主义经济在中国社会中会有一个相当程度的发展。但这只是中国革命的一方面的结果,另一方面的结果是社会主义因素发展。社会主义因素就是无产阶级和共产党在全国政治中的比重增长,就是农民、知识分子和城市小资产阶级承认无产阶级和共产党的领导权,就是民主共和国的国营经济和劳动人民的合作经济。社会主义因素,加以有利的国际条件,便使中国具有极大的可能性避免资本主义道路、实现社会主义的前途。"中国革命的全部结果是:一方面有资本主义因素的发展,又一方面有社会主义因素的发展。""中国革命的终极的前途,不是资本主义的,而是社会主义和共产主义的。"

5.关于中国共产党肩负的两重历史任务。中国革命是包括资产阶级民主主义性质的革命(新民主主义的革命)和无产阶级社会主义性质的革命、现在阶段的革命和将来阶段的革命这样两重任务的。而这两重革命任务的领导,都是担负在中国无产阶级的政党——中国共产党的双肩之上,离开了中国共产党的领导,任何革命都不能成功。

新民主主义革命和社会主义革命,是两个性质不同的革命过程,只有完成了前一个革命过程才有可能去完成后一个革命过程。民主主义革命是社会主义革命的必要准备,社会主义革命是民主主义革命的必然趋势。只有认清民主主义革命和社会主义革命的区别,同时又认清二者的联系,才能正确地领导中国革命。"完成中国资产阶级民主主义的革命(新民主主义的革命),并准备在一切必要条件具备的时候把它转变到社会主义革命的阶段上去,这就是中国共产党光荣的伟大的全部革命任务。"

通过以上论述,毛泽东清楚地阐明了中国革命是一个什么样的革命,以及革命应该依靠谁、团结谁、反对谁和由谁领导革命等基本问题,为中国的新民主主义革命提供了正确的指导。对中国社会的历史和现状,中国革命的对象、任务、动力、性质和前途等根本问题,作了深刻说明。

重 要 意 义

《中国革命和中国共产党》具有重要的理论价值、政治意义和现实意义。

(一)系统阐述了新民主主义革命理论。

1922年党的第二次全国代表大会就已经明确提出了彻底地反对帝国主义、反对封建主义的民主革命纲领,明确了当时进行的革命的性质。但在此后的很长时间里,党对于民主革命的基本问题,在理论和实践上都没有很好地解决,这是几次"左"倾、右倾错误产生的主要原因之一。《中国革命和中国共产党》在科学地研究中国的国情、总结中国共产党近二十年来正反两方面经验的基础上,对党正在进行的革命的性质进行了逻辑严密的论证:半殖民地半封建的中国社会性质,决定了当时中国革命的主要对象是帝国主义和封建主义,中国革命的两大任务是对外推翻帝国主义压迫的民族革命和对内推翻封建地主压迫的民主革命。这样的革命属于资产阶级民主主义的革命,但已不是旧时的一般的资产阶级民主主义革命,而是新式的特殊的资产阶级民主主义革命,即"新民主主义革命"。"新民主主义革命"之"新",主要因为这个革命是由无产阶级领导的。《中国革命和中国共产党》第一次提出了"新民主主义革命"的概念,指出:"所谓新民主主义的革命,就是在无产阶级领导之下的人民大众的反帝反封建的革命。"(此即"新民主主义革命总路线")

与此同时,通过对半殖民地半封建社会里各个阶级的经济状况的概括,分析他们对反帝反封建的政治立场和革命态度,由此总结出"人民大众"的范畴,即中国革命的动力和同盟军;并且特别根据中国半殖民地的性质,把带买办性的大资产阶级区分为亲英美派和亲日派,即抗日派和投降派,提出党对其应采取不同的方针和政策。中国共产党自建立就把实现社会主义作为奋斗目标,毛泽东在《中国革命和中国共产党》中指出:"中国革命是包括资产阶级民主主义性质的革命(新民主主义的革命)和无产阶级社会主义性质的革命、现在阶段的革命和将来阶段的革命"两个革命,中国共产党要担负领导这样两个革命的重任。

通过这样的理论总结,就精确地说明了中国革命的范畴和组成部分、现阶段的中国是什么样的革命以及如何进行这个革命的问题,特别是中国新民主主义革命的对象、任务、动力、前途、革命的两重任务以及中国共产党的历史地位等问题。从而对中国新民主主义革命的基本问题作出系统的、清晰的回答,这些基本问题的科学解答,组成了毛泽东关于新民主主义革命理论的主要内容(后来毛泽东在《新民主主义论》中对相关内容作了进一步的论述)。

《中国革命和中国共产党》总结的新民主主义革命的理论,反映了中国革命发展的客观规律,对党正确地领导中国革命产生了巨大的理论指导作用,中国新民主主义革命胜利的历史已经对此作出了证明。它以其独创性的内容丰富和发展了马克思主义。比如,它关于新民主主义革命的理论,突破了世界近代革命主要是两种类型革命的模式,即在无产阶级反对资产阶级的社会主义革命和资产阶级反对封建主义的资产阶级民主革命之外,提出了无产阶级领导资产阶级民主革命,即新民主主义革命的第三种类型的革命;它关于农民和民族资产阶级的论述,发展了马列主义关于革命领导权、主力军和同盟军的思想。这些创见,发展了马克思列宁主义的不断革命理论和列宁的民族殖民地革命理论,解决了在殖民地、半殖民地半封建的落后国家,无产阶级如何组织革命力量和领导进行革命的新课题。

(二)有力地从理论上驳斥了国民党的反共谬论。

《中国革命和中国共产党》从中国历史演变和新民主主义革命的完成的多个层次,充分论述和反复强调了无产阶级及其政党——中国共产党的决定性作用。它在分析中国历次农民起义之所以失败,成为地主和贵族改朝换代的工具时,指出:其根本原因是"由于当时还没有新的生产力和新的生产关系,没有新的阶级力量,没有先进的政党,因而这种农民起义和农民战争得不到如同现在所有的无产阶级和共产党的正确领导。"在回顾"百年来的革命运动"中指出:中国人民的民族革命斗争现在还未完结,革命的任务还没有显著的成就,"还要求全国人民,首先是中国共产党,担负起坚决奋斗的责任。"在论述中国革命基本问题时,反复论证了中国共产党领导的重要性、必要性和决定性。如在论述中国革命动力中,指出:"中国革命如果没有无产阶级的领导,就必然不能胜利。远的如辛亥革命,因为那时还没有无产阶级的自觉的参加,因为那时还没有共产党,所以流产了。近的如一九二四年至一九二七年的革命,因为这时有了无产阶级的自觉的参加和领导,因为这时已经有了共产党,所以能在一个时期内取得了很大的胜利;但又因为大资产阶级后来背叛了它和无产阶级的联盟,背叛了共同的革命纲领,同时也由于那时中国无产阶级及其政党还没有丰富的革命经验,结果又遭到了失败。抗日战争以来,因为无产阶级和共产党对于抗日民族统一战线的领导,所以团结了全民族,发动了和坚持了伟大的抗日战争。"在论述中国新民主主义革命性质时,强调了"无产阶级领导"的作用,指出:"所谓新民主主义的革命,就是在无产阶级领导之下的人民大众的反帝反封建的革命。"在论述中国革命的两重任务时,再次强调:"中国革命是包括资产阶级民主主义性质的革命(新民主主义的革命)和无产阶级社会主义性质的革命、现在阶段的革命和将来阶段的革命这样两重任务的。而这两重革命任务的领导,都是担负在中国无产阶级的政党——中国共产党的双肩之上,离开了中国共产党的领导,任何革命都不能成功。"通过这些论述,毛泽东清楚地论证了中国共产党领导对于中国革命的重要性、必要性和决定性作用。从正面论述角度,有力地驳斥了国民党顽固派在思想理论方面的进攻和对中国共产党的诬蔑。

(三)发挥了对广大干部进行深入的政治理论教育的作用。

《中国革命和中国共产党》第一、第二章分别在 1940 年 2 月出版的《共产党人》第四期和 4 月出版的第五期上公开发表。1940 年 3 月,中共中央在《关于在职干部教育的指示》中,明确把《中国革命和中国共产党》规定为"有相当文化水准的新干部"学习的主要课程。①

其后,本文收入 1940 年 11 月出版的《党建论文集》中,又作为党的基本政策,刊行于晋察冀根据地的《党的政策选集》等,并且先后出版了许多版本

---

① 《中共中央文件选集》第 12 册,中共中央党校出版社 1991 年版,第 333 页。

的小册子。它作为一篇关于中国革命的通俗教材,系统、深刻地阐述了中国革命的一系列重要问题,明确指明了中国共产党肩负的历史使命和如何革命、如何奋斗的方向,从理论上思想上教育了全党,发挥了理论上指导和理论武装的巨大作用。

需要强调的是,它针对党内存在的错误认识,明确提醒全党注意防止和克服之。如,强调中国革命的敌人是异常强大的,所以中国革命是长期的、残酷的,"中国革命斗争顷刻就可以胜利"的观点是不正确的。如,中国革命的主要形式是武装斗争,轻视武装斗争、革命战争、游击战争、军队工作的观点是不正确的。如,中国革命必须建立和发展农村革命根据地,走农村包围城市的道路;忽视以农村区域作革命根据地的观点,忽视对农民进行艰苦工作的观点,是不正确的。再如,中国革命需要各种斗争形式、各种工作形式相配合;着重武装斗争,不是放弃其他形式斗争;没有其他形式斗争配合,武装斗争就不能取得胜利。着重农村根据地工作,不是放弃城市工作,否则农村根据地就会孤立、失败。在城市及反动黑暗的农村中工作,要利用合法斗争,有理、有利、有节,稳扎稳打,反对冒险主义。此外,消灭敌军以外,瓦解敌军也很重要。还如,在抗日战争中,要反对日本帝国主义,同时也要进行民主革命,这是争取抗战胜利所必须完成的,"两个革命任务已经联系在一起了"。"那种把民族革命和民主革命分为截然不同的两个革命阶段的观点,是不正确的。"这种明确的否定的表述,对于广大工农干部和思想认识不清的党员及其革命群众,具有明显的警醒作用,对于澄清和提升思想认识十分有效。

(四)《中国革命和中国共产党》运用马克思主义的立场、观点和方法,全面地考察中国的历史和现状,立足中国国情深刻分析中国社会各阶级的经济地位和政治态度,提出了比较系统的新民主主义理论,是马克思主义的普遍真理同中国革命的具体实践相结合的典范。它所体现的马克思主义的立场、观点和方法,及其科学研究的态度,对于我们正确地认识和分析今天社会主义建设时期的具体国情,自觉地遵循历史发展的客观规律,坚定不移地走中国特色社会主义道路,具有重要的历史启示作用和方法论的指导意义。

(李东朗　撰稿)

十
《新民主主义论》
导　读

　　1940 年 1 月 9 日,毛泽东在陕甘宁边区文化协会第一次代表大会上,作了《新民主主义的政治与新民主主义的文化》的讲演;2 月 20 日,演讲以《新民主主义论》为题全文发表在延安出版的《解放》第 98 期、第 99 期合刊。这篇文章是新民主主义理论形成的重要标志,是以毛泽东同志为主要代表的中国共产党人,把马克思主义基本原理同中国具体实际相结合,所取得的一个伟大理论成果。在新民主主义理论指导下,中国人民成功地找到了一条经过新民主主义革命建立新民主主义社会,进而过渡到社会主义社会的发展道路。

历　史　背　景

　　中国共产党一成立,就自觉地承担着领导中国人民进行反帝反封建革命的历史重任。随着革命斗争的展开,许多重大的理论问题摆在中国共产党人面前,如怎样认识中国社会和中国革命的性质? 中国革命应当通过何种方式进行? 在革命中有哪些同盟军可以争取? 怎样才能最终实现社会主义和共产主义的前途? ……所有这些问题,都需要中国共产党人作出准确的回答,以推动革命运动的向前发展。

为了解决这些问题,中国共产党人曾作出了许多的努力。1922 年召开的中共二大通过对中国政治经济状况的分析,初步揭示了中国社会的半殖民地半封建性质,提出了党的最高纲领是实现社会主义和共产主义,而在现阶段的革命纲领应当是打倒军阀,推翻国际帝国主义的压迫,统一中国使它成为真正的民主共和国,从而明确地提出了反帝反封建的革命纲领。1925 年中共四大指出:"中国的民族革命运动,必须最革命的无产阶级有力的参加,并且取得领导的地位,才能够得到胜利。"①1928 年中共六大再次重申:"中国革命现阶段的性质是资产阶级的民权革命,如认为中国革命目前已转变到社会主义性质的革命,这是错误的;同样,认为中国现在的革命是'不断革命',也是不对的。"②

这些事实表明,中国共产党在革命斗争的实践中,已初步认识到中国社会的半殖民地半封建性质,认识到现阶段的中国革命还不是社会主义革命,而是反帝反封建的民主革命,认识到中国革命的领导权必须掌握在无产阶级手中。

应该看到,这些理论问题的解决还是初步的。而且有的问题虽然提了出来,但并未很好地以之指导实践,如中共四大尽管提出了无产阶级的领导权问题,而领导权如何去取得却没有作出具体的回答,政权问题和武装斗争问题,也没有引起大会的足够注意。这不能不说是大革命失败的重要原因。同样,中共六大虽然强调了中国的半殖民地半封建社会性质,认为中国革命仍属于反帝反封建的资产阶级民主革命,但是没有认识到中国革命的长期性和复杂性,仍把城市工作放在中心地位,把民族资产阶级当作革命的敌人,对中间阶级的作用和反动派内部的矛盾缺乏正确的估计,使得大革命失败后党内存在的"城市中心论"、中间势力是最危险的敌人等错误认识并未纠正。20 世纪30 年代初,党内还出现了严重的"左"倾错误,给中国革命带来了极大的危害。由此可见,要成功地解决中国革命的性质、动力、道路和前途等问题,在此基础上制定出一条适合中国国情的革命总路线,形成一套完整的革命理论,并以此

① 《中共中央文件选集》第 1 册,中共中央党校出版社 1989 年版,第 333 页。
② 《中共中央文件选集》第 4 册,中共中央党校出版社 1989 年版,第 298 页。

指导革命斗争的实践,并不是一件轻而易举的事情。

在中国共产党内,毛泽东是把马克思主义与中国实际相结合的成功典型。1925年底,他发表了《中国社会各阶级的分析》一文,明确提出中国无产阶级最广大最忠实的同盟军是农民,他还提醒人们注意中国民族资产阶级对待中国革命的矛盾态度,认为其右翼可能是无产阶级的敌人,其左翼可能是无产阶级的朋友。大革命失败后,他在领导秋收起义的过程中,又率先深入农村,开创农村革命根据地,从理论和实践的结合上,得出了中国革命可以而且应该走农村包围城市、武装夺取政权道路的结论。他还大声疾呼反对本本主义,强调中国革命的胜利要靠中国同志了解中国情况。1935年遵义会议之后,毛泽东对中国革命的一系列重大理论问题进一步作出了深入的思考。1939年底、1940年初,他接连发表了《中国革命和中国共产党》、《〈共产党人〉发刊词》、《新民主主义论》等文章,在中国第一次旗帜鲜明地提出了新民主主义的完整理论,并对它作了系统的说明。这在马克思主义中国化的历史进程中是一次历史性的飞跃,是一件前人没有做过的事情。它回答了中国现阶段民主革命和未来建设新中国的一系列根本问题。这不但是毛泽东思想成熟的标志,也是中国共产党成熟的标志。

毛泽东在这个时候系统地提出并阐明新民主主义理论,不是偶然的。遵义会议之前,中国革命屡遭挫折,原因固然是多方面的,但其中一个重要的原因,就是革命理论的不成熟,不能依据马克思主义的基本原理,独立自主地解决中国革命的现实问题,不懂得国情不同,革命的性质、对象、依靠力量和方式诸多方面也必不相同,而常常机械地套用俄国十月革命的经验,教条地对待共产国际的指示。

到毛泽东发表《新民主主义论》的时候,情况就已经完全不同了。这时的中国共产党,已经有了大革命、土地革命和抗战爆发以来十多年成功和失败的丰富经验,已经成为一个政治上成熟的政党。以毛泽东为代表的中共中央,已经能将马克思主义同中国革命的具体实践纯熟地结合起来,能够系统地回答有关中国革命的重大理论问题。用毛泽东后来的话说:"在抗日战争前夜和抗日战争时期,我写了一些论文,例如《中国革命战争的战略问题》、《论持久战》、《新民主主义论》、《〈共产党人〉发刊词》,替中央起草过一些关于政策、策略的文件,都是革命经验的总结。那些论文和文件,只有在那个时候才能产生,在以前不可能,因为没有经过大风大浪,没有两次胜利和两次失败的比较,还没有充分的经验,还不能充分认识中国革命的规律。"①这是问题的一个方面。

另一方面,抗战爆发以后,中国共产党从原来遭受反动派严密封锁的狭小天地里走出来,变成全国性的大党,公开走上全国政治生活的大舞台,受到人们越来越密切的关注。全国各阶级、各阶层都渴望了解中国共产党对时局和中国未来前途的看法。

为了建立和巩固抗日民族统一战线,中国共产党作了重大政策调整,并且公开承认"孙中山先生的三民主义为中国今日之必需,本党愿为其彻底实现而奋斗"②。抗日战争爆发后,国共两党实现了第二次合作,但国民党内的顽固派除了在军事上制造反共摩擦外,还不断鼓吹"一个主义"、"一个政党"的主张。国民党所谓"理论家"叶青公开叫嚣:"三民主义可以满足中国现在和将来的一切要求。它的实现,中国便不需要社会主义了,从而组织一个党来为社会主义而奋斗的事也就不必要了。"蒋介石也于 1939 年 9 月发表一篇题为《三民主义之体系及其实行程序》的文章,鼓吹所谓"以党治国"、"以党建国","要使抗战胜利之日,即为建国完成之时"。就这样,面对"中国向何处去"的问题,中国共产党必须对此系统地表明自己的立场和观点,在全国人民面前旗帜鲜明地提出区别于其他政党的政治主张来。正是在这样的背景下,毛泽东写作并发表了上述文章。

关于中国革命的基本观点

《新民主主义论》发表之时,正值抗日战争进入相持阶段,中国人民反帝

① 《毛泽东文集》第八卷,人民出版社 1999 年版,第 299 页。
② 《毛泽东选集》第二卷,人民出版社 1991 年版,第 367 页。

反封建的革命尚未取得根本性胜利,革命仍是中国共产党最重要的课题。因此,关于中国革命的性质、动力、道路、前途诸问题,无疑是毛泽东这篇文章重点讨论的内容。而在事关中国革命的各种理论问题中,首先必须搞清楚的是中国社会的性质和中国革命的性质。毛泽东指出:"只有认清中国社会的性质,才能认清中国革命的对象、中国革命的任务、中国革命的动力、中国革命的性质、中国革命的前途和转变。所以,认清中国社会的性质,就是说,认清中国的国情,乃是认清一切革命问题的基本的根据。"①大革命后期和土地革命战争中期,中国共产党内之所以多次出现"左"、右倾错误,一个重要的原因,就是对中国的国情缺乏科学分析,没有认识到中国国情的特殊性,从而也就不能准确地把握中国革命的特殊规律。

正因为如此,毛泽东十分重视对中国社会性质的认识。他曾说,我们在这里革命,就要先知道这里的情形,好像到台上去唱戏,不了解戏台上的情形就唱不成。毛泽东在《新民主主义论》中强调,中国原本是一个封建社会,"自外国资本主义侵略中国,中国社会又逐渐地生长了资本主义因素以来,中国已逐渐地变成了一个殖民地、半殖民地、半封建的社会","这就是现时中国社会的性质,这就是现时中国的国情"②。正因为中国是一个半殖民地半封建的国家,这就决定了中国社会的主要矛盾必然是帝国主义与中华民族的矛盾、封建主义与人民大众的矛盾,而帝国主义与中华民族的矛盾,乃是各种矛盾中最主要的矛盾。这些矛盾的存在和激化,不能不造成日益发展的革命运动,这就是中国革命深刻的社会根源。近代中国革命之所以不断爆发,从根本上说,并不是基于人们的主观愿望,而是中国社会主要矛盾斗争及其尖锐化的结果。

中国近代社会的性质和主要矛盾,不仅成为中国革命发生和发展的根本原因,同时也决定了近代中国革命的对象、任务和性质。那就是对外推翻帝国主义的压迫,求得民族独立和人民解放;对内推翻封建主义的统治,实现国家繁荣富强和人民民主。这两大任务又决定了近代中国革命既是反帝的民族革命,又是反封建的民主革命,是民族民主革命的统一。这种革命,从性质上讲,

---

① 《毛泽东选集》第二卷,人民出版社1991年版,第633页。
② 《毛泽东选集》第二卷,人民出版社1991年版,第664—665页。

属于资产阶级革命的范畴。为此,毛泽东曾作过这样的解释:"既然中国社会还是一个殖民地、半殖民地、半封建的社会,既然中国革命的敌人主要的还是帝国主义和封建势力,既然中国革命的任务是为了推翻这两个主要敌人的民族革命和民主革命,而推翻这两个敌人的革命,有时还有资产阶级参加,即使大资产阶级背叛革命而成了革命的敌人,革命的锋芒也不是向着一般的资本主义和资本主义的私有财产,而是向着帝国主义和封建主义,既然如此,所以,现阶段中国革命的性质,不是无产阶级社会主义的,而是资产阶级民主主义的。"①

但是,1919 年五四运动之后,中国的资产阶级民主主义革命,与以往的革命又有了根本的不同,它"已不是旧式的一般的资产阶级民主主义的革命,这种革命已经过时了,而是新式的特殊的资产阶级民主主义的革命。这种革命正在中国和一切殖民地半殖民地国家发展起来,我们称这种革命为新民主主义的革命。"②以往的民族民主革命则可称为旧民主主义革命。

那么,这种新民主主义革命"新"在何处呢?毛泽东在《新民主主义论》等著作中,对此作了清楚的回答:第一,第一次帝国主义世界大战和第一次胜利的社会主义十月革命,改变了整个世界历史的方向,划分了整个世界历史的时代。在这种时代,任何殖民地半殖民地国家,如果发生了反对帝国主义,即反对国际资产阶级、反对国际资本主义的革命,就不再是旧的资产阶级和资本主义的世界革命的一部分,而是新的世界革命的一部分,即无产阶级社会主义世界革命的一部分了。第二,新民主主义革命的领导阶级不再是资产阶级而是无产阶级,是无产阶级领导的人民大众的反帝反封建的革命。第三,新民主主义革命的结果不是建立资产阶级的共和国,造成资产阶级的专政,而是要建立一个新民主主义的共和国,建立无产阶级领导之下的各个革命阶级的联合专政。其中,领导权的不同是区分新旧两种民主革命的根本标志。

中国新民主主义革命的这种性质特征,也就决定了中国革命的主要对象是帝国主义和封建主义,即帝国主义国家的资产阶级和本国的地主阶级;决定

---

① 《毛泽东选集》第二卷,人民出版社 1991 年版,第 646—647 页。
② 《毛泽东选集》第二卷,人民出版社 1991 年版,第 647 页。

了不能笼统地将本国的资产阶级作为革命的对象,而应当将官僚资产阶级与民族资产阶级加以区分,前者是帝国主义的附庸,是革命的对象之一,后者有参加革命的可能,又有妥协动摇的可能,因此对其必须采取慎重的政策;决定了中国革命的动力包括工人阶级、农民阶级、小资产阶级和民族资产阶级;还决定了中国革命的前途是建立一个无产阶级领导的各个革命阶级联合专政的新民主主义社会,并由此进入到社会主义和共产主义。

　　1948年4月,毛泽东将新民主主义革命的性质、对象、领导阶级和动力作了完整的概括,形成了新民主主义革命的总路线,指出:"无产阶级领导的,人民大众的,反对帝国主义、封建主义和官僚资本主义的革命,这就是中国的新民主主义的革命,这就是中国共产党在当前历史阶段的总路线和总政策。"①

　　既然中国革命的前途,是建立一个无产阶级领导的各个革命阶级联合专政的新民主主义社会,并由此过渡到社会主义和共产主义,那么,实现这样的前途需要怎样的步骤,能不能在新民主主义革命的同时进行社会主义革命,来一个"毕其功于一役",或在新民主主义革命胜利后建立一个资产阶级的共和国,然后再进行社会主义革命?毛泽东在总结历史经验的基础上,认为这两种做法都是错误的。为此,他提出了中国革命分"两步走"的思想,并指出:"中国革命的历史进程,必须分为两步,其第一步是民主主义的革命,其第二步是社会主义的革命,这是性质不同的两个革命过程。"②

　　那么,新民主主义革命与社会主义革命有何联系呢?毛泽东又指出:"中国共产党领导的整个中国革命运动,是包括民主主义革命和社会主义革命两个阶段在内的全部革命运动;这是两个性质不同的革命过程,只有完成了前一个革命过程才有可能去完成后一个革命过程。民主主义革命是社会主义革命的必要准备,社会主义革命是民主主义革命的必然趋势。"③这就清楚地表明,中国革命的第一步已不是资产阶级领导的旧民主主义革命,而是无产阶级领导的新民主主义革命。这种革命是社会主义革命的必要准备,只有经过新民

---

① 《毛泽东选集》第四卷,人民出版社1991年版,第1316—1317页。
② 《毛泽东选集》第二卷,人民出版社1991年版,第665页。
③ 《毛泽东选集》第二卷,人民出版社1991年版,第651页。

主主义革命才能进行社会主义革命；同时，在新民主主义革命和社会主义革命之间，不能插入一个资产阶级专政的阶段，而是当条件成熟时，必然自觉地将民主革命发展为社会主义革命。

关于新民主主义社会的构想

　　毛泽东在《新民主主义论》中明确提出："我们共产党人，多年以来，不但为中国的政治革命和经济革命而奋斗，而且为中国的文化革命而奋斗；一切这些的目的，在于建设一个中华民族的新社会和新国家。在这个新社会和新国家中，不但有新政治、新经济，而且有新文化。这就是说，我们不但要把一个政治上受压迫、经济上受剥削的中国，变为一个政治上自由和经济上繁荣的中国，而且要把一个被旧文化统治因而愚昧落后的中国，变为一个被新文化统治因而文明先进的中国。一句话，我们要建立一个新中国。"[①]

　　毫无疑问，毛泽东所设想的新中国，首先是一个新民主主义的中国，然后在此基础上发展成为一个社会主义的中国。

　　毛泽东在《新民主主义论》中，首次提出了"新民主主义社会"的概念。他说：中国"革命的第一步、第一阶段，决不是也不能建立中国资产阶级专政的资本主义的社会，而是要建立以中国无产阶级为首领的中国各个革命阶级联合专政的新民主主义的社会，以完结其第一阶段。然后，再使之发展到第二阶段，以建立中国社会主义的社会。"[②]这标志着新民主主义社会构想的正式提出。

　　后来，毛泽东又多次提出新民主主义社会的问题。他在1941年5月写的《关于打退第二次反共高潮的总结》一文中说："无论就政治、经济或文化来看，只实行减租减息的各抗日根据地，和实行了彻底的土地革命的陕甘宁边

[①]　《毛泽东选集》第二卷，人民出版社1991年版，第663页。
[②]　《毛泽东选集》第二卷，人民出版社1991年版，第672页。

区,同样是新民主主义的社会。各根据地的模型推广到全国,那时全国就成了新民主主义的共和国。"①1943 年 8 月,毛泽东在中央党校二部开学典礼上的讲话中,又说:"以前各国的那种旧民主主义革命,是由资产阶级领导的,发动群众不彻底,生怕群众觉悟起来,超出资产阶级控制的范围。我们要建立的新民主主义社会,它的基本性质仍是资本主义的,破坏了封建秩序,推翻了帝国主义和封建制度的压迫,而在无产阶级的领导下,人民群众充分地发动起来了。"②

从毛泽东的这些论述中可以看出,新民主主义社会是一种介于半殖民地半封建社会和社会主义社会之间的社会形态,是一种过渡性质的社会,它最终的前途只能是走入社会主义。

毛泽东不但提出了要建立新民主主义社会的问题,而且对于新民主主义的政治、经济、文化建设提出了具体的意见。

关于新民主主义的政治,即新民主主义的国家制度和政权形式,毛泽东在《新民主主义论》中指出:"国体——各革命阶级联合专政。政体——民主集中制。这就是新民主主义的政治,这就是新民主主义的共和国,这就是抗日统一战线的共和国,这就是三大政策的新三民主义的共和国。"③就是说,新民主主义社会既不是无产阶级专政,也不是资产阶级专政,而是各个革命阶级的联合专政。

1948 年 1 月,毛泽东在《关于目前党的政策中的几个重要问题》的党内文件中,对政权问题作了进一步的论述:"新民主主义的政权是工人阶级领导的人民大众的反帝反封建的政权。所谓人民大众,是包括工人阶级、农民阶级、城市小资产阶级、被帝国主义和国民党反动政权及其所代表的官僚资产阶级(大资产阶级)和地主阶级所压迫和损害的民族资产阶级,而以工人、农民(兵士主要是穿军服的农民)和其他劳动人民为主体。这个人民大众组成自己的国家(中华人民共和国)并建立代表国家的政府(中华人民共和国的中央政府),工人阶级经过自己的先锋队中国共产党实现对于人民大众的国家及其

① 《毛泽东选集》第二卷,人民出版社 1991 年版,第 785 页。
② 《毛泽东文集》第三卷,人民出版社 1996 年版,第 56 页。
③ 《毛泽东选集》第二卷,人民出版社 1991 年版,第 677 页。

政府的领导。""中华人民共和国的权力机关是各级人民代表大会及其选出的各级政府。"①这就非常明确地指出了新民主主义政权的阶级性质和领导阶级,指明了"人民大众"的范围和共产党在政权中的地位,也指明了这个政权所要反对的敌人和政权组织形式等一系列重大问题。

1949 年 6 月,在新中国成立前夕,毛泽东又将他关于新民主主义政权建设思想发展为人民民主专政的理论,并公开发表了《论人民民主专政》一文,就人民民主专政的历史必然性、人民民主专政的任务、民主与专政的关系、各个阶级在人民民主政权中的地位、人民民主专政与无产阶级专政的异同点等作了深入的论述。

关于新民主主义的经济,毛泽东在《新民主主义论》中提出了两个重要的主张,一是将"大银行、大工业、大商业,归这个共和国的国家所有","在无产阶级领导下的新民主主义共和国的国营经济是社会主义的性质,是整个国民经济的领导力量,但这个共和国并不没收其他资本主义的私有财产,并不禁止'不能操纵国民生计'的资本主义生产的发展";二是"采取某种必要的方法,没收地主的土地,分配给无地和少地的农民,实行中山先生'耕者有其田'的口号,扫除农村中的封建关系,把土地变为农民的私产。农村的富农经济,也是容许其存在的。""在这个阶段上,一般地还不是建立社会主义的农业,但在'耕者有其田'的基础上所发展起来的各种合作经济,也具有社会主义的因素。"②

1947 年 12 月,毛泽东根据国内形势的变化和各种经济成分对中国社会的作用,完整地提出了新民主主义的三大经济纲领,这就是"没收封建阶级的土地归农民所有,没收蒋介石、宋子文、孔祥熙、陈立夫为首的垄断资本归新民主主义的国家所有,保护民族工商业"。毛泽东还提出了公私兼顾、劳资两利、城乡互助、内外交流的新民主主义经济政策。在 1949 年 3 月的中共七届二中全会上,毛泽东采纳了刘少奇、张闻天等人的意见,提出新民主主义社会中将是国营经济、合作社经济、国家资本主义经济、个体经济和私人资本主义经济五种经济成分并存。

---

① 《毛泽东选集》第四卷,人民出版社 1991 年版,第 1272 页。
② 《毛泽东选集》第二卷,人民出版社 1991 年版,第 678 页。

　　新民主主义社会无疑是带有过渡性质的社会形态。那么,如何实现新民主主义社会向社会主义社会的过渡呢? 毛泽东曾这样说过:"没有一个新民主主义的联合统一的国家,没有新民主主义的国家经济的发展,没有私人资本主义经济和合作社经济的发展,没有民族的科学的大众的文化即新民主主义文化的发展,没有几万万人民的个性的解放和个性的发展,一句话,没有一个由共产党领导的新式的资产阶级性质的彻底的民主革命,要想在殖民地半殖民地半封建的废墟上建立起社会主义社会来,那只是完全的空想。"①这段话集中概括了新民主主义社会向社会主义社会过渡所应当具备的基本条件,这就是说,只有经过新民主主义社会在政治、经济、文化全面而充分的发展,而且根据中国人民的需要和意愿,才能实现这种过渡。

　　与此相联系,党的领导人曾设想经过一个比较长的新民主主义社会阶段之后,才采取向社会主义过渡的步骤。1944 年 7 月,毛泽东在会见英国记者斯坦因时说:"我们目前的新民主主义政策在任何条件下都将必须继续实行,而且还要实行相当长的一个时期。"②在 1948 年 9 月的政治局会议上,毛泽东在谈到这个问题时表示:"我国在经济上完成民族独立,还要一二十年时间。我们要努力发展经济,由发展新民主主义经济过渡到社会主义。"③1951 年 7 月,刘少奇在给马列学院第一班学员作报告时,也认为向社会主义过渡"少则十年,多则十五年,二十年恐怕不要"④。

　　这个设想的着眼点,就在于只有经过一个比较长的新民主主义建设阶段,在为向社会主义过渡准备充分条件后,才能考虑过渡的问题。这本来是符合中国实际的。但从 1952 年开始,随着过渡时期总路线的酝酿,这个设想被提前放弃了。1953 年 6 月,过渡时期总路线正式提出,中国开始了农业、手工业和资本主义工商业的社会主义改造,开始由新民主主义向社会主义的过渡。到 1956 年,"三大改造"提前完成,中国由此进入了社会主义社会。

　　《新民主主义论》发表已经七十余年了。虽然革命已经成为过去,新民主

---

①　《毛泽东选集》第四卷,人民出版社 1991 年版,第 1060 页。
②　《毛泽东文集》第三卷,人民出版社 1996 年版,第 182 页。
③　《毛泽东文集》第五卷,人民出版社 1996 年版,第 146 页。
④　《刘少奇论新中国经济建设》,中央文献出版社 1993 年版,第 209 页。

主义社会也已经结束,新民主主义的理论和实践都已成为历史,但今天重温这篇理论著作,学习毛泽东等老一辈革命家的理论创新精神,并从中获得有益的启示和借鉴,对于深化中国特色社会主义的认识与理解,无疑仍有重要的现实价值。

（罗平汉　撰稿）

十一

《改造我们的学习》
导　读

　　中共六届六中全会之后,学习运动在全党兴起。鉴于学习运动中存在理论脱离实际的倾向,1940 年 5 月 19 日,毛泽东在延安干部会上作了《改造我们的学习》的报告,对主观主义进行辛辣、尖锐的批评,强调理论联系实际,并用马克思主义理论对"实事求是"作出新的解释。这为学习运动朝着正确方向发展指明了方向。延安整风运动开始后,《改造我们的学习》作为整风文献,被广大党员干部普遍学习,对整顿学风发挥了重要作用。

写 作 目 的

　　延安时期是中国共产党思想发展历史上一个重要阶段。这期间,中国共产党不仅十分重视党员数量的发展和党组织的巩固,而且还特别强调党员干部的思想理论建设,要求广大党员干部要不断学习马克思主义。为此,1938 年 10 月 14 日,毛泽东在中共六届六中全会上明确提出要在全党开展学习竞赛,指出:"我们党的马克思列宁主义的修养,现在已较过去有了一些进步,但是还很不普遍,很不深入。我们的任务,是领导一个几万万人口的大民族,进行空前的伟大的斗争。所以,普遍地深入地研究马克思列宁主义的理论的任务,对于我们,是一个亟待解决并须着重地致力才能解决的大问题。我希望从我们这次中央全会之后,来一个全党的学习竞赛,看谁真正地学到了一点东西,看谁学的更多一点,更好一点。"鉴于当时党内缺乏真正精通马克思主义的理论家,毛泽东特别强调学习马克思主义对抗战胜利的推动作用,认为"如果我们党有一百个至二百个系统地而不是零碎地、实际地而不是空洞地学会了马克思列宁主义的同志,就会大大地提高我们党的战斗力量,并加速我们战胜日本帝国主义的工作。"①1939 年 5 月 20 日,在延安在职干部教育动员大会上,他重申了党员干部学习的重要性,指出"我们要建设大党,我们的干部非学习不可。学习是我们注重的工作,特别是干部同志,学习的需要更加迫切,如果不学习,就不能领导工作,不能改善工作与建设大党。这领导工作、改善工作与建设大党,便是我们学习运动的直接原因"。会上,他还号召"要把全党变成一个大学校"。② 在毛泽东的大力倡导下,中共六届六中全会以后,一场全党性的学习运动在延安及其他根据地兴起。

为了推动学习运动全面展开,1939 年春,中共中央成立了干部教育部,由张闻天任部长,李维汉任副部长,专门负责在职干部的教育学习。同时,还陆续创办了很多干部学校。如果加上之前开办的干部学校,学习运动期间,陕甘宁边区、各抗日根据地和中央直属的干部学校共计六十多所。其中著名的有中共中央党校、中国人民抗日军政大学、马列学院、鲁迅艺术学院、陕北公学、军事学院、中国女子大学、行政学院、自然科学院、民族学院、中国医科大学、华北联合大学等。这些学校不仅数量多,而且门类也较为齐全,为干部学习运动有序开展创造了良好条件。另外,这期间还建立起了一套行之有效的学习制度。1940 年 1 月 3 日,中共中央发出关于《干部学习的指示》,提出"建立在职干部平均每日学习两小时的制度";3 月 20 日,作出《中央关于在职干部教育的指示》,规定:"全党在职干部必须保证平均每日有两小时的学习时间,非因

---

① 毛泽东:《中国共产党在民族战争中的地位》(1938 年 10 月 14 日),《毛泽东选集》第二卷,人民出版社 1991 年版,第 533 页。

② 毛泽东:《在延安在职干部教育动员大会上的讲话》(1939 年 5 月 20 日),《毛泽东文集》第二卷,人民出版社 1993 年版,第 179、185 页。

作战或其他紧急事故不可耽搁。"并决定"五月五日马克思生日为学习节"①。所有这些都为学习运动的有效全面开展提供了有力保障。

　　随着学习运动日趋深入,全党的学习气氛日益浓厚。通过学习,广大党员干部的理论文化水平有了明显提高。据曾负责干部教育学习的李维汉回忆,到 1940 年 6 月,"在延安及延安附近(远至八十里)的学校、团体、机关、部队中,干事、科员、班长以上的干部都参加了学习,中央负责同志也参加了学习,总数达四千零六十人。"很多干部经过学习,"识字多的达一千二百字,最少的也有二百字",不少干部还从此养成了学习的好习惯。② 不过,值得注意的是,学习运动在取得成绩的同时,也暴露出来许多问题。其中,最突出的问题是理论脱离实际的教条主义倾向十分严重。如,有些人对书本上的知识相当熟悉,"其他东西就不知道了,真是'两眼不看书外事,一心只管政治常'"③;在学校教育中,在在职干部的教育中,"教哲学的不引导学生研究中国革命的逻辑,教经济学的不引导学生研究中国经济的特点,教政治学的不引导学生研究中国革命的策略,教军事学的不引导学生研究适合中国特点的战略和战术",诸如此类的现象在当时文化教育界屡见不鲜,"为害相当地大"。④

　　由于理论脱离实际的倾向直接影响了学习运动的发展,因此,为了纠正这一偏向,1941 年 5 月 19 日,毛泽东在延安干部会上作《改造我们的学习》的报告时,集中批判了理论脱离实际的学风,主张"将我们全党的学习方法和学习制度改造一下",并认为"如果不纠正这类缺点,就无法使我们的工作更进一步,就无法使我们在将马克思列宁主义的普遍真理和中国革命的具体实践互相结合的伟大事业中更进一步。"⑤显而易见,毛泽东作这个报告的主要目的是整顿学风,以保证学习运动朝着正确方向发展。

---

① 中央档案馆:《中共中央文件选集》第 12 册,中共中央党校出版社 1991 年版,第 228、334—335 页。

② 李维汉:《回忆与研究》(上),中共党史出版社 2013 年版,第 336 页。

③ 毛泽东:《在延安在职干部教育动员大会上的讲话》(1939 年 5 月 20 日),《毛泽东文集》第二卷,人民出版社 1993 年版,第 178 页。

④ 毛泽东:《改造我们的学习》(1941 年 5 月 19 日),《毛泽东选集》第三卷,人民出版社 1991 年版,第 798—799 页。

⑤ 毛泽东:《改造我们的学习》(1941 年 5 月 19 日),《毛泽东选集》第三卷,人民出版社 1991 年版,第 795—796 页。

反对主观主义

对于学习运动中出现的理论脱离实际的倾向,毛泽东深恶痛绝,忧心忡忡,认为倘若任其发展,其结果只能是"谬种流传,误人不浅"①。对学习运动中理论脱离实际倾向产生的原因,毛泽东认为这是主观主义影响的结果,指出:"马克思、恩格斯、列宁、斯大林教导我们认真地研究情况,从客观的真实的情况出发,而不是从主观的愿望出发;我们的许多同志却直接违反这一真理。"在他看来,这些同志学习马克思列宁主义并不是为了革命实践的需要,而是为了单纯学习,他们"只会片面地引用马克思、恩格斯、列宁、斯大林的个别词句,而不会运用他们的立场、观点和方法,来具体地研究中国的现状和中国的历史,具体地分析中国革命问题和解决中国革命问题。"②为了整顿学风,进而实现"理论和实践统一",毛泽东在《改造我们的学习》的报告中,着重对主观主义的作风和主观主义的态度进行了揭露和批评。

首先,他对于主观主义的作风及其表现进行了尖锐批评。他认为,主观主义的作风概括起来讲,主要表现在三个方面,即不注重研究现状,不注重研究历史,不注重马克思列宁主义的应用。具体而言,则表现为:一些人不是从客观的真实的情况出发去研究问题,而是过分强调主观愿望,粗枝大叶,夸夸其谈,满足于一知半解;即使一些研究马克思主义的学者,也是"言必称希腊,对于自己的祖宗,则对不住,忘记了。认真地研究现状的空气是不浓厚的,认真地研究历史的空气也是不浓厚的";一些人不了解自己国家的历史,"不以为耻,反以为荣";有些人对于自己民族的历史文化一无所知,脑子里却装满了"从外国故纸堆中零星地检来的"希腊和外国的故事;很多留学生回国后只知

---

① 毛泽东:《改造我们的学习》(1941年5月19日)《毛泽东选集》第三卷,人民出版社1991年版,第798页。
② 毛泽东:《改造我们的学习》(1941年5月19日)《毛泽东选集》第三卷,人民出版社1991年版,第797页。

道生吞活剥地谈外国,"他们起了留声机的作用,忘记了自己认识新鲜事物和创造新鲜事物的责任。"①

接着,毛泽东又对主观主义的态度进行了深刻揭露。他认为,所谓主观主义的态度,就是对周围的环境不作系统的周密的研究,对于中国现状不了解;就是割断历史,只懂得希腊,不懂得中国,对于中国昨天和今天的面目漆黑一团;就是抽象地无目的地去研究马克思列宁主义的理论,是为了单纯地学理论而去学理论,"不是有的放矢,而是无的放矢"。由于主观主义重视理论,而忽视实践,因此,在主观主义态度影响下,一些人"对于研究今天的中国和昨天的中国一概无兴趣,只把兴趣放在脱离实际的空洞的'理论'研究上"。同时,在实际工作中则是感情用事,不顾实际,"或作讲演,则甲乙丙丁、一二三四的一大串;或作文章,则夸夸其谈的一大篇。无实事求是之意,有哗众取宠之心。华而不实,脆而不坚。自以为是,老子天下第一,'钦差大臣'满天飞。"为了更形象地描述主观主义的态度和作风,毛泽东还借用了一副对联为主观主义者画像,称他们是"墙上芦苇,头重脚轻根底浅;山间竹笋,嘴尖皮厚腹中空。"

最后,在揭露主观主义种种表现的基础上,毛泽东对主观主义的危害进行了淋漓尽致的批判。他认为,主观主义"这种作风,拿了律己,则害了自己;拿了教人,则害了别人;拿了指导革命,则害了革命。"鉴于主观主义贻害无穷,他号召全党齐心协力打倒主观主义,指出:"这种反科学的反马克思列宁主义的主观主义的方法,是共产党的大敌,是工人阶级的大敌,是人民的大敌,是民族的大敌,是党性不纯的一种表现。大敌当前,我们有打倒它的必要。只有打倒了主观主义,马克思列宁主义的真理才会抬头,党性才会巩固,革命才会胜利。"②

在《改造我们的学习》中,毛泽东以犀利、辛辣的语言对主观主义进行批判,击中了教条主义的要害,振聋发聩,可以说是在思想理论方面对历史上的"左"倾错误进行了一次深刻清算,听着深受震动,为之动容。据胡乔木回忆:

---

① 毛泽东:《改造我们的学习》(1941年5月19日),《毛泽东选集》第三卷,人民出版社1991年版,第797—798页。

② 毛泽东:《改造我们的学习》(1941年5月19日),《毛泽东选集》第三卷,人民出版社1991年版,第797—800页。

"毛主席讲话用语之辛辣，讽刺之深刻，情绪之激动，都是许多同志在此之前从未感受过的。""这个报告在听讲的干部中引起了思想震动。"①

《改造我们的学习》虽然直到 1942 年 3 月 27 日才在《解放日报》公开发表。但是，实际上毛泽东作了报告之后，干部的教育改革已经开始。为了纠正干部教育中的主观主义错误，1942 年 2 月 28 日，中共中央还发布了《关于在职干部教育的决定》，强调学习方法"以理论与实际联系为原则"，并指出："不论任何工作部门，也不论业务教育，政治教育，文化教育，理论教育的任何方面，均须贯彻反对主观主义宗派主义与党八股的精神。"②所有这些都为延安整风的全面开展做了重要准备。

历 史 影 响

毛泽东在《改造我们的学习》的报告中，尖锐批评主观主义，其目的不仅是为了要对教条主义"左"倾错误进行清算，而且还在于要为全党确定一条正确的思想路线，即"实事求是"的思想路线。实事求是，是毛泽东思想的精髓，是中国革命和建设事业的指导方针，至今仍然是我们党思想路线的主要内容和思想基础。

"有破有立"是《改造我们的学习》报告的一个重要特点。如果说批评主观主义是"破"的话，那么，赋予实事求是以新的内涵，并将其确定为党的思想路线，则是"立"。在批评主观主义的同时，毛泽东也明确指出了学习和工作应有的正确态度是"马克思列宁主义的态度"。他认为，马克思列宁主义的态度，就是应用马克思列宁主义的理论和方法，对周围的环境做系统的周密的调查和研究；不是单凭热情去工作，而是把革命气概和实际精神结合起来；就是不要割断历史，不单是懂得希腊就行了，还要懂得中国；不但要懂得外国革命

---

① 胡乔木：《胡乔木回忆毛泽东》（增订本），人民出版社 2003 年版，第 191—192 页。

② 《中共中央关于在职干部教育的决定》（1942 年 2 月 28 日），中央档案馆编：《中共中央文件选集》第 13 册，中共中央党校出版社 1991 年版，第 351—352 页。

史,还要懂得中国革命史;不但要懂得中国的今天,还要懂得中国的昨天和前天;就是要有目的地去研究马克思列宁主义的理论,要使马克思列宁主义的理论和中国革命的实际运动结合起来,"是为着解决中国革命的理论问题和策略问题而去从它找立场,找观点,找方法的。"在毛泽东看来,马克思列宁主义的态度实际上就是有的放矢的态度,其中,"的"就是中国革命,"矢"就是马克思列宁主义,"我们中国共产党人所以要找这根'矢',就是为了要射中国革命和东方革命这个'的'的。"①为了使得全党更容易理解这种态度,毛泽东在报告中特意借用了一句中国古语"实事求是"②来表示,并用马克思主义对其进行了新的解释,指出:"这种态度,就是实事求是的态度。'实事'就是客观存在着的一切事物,'是'就是客观事物的内部联系,即规律性,'求'就是我们去研究。"结合中国的具体实际,毛泽东认为,实事求是的态度,就是"我们要从国内外、省内外、县内外、区内外的实际情况出发,从其中引出其固有的而不是臆造的规律性,即找出周围事变的内部联系,作为我们行动的向导。而要这样做,就须不凭主观想象,不凭一时的热情,不凭死的书本,而凭客观存在的事实,详细地占有材料,在马克思列宁主义一般原理的指导下,从这些材料中引出正确的结论。这种结论,不是甲乙丙丁的现象罗列,也不是夸夸其谈的滥调文章,而是科学的结论。这种态度,有实事求是之意,无哗众取宠之心。"③毛泽东赋予"实事求是"以新的内涵,用来表示马克思主义的态度和方法,的确是马克思主义中国化的一个成功典范。这不仅使得马克思主义变得更加通俗易懂,而且还使其具有了中国的民族形式。如此一来,马克思主义的基本方法就通过"实事求是"这个词自然而然地融入了中国人的文化血脉中,绵绵不断,从而得到很好的继承与发扬。

　　为了在实际工作中贯彻落实"实事求是",毛泽东还在报告中列出了三项提议:首先,向全党提出"系统地周密地研究周围环境"的任务,要求依据马克

---

① 毛泽东:《改造我们的学习》(1941 年 5 月 19 日),《毛泽东选集》第三卷,人民出版社 1991 年版,第 800—801 页。

② "实事求是"出自《汉书·河间献王传》:"修学好古,实事求是。从民得善书,必为好写与之,留其真。"

③ 毛泽东:《改造我们的学习》(1941 年 5 月 19 日),《毛泽东选集》第三卷,人民出版社 1991 年版,第 801 页。

思列宁主义的理论和方法,对敌友我三方的情况进行详细调查和研究,指出:"共产党领导机关的基本任务,就在于了解情况和掌握政策两件大事,前一件事就是所谓认识世界,后一件事就是所谓改造世界。""没有调查就没有发言权,夸夸其谈地乱说一顿和一二三四的现象罗列,都是无用的。"其次,提议对于近百年的中国史进行系统研究,认为,"应聚集人材,分工合作地去做,克服无组织的状态。应先作经济史、政治史、军事史、文化史几个部门的分析的研究,然后才有可能作综合的研究。"第三,主张对于在职干部的教育和干部学校的教育,"应确立以研究中国革命实际问题为中心,以马克思列宁主义基本原则为指导的方针,废除静止地孤立地研究马克思列宁主义的方法。"①

　　毛泽东在以实事求是指导实际工作的同时,还把实事求是上升到了党性的高度,认为实事求是的态度"就是党性的表现,就是理论和实际统一的马克思列宁主义的作风。这是一个共产党员起码应该具备的态度。"之后,毛泽东对于实事求是又多次进行过解释和强调。1941 年底,彭真向毛泽东请示,中央党校的校训应是什么? 毛泽东脱口而出,说是"实事求是,不尚空谈"。之后,毛泽东题写的"实事求是"四字镶嵌在了延安中央党校礼堂正面的墙壁上。毛泽东所倡导的实事求是精神对党的建设影响是十分深刻的,从根本上涤荡了党内长期存在的教条主义影响,使全党上下形成了注重理论联系实际的风气。对此,薄一波深有体会,认为"在延安的学习体会最深的,还是毛主席关于实事求是的论述","几十年来它一直成为指导我们工作的极其重要的原则,成为毛泽东思想的精髓和党的思想路线。"②杨尚昆也认为实事求是在统一思想方面发挥了重要作用,推动了民主革命的胜利,说:"毛主席提倡'实事求是',从思想方法的高度总结历史经验和教训,这是很伟大的,不然,全党思想统一不了,七大可能开不成功,以后中国革命的发展也不会那么快取得胜利。"③

　　实事求是不仅在革命时期发挥了思想指导作用,而且在改革开放新时期

---

① 　毛泽东:《改造我们的学习》(1941 年 5 月 19 日),《毛泽东选集》第三卷,人民出版社 1991 年版,第 801—802 页。

② 　薄一波:《七十年奋斗与思考》上卷,中共党史出版社 1996 年版,第 379 页。

③ 　杨尚昆:《杨尚昆回忆录》,中央文献出版社 2007 年版,第 212—213 页。

也是中国共产党思想路线的核心内容。改革开放之初,为了实现拨乱反正,邓小平在思想文化领域首先做的第一件事就是恢复实事求是的思想路线地位。他认为,坚持实事求是,是民主革命胜利的重要原因,指出:"毛泽东思想的基本点就是实事求是,就是把马列主义的普遍原理同中国革命的具体实践相结合。毛泽东同志在延安为中央党校题了'实事求是'四个大字,毛泽东思想的精髓就是这四个字。毛泽东同志所以伟大,能把中国革命引导到胜利,归根到底,就是靠这个。"[1]同时,他又进一步强调,新的历史时期依然要坚持实事求是,认为"实事求是,是无产阶级世界观的基础,是马克思主义的思想基础。过去我们搞革命所取得的一切胜利,是靠实事求是;现在我们要实现四个现代化,同样要靠实事求是。"[2]

《改造我们的学习》是延安时期毛泽东的重要代表作之一。由于它深刻地揭露了主观主义的表现和危害方面,明确提出了实事求是的思想路线,为全党整风做了重要理论准备,因此,通常被认为是延安整风的开端。

（张卫波　撰稿）

---

[1]　邓小平:《高举毛泽东思想旗帜,坚持实事求是的原则》(1978 年 9 月 16 日),《邓小平文选》第二卷,人民出版社 1994 年版,第 126 页。

[2]　邓小平:《解放思想,实事求是,团结一致向前看》(1978 年 12 月 13 日),《邓小平文选》第二卷,人民出版社 1994 年版,第 143 页。

十二

《在延安文艺座谈会上的讲话》
导　读

　　革命家毛泽东有其自成体系的文艺思想,这种文艺思想是为适应新民主主义革命而产生的。革命需要文艺为自身服务,需要文艺宣传革命,歌颂革命,鼓舞革命,教育人民,暴露黑暗,打击敌人。毛泽东文艺思想的形成,同时与毛泽东一贯喜爱、关注和重视文艺直接相关。毛泽东本人就是一个大文豪、大诗人、大书法家,能诗善书,有极好的文艺修养,深谙为文之道。毛泽东在农村环境中长大。在孩提时代,过春节看舞龙狮让他充满了乐趣。在求学时期,吟诗赋诗、练习书法成为他的至爱。毛泽东也喜爱观赏戏剧,平时兴之所至,他甚至还会唱上几句京剧。在土地革命战争年代,毛泽东写了许多出色的马背诗。他非常重视组织文艺团体和机构为战士及广大人民群众做宣传演出,传播革命宗旨。在抗日战争时期,当上海等地大批文艺工作者来到延安后,毛泽东对文艺工作更加重视,他鼓励文艺工作者要坚持文艺为工农兵服务的方向,为革命、为抗日战争服务。新中国成立后,毛泽东观赏戏剧、电影的机会多了,赋诗填词的兴致也更高了。在 20 世纪 50 年代,参加舞会成了他调剂生活的一种重要方式。

　　毛泽东对文艺及其理论一向关注。这种关注在他青年时代就已表现出来。五四时期,毛泽东在自己主编的《湘江评论》创刊宣言中提出:"见于文学方面,由贵族的文学、古典的文学、死形的文学,变为平民的文学、现代的文学、有生命的文学。"毛泽东号召,要借"平民主义的高呼"打倒"文学的强权"。①
中国共产党成立后的 1921 年秋,毛泽东在长沙创办湖南自修大学以培养革命
人才,他在自修大学的校刊《新时代》创刊号发刊词中,提出要研究并奉献"文
学艺术及其学问如何革命、如何建设"等问题的主张。② 新中国建立后,毛泽
东最为重视的是文艺发展的方针,他提倡"百花齐放",提倡"推陈出新",号召
广大文艺工作者在新的时代创造出为社会主义事业服务的新作品,歌颂社会
主义革命与建设中出现的新人新事。在 20 世纪 60 年代至 70 年代,毛泽东还
曾直接关心现代京剧的创作,对"革命样板戏"中的某些剧名及个别唱段提出
修改的建议并被采纳。尽管毛泽东自 20 世纪 60 年代一度在文艺政策上有严
重失误,但其经典著作《在延安文艺座谈会上的讲话》却具有永恒的光辉。

写 作 背 景

　　《在延安文艺座谈会上的讲话》不是短期内形成的,而是毛泽东在总结革
命军队长期的文艺实践,运用马克思主义文艺理论思考文艺问题的结果。早
在土地革命战争年代,毛泽东领导的中国工农红军就注意利用文艺宣传革命。
在井冈山时期,红军指战员就编演过话剧,宣传打倒土豪恶霸,歌颂战斗的胜
利。中央苏区形成后,红军在开展政治、经济、军事建设的同时也开展了文化
建设。1931 年,工农戏校开始组建了八一剧团,后来又陆续成立了工农剧社、
蓝衫团学校、高尔基戏剧学校、中央苏维埃剧团等文艺团体。与此同时,中央
苏区各政府机关、苏维埃政府所辖的广大乡村都设立了俱乐部或列宁室,作为
开展群众自我教育自我娱乐的园地。有的俱乐部内设有体育、墙报、晚会等委
员会和剧团等。此外,《青年实话》、《红色中华》、《斗争》、《红星》等报刊,时
常刊登文艺作品;《革命歌谣选集》、《革命诗集》等作品出版后也广泛发行。

① 《毛泽东早期文稿》,湖南出版社 1990 年版,第 264、265 页。
② 《新时代》,湖南人民出版社 1980 年版,第 3 页。

1934 年初,中华全国苏维埃共和国临时中央政府颁布了《苏维埃教育法规》,其中包括《工农剧社简章》、《高尔基艺术学校简章》、《苏维埃剧团组织法》、《俱乐部纲要》等,规定了各类文艺团体的方针任务,从而使根据地的文艺运动更趋制度化。于是,红军和苏区的文学艺术更快地发展起来。民谣、山歌、漫画、小曲、诗歌、快板、曲艺、戏曲、标语口号、通讯报导等都是很好的宣传形式,打花鼓、出壁报、发传单、晚会、化装讲演等也都受到重视和利用。当时中央苏区的文艺活动,特别是戏剧创作、演出活动十分红火。这种文艺运动的蓬勃发展,为毛泽东文艺思想的形成奠定了现实基础。

由于在土地革命战争时期奠定了基础,毛泽东文艺思想在抗日战争时期得到发展并成熟,其成熟的标志就是《在延安文艺座谈会上的讲话》的诞生。经过万里长征,以毛泽东为代表的中国共产党人率领中国工农红军在陕北根据地站稳脚跟后,随着第二次国共合作的开始和抗日战争的全面展开,共产党的声望在全国人民心中日益提高。延安成为追求进步、民主、自由的人们心中的圣地,当时上海、北平等地的许多文化人纷纷来到延安。这一大批文化人都是时代的精英,他们中不但有艾思奇这样的"大众哲学家",也有周扬、林默涵、冯牧、陈涌、陈企霞、陈荒煤、徐懋庸等文艺理论家,更有萧军、欧阳山、周立波、孙犁、草明、卞之琳、严文井、舒群、柳青、白朗、柯蓝、马烽、韦君宜、秦兆阳等小说家,吴伯箫、刘白羽、周而复、黄钢、魏巍、杨朔、穆青等报告文学家,张庚、阿甲、丁毅、贺敬之、崔嵬、欧阳山尊、苏一平、孙维世、胡沙、于蓝、陈强、田方等戏剧家,还有萧三、柯仲平、公木、郭小川、朱子奇等诗人……这许多文化人的到来,使延安成为中国抗战时期重要的文化中心之一,显得朝气蓬勃。但是,一些从亭子间来的作家也带来了自由思想,主张创作不接受党派的领导,作家要有自己的独立性。另一方面,延安也有自身的缺点,它似乎并不像是他们想象中的圣地,一些人将自己的感受用杂文形式写了出来并在报上发表。例如,1942 年 3 月 13 日《解放日报》文艺栏发表王实味的《野百合花》,即有"暴露黑暗"之意。在这篇杂文中,王实味对感到不满的现象边述边议并提出批评,他把个别干部的某些官僚主义,说成'到处乌鸦一般黑",没有看到延安与西安的根本区别。王实味的文章被国民党特务弄去后编成小册子《关于〈野百合花〉及其它》,被作为攻击共产党贪污、腐化的材料。3 月 19 日《解放日报》文艺栏接着发表丁玲的《三八节有感》，这篇杂文针对延安存在的隐性歧视女性现象提出了直率的批评。同时，其他报刊也发表了一些引起读者议论的杂文。于是，有的人主张对抗战与革命也应该"暴露黑暗"，认为写光明就是公式主义（所谓歌功颂德）；有的人提出"还是杂文时代，还要鲁迅笔法"（即采取鲁迅对敌人的方式，用杂文来讽刺革命）。这一动向对当时正在进行的整风运动产生了不良影响，对共产党领导的革命与抗战带来不利。作为革命领袖，毛泽东认为要正确引导文艺界人士用文艺为抗日战争服务，为广大工农兵大众服务，歌颂革命、歌颂人民，暴露黑暗、打击敌人。于是，他决定召开文艺座谈会来解决文艺工作者的立场问题、态度问题与服务对象问题。1942年5月2日，中共中央宣传部在延安杨家岭召开文艺座谈会，出席的作家、艺术家及文艺工作者有百余人。毛泽东在会上作了发言，主要讲了文艺者的立场、态度、工作、学习等问题。5月23日，毛泽东在文艺座谈会上作了总结讲话，他总结了"五四"以后中国革命文艺运动的历史经验，联系延安和各抗日根据地文艺界存在的问题，提出了中国共产党解决这一系列带根本性问题的理论和政策，诸如党的文艺工作和党的整个工作的关系问题，文艺为什么人的问题，普及与提高的问题，内容和形式的统一问题，歌颂和暴露的问题等。毛泽东明确提出了文艺为工农兵服务的方针，强调文艺工作者必须到群众中去、到火热的斗争中去，转变立足点，熟悉工农兵，为革命事业作出积极贡献。显然，毛泽东在延安文艺座谈会上的讲话从理论上发展了马列主义的文艺理论，在实践上标志着新文艺与工农兵群众相结合的新时期的开始。许多文艺工作者、作家在毛泽东文艺思想指引下，在塑造工农兵形象和反映伟大革命斗争方面取得了许多新成就，开辟了文学艺术的民族化、革命化、大众化的新道路。

　　《在延安文艺座谈会上的讲话》这部重要的文艺理论著作的诞生，从思想上标志着毛泽东文艺思想的成熟。在当时和发表后的相当长的时期内，它成为了中国共产党制定文艺政策的理论依据。在当今的时代，它对文学艺术的生产仍然具有重要指导意义。因此，文学艺术界对通过学习和研究《在延安文艺座谈会上的讲话》来把握毛泽东文艺思想实质的活动从未中断。当年，《在延安文艺座谈会上的讲话》发表后，革命根据地和革命队伍内对毛泽东文艺思想就掀起了一股学习的热潮。中华人民共和国成立后,毛泽东文艺思想更是受到重视,《在延安文艺座谈会上的讲话》成为人们经常学习和纪念的经典。

主 要 内 容

《在延安文艺座谈会上的讲话》之所以成为经典,之所以标志着毛泽东文艺思想的成熟,从主观上看,是当时马克思主义文艺理论在这一时期已经传到中国,传到延安,毛泽东对之有较好的研究和掌握。从客观上看,抗日战争时期全国大批文艺工作者来到延安从事革命文艺的创作和宣传,取得了较大成绩,大大促进了中国共产党的革命文艺工作,提供了丰富的文艺工作的实践经验。毛泽东用马克思主义文艺理论来指导中国的革命文艺工作,并对当时的革命文艺实践加以全面总结,从而促成了这部经典著作的诞生。

《在延安文艺座谈会上的讲话》的重要地位,在于它阐发的文艺理论集中体现了毛泽东的文艺思想,内容十分丰富。它所阐述的诸多基本问题包括:革命文艺与社会政治革命的关系;文艺的人性与阶级性,文艺与广大人民大众的关系;文艺作品与社会生活的关系;文学艺术家的立场、态度与世界观;文艺作品的创作方法和创作过程;文艺的内容与形式、风格与流派;文艺的普及与提高;百花齐放、推陈出新的文艺发展方针,古为今用、洋为中用的原则;学习外国与文艺民族形式的发展创新,文艺批评及其政治与艺术标准;文艺创作与形象思维问题等。

《在延安文艺座谈会上的讲话》的引言是提出问题,结论是讲话的主体。在引言中,毛泽东提出了邀集文艺工作者开座谈会的目的:要把中国革命向前推进,就要使文武两个战线结合起来,"要使文艺很好地成为整个革命机器的一个组成部分,作为团结人民、教育人民、打击敌人、消灭敌人的有力的武器,帮助人民同心同德地和敌人作斗争。"文艺工作者要站在无产阶级和人民大众的立场,去暴露敌人,歌颂人民,暴露日本帝国主义和一切人民的敌人的残暴和欺骗,鼓励抗日军民同心同德,坚决地打倒他们;赞扬人民的军队、人民的政党、人民的劳动和斗争。文艺工作者的工作对象是广大工农兵及其干部,这需要熟悉他们,使自己的思想感情来一个变化,来一番改造。文艺工作者还要学习马克思列宁主义和学习社会,研究社会上的各个阶级、它们的相互关系、各自状况及心理,这样,"我们的文艺才能有丰富的内容和正确的方向。"①

在结论中,毛泽东强调文艺工作基本上有两个中心问题:"一个为群众的问题和一个如何为群众的问题。"②他以这两个中心问题为重点,具体讲了文艺为什么人服务和如何去服务的问题,党的文艺工作和党的整个工作的关系及文艺界统一战线问题,文艺批评及其标准问题,文艺界的整风问题,等等。

关于文艺是为什么人的问题,毛泽东认为,中国新文化是无产阶级领导的人民大众的反帝反封建的文化,新文化中的新文学新艺术自然也是这样,它的目的是为了人民大众。这要求必须站在无产阶级的立场上,去接近工农兵群众,去参加工农兵群众的实际斗争,去表现工农兵群众,去教育工农兵群众。"只有这样,我们才能有真正为工农兵的文艺,真正无产阶级的文艺。"总之,"为什么人的问题,是一个根本的问题,原则的问题。"③

对于文艺如何去服务的问题,毛泽东认为这其中主要是解决好提高和普及的问题。这只能从工农兵出发,为工农兵普及,为工农兵提高。文艺作品都是一定的社会生活在人类头脑中的反映的产物,一切种类的文学艺术的唯一源泉都来源于人民生活。对一切优秀文学艺术遗产必须继承和借鉴,但决不可以替代自己的创造。因此,"革命的文学家艺术家,有出息的文学家艺术家,必须到群众中去,必须长期地无条件地全心全意地到工农兵群众中去,到火热的斗争中去,到唯一的最广大最丰富的源泉中去,观察、体验、研究、分析一切人,一切阶级,一切群众,一切生动的生活形式和斗争形式,一切文学和艺术的原始材料,然后才有可能进入创作过程。"文艺工作者创作的文艺作品,"反映出来的生活却可以而且应该比普通的实际生活更高,更强烈,更有集中性,更典型,更理想,因此就更带普遍性。革命的文艺,应当根据实际生活创造

---

① 《毛泽东文艺论集》,中央文献出版社 2002 年版,第 48—54 页。
② 《毛泽东文艺论集》,中央文献出版社 2002 年版,第 55 页。
③ 《毛泽东文艺论集》,中央文献出版社 2002 年版,第 60 页。

出各种各样的人物来,帮助群众推动历史的前进。"①

　　要完成这个任务,具体要处理好普及和提高的关系。普及的东西比较简单浅显,比较容易为目前广大人民群众所迅速接受。高级的作品比较细致,比较难于在群众中迅速传开。但普及工作和提高工作是不能截然分开的。不但一部分优秀作品现在也有普及的可能,而且广大群众的文化水平也是在不断提高的,因此文艺应不断发展和提高,从初级文艺基础上发展起高级文艺。当然,"无论高级的或初级的,我们的文学艺术都是为人民大众的"。② "我们是无产阶级的革命的功利主义者","在为工农兵和怎样为工农兵的基本方针问题解决之后,其他的问题,例如,写光明和写黑暗的问题,团结问题等,便都一齐解决了。"③

　　对于党的文艺工作和党的整个工作的关系问题以及文艺界统一战线问题,毛泽东认为:"在现在世界上,一切文化或文学艺术都是属于一定的阶级,属于一定的政治路线的。为艺术的艺术,超阶级的艺术,和政治并行或互相独立的艺术,实际上是不存在的。无产阶级的文学艺术是无产阶级整个革命事业的一部分"。因此,党的文艺工作"是服从党在一定革命时期内所规定的革命任务的"。④ 由于文艺服从于政治,"因此党的文艺工作者首先应该在抗日这一点上和党外的一切文学家艺术家团结起来",结成文艺界统一战线。⑤

　　对于文艺批评和批评的标准,毛泽东指出:"文艺批评有两个标准,一个是政治标准,一个是艺术标准。按照政治标准来说,一切利于抗日和团结的,鼓励群众同心同德的,反对倒退、促成进步的东西,便都是好的",反之便都是坏的。⑥ 这里有动机和效果的统一。"按着艺术标准来说,一切艺术性较高的,是好的,或较好的;艺术性较低的,则是坏的,或较坏的。这种分别,当然也要看社会效果。""按照艺术科学的标准给以正确的批判,使较低级的艺术逐渐提高成为较高级的艺术,使不适合广大群众斗争要求的艺术改变到适合广

---

① 《毛泽东文艺论集》,中央文献出版社 2002 年版,第 63—64 页。
② 《毛泽东文艺论集》,中央文献出版社 2002 年版,第 67 页。
③ 《毛泽东文艺论集》,中央文献出版社 2002 年版,第 68、69 页。
④ 《毛泽东文艺论集》,中央文献出版社 2002 年版,第 69 页。
⑤ 《毛泽东文艺论集》,中央文献出版社 2002 年版,第 71 页。
⑥ 《毛泽东文艺论集》,中央文献出版社 2002 年版,第 72 页。

大群众斗争要求的艺术,也是完全必要的。"①

但政治标准和艺术标准不是等同的,应该是政治标准第一,艺术标准第二。"我们的要求则是政治和艺术的统一,内容和形式的统一,革命的政治内容和尽可能完美的艺术形式的统一。缺乏艺术性的艺术品,无论政治上怎样进步,也是没有力量的。因此,我们既反对政治观点错误的艺术品,也反对只有正确的政治观点而没有艺术力量的所谓'标语口号式'的倾向。"②

从文艺批评的标准出发,毛泽东澄清了一些糊涂观念,如人性论、文艺的基本出发点是爱,是人类之爱的问题。毛泽东认为,阶级社会里只有带着阶级的人性,没有超阶级的人性。自人类分化成为阶级以后,就没有过统一的人类之爱,真正的人类之爱只是在全世界消灭了阶级之后。又如写光明与黑暗、暴露和"鲁迅笔法"问题,毛泽东认为文艺作品并不都是写光明与黑暗并重,一半对一半。因此,革命文艺家暴露的对象只能是侵略者、剥削者、压迫者而不是人民大众,对于人民自己不能用"鲁迅笔法"加以嘲笑和攻击。对于人民的缺点,需要批评,但必须真正站在人民的立场上,用保护、教育人民的满腔热情来说话,而不能乱用讽刺。再如歌功颂德,好心与结果、要不要学习马克思主义的问题,毛泽东指出,资产阶级文艺家歌颂资产阶级而不歌颂无产阶级,无产阶级文艺家歌颂无产阶级和劳动人民而不歌颂资产阶级;文艺家的真正好心,必须顾及效果;文艺工作者学习马克思主义并不妨害创作情绪,而只会破坏种种非人民大众的创作情绪。③

毛泽东最后还指出,延安文艺界需要有一个切实的、严肃的整风运动,尤其是从上海亭子间来的同志很有必要开展思想斗争,使整个队伍在思想上、组织上都真正统一起来。文艺工作者在整风及以后的工作中,"一定能够创造出许多为人民大众所热烈欢迎的优秀的作品,一定能够把革命根据地的文艺运动和全中国的文艺运动推进到一个光辉的新阶段。"④

总的来看,《在延安文艺座谈会上的讲话》对文艺的性质、作用,文艺的源

---

① 《毛泽东文艺论集》,中央文献出版社 2002 年版,第 73 页。
② 《毛泽东文艺论集》,中央文献出版社 2002 年版,第 74 页。
③ 《毛泽东文艺论集》,中央文献出版社 2002 年版,第 74—79 页。
④ 《毛泽东文艺论集》,中央文献出版社 2002 年版,第 83 页。

泉,文艺工作者的立场和文艺的服务对象,文艺的评价标准等问题作了较全面说明,这篇文献充分体现了毛泽东文艺思想的成熟。

现 实 意 义

《在延安文艺座谈会上的讲话》这部经典著作,不仅在当时成为中国共产党制定文艺政策的理论依据,在当今时代对文学艺术的生产仍然具有重要指导意义,它所阐发的文艺理论的许多基本观点,仍然具有强大的生命力。在当今时代,文艺尽管更加具有大众化取向,但它总脱离不了反映时代主题,反映社会生活,反映社会经济、政治、文化的现实;世界上鲜有纯文艺的文艺,文艺批评总会有时代的标准,等等。

当然,新中国成立后毛泽东在文艺政策上有失误,但这并不表明毛泽东文艺思想已经过时了。改革开放以来,我们的文艺在恢复、发展过程中不断走向兴旺。在全面建设小康社会的时代,公民的民主、自由、法制、权利与义务意识空前觉醒,文化生活也空前丰富。在社会主义改革和建设事业已成为时代主题、成为最大政治的今天,文艺如何为之更好地服务,需要借鉴正反两方面的经验,立足于当下实践对毛泽东文艺思想进行认真学习总结,在不把毛泽东同志的一些具体论述当作教条的前提下,对《讲话》重新进行阅读和理解,吸取《讲话》的精华,把握其根本,并在实践中灵活运用。同时,还要澄清对毛泽东文艺理论的一些误解。

在毛泽东全部文艺理论中,关于文艺从属于政治的论点,关于政治标准第一、艺术标准第二的论点,关于阶级性和人性的论点等,就特别需要进行澄清并在新的历史时期加以完善。

"文艺是从属于政治的"是毛泽东文艺思想的一个基本论点。中国共产党在领导革命军队进行革命战争、阶级斗争极其激烈的年代,"文艺是从属于政治的"特别需要。作为历史的产物,它主要是通过属于党所领导的文艺宣传队来宣传革命、教育人民团结起来同敌人作斗争。在社会主义建设和改革时代,文艺从属于政治这样的口号确实不宜简单重复,但也不能将它抛弃而走向反面。文艺与政治总有千丝万缕的联系,因为政治生活是文艺一定要反映的社会生活之一。文艺界人士总是有政治意识和政治立场的。至少,我们还没有看到有文艺作品歌颂贪腐、徇私枉法和道德败坏现象,而是暴露、讽刺之。文艺歌颂的是立党为公、勤政、廉政,执法清廉的社会公仆,暴露的是各种社会不良行为。总之,文艺歌颂的是真善美,暴露的是假恶丑。

政治标准与艺术标准的统一,无论在中国还是在世界,都是这样。就文学作品来说,2011 年第八届茅盾文学奖获奖作品有张炜的《你在高原》、刘醒龙的《天行者》、莫言的《蛙》、毕飞宇的《推拿》、刘震云的《一句顶一万句》。这五部作品各有特色,对它们的颁奖词是:《你在高原》是"长长的行走之书",在广袤大地上,在现实与历史之间,诚挚凝视中国人的生活和命运,不懈求索理想的"高原"。《天行者》是献给中国大地上默默苦行的乡村英雄的悲壮之歌。一群民办教师在寂寞群山中的坚守与盼望,具有感人肺腑的力量。《蛙》以一个乡村医生别无选择的命运,折射着我们民族伟大生存斗争中经历的困难和考验。《推拿》将人们引向都市生活的偏僻角落,一群盲人在摸索世界,勘探自我。作者在日常人伦的基本状态中呈现人心风俗的经络,诚恳而珍重地照亮人心中的隐疾与善好。《一句顶一万句》建立了极尽繁复又至为简约的叙事形式。通过塑造两个以"出走"和"还乡"为人生历程与命运逻辑的人物,形成了深具文化和哲学寓意的对称性结构,在行走者与大千世界、芸芸众生的缘起缘尽中,对中国人的精神境遇作了精湛的分析。

国际上有名的诺贝尔文学奖颁奖对象都是优秀作者和作品。例如,1901 年,首届诺贝尔文学奖获得者为法国诗人苏利·普吕多姆(1839—1907),其作品是《孤独与深思》,获奖理由是"高尚的理想、完美的艺术和罕有的心灵与智慧的实证"。1915 年,获奖者为法国作家、音乐评论家罗曼·罗兰(1866—1944),其作品为长篇小说《约翰·克利斯朵夫》,获奖理由是"文学作品中的高尚理想和他在描绘各种不同类型人物时所具有的同情和对真理的热爱"。1950 年,获奖者为英国数学家、哲学家亚瑟·威廉·罗素(1872—1970),其作品为《哲学—数学—文学》,获奖理由是"表彰他所写的捍卫人道主义理想和思想自由的多种多样意义重大的作品"。1982 年,获奖者为哥伦比亚记者、作家加夫列尔·加西亚·马尔克斯(1928—),其作品为长篇小说《百年孤独》,获奖理由是"由于其长篇小说以结构丰富的想象世界,其中糅混着魔幻与现实,反映出一整个大陆的生命矛盾"。2010 年,获奖者为秘鲁作家马里奥·巴尔加斯·略萨(1936—),以表彰他"对权力结构的制图般的描绘和对个人反抗的精致描写",其代表作有《绿房子》等。

就影视来说,国产电影《秋菊打官司》(导演张艺谋)反映的公民法制意识的觉醒;《大红灯笼高高挂》(导演张艺谋)通过描写处在一定社会阶级或等级中的人的薄情寡义和凶狠歹毒;《鸦片战争》(导演谢晋)反映了中国人民不屈服于列强欺压,奋勇抗争的英雄气概;《南京! 南京!》(导演陆川)主要是鞭挞日本侵略者的暴行;《建党伟业》(导演黄建新)描写了从辛亥革命到中国共产党成立这段在中国历史上非常重要的十年,等等。就国外的影片来说,同样贯穿着政治、道德元素。例如,《西线无战事》(美国)揭示了惨绝人寰的战争实况,是"最伟大的反战电影"之一;《辛德勒的名单》(美国)讴歌在特殊环境中的人性发展的轨迹,具有深沉而令人痛苦的艺术魅力;《肖申克的救赎》(美国)揭露美国司法黑幕,蕴含人生哲理;《贫民窟的百万富翁》(英国导演丹尼·博伊尔执导)据印度小说改编,有美国式故事的浪漫和光明,有欧洲电影的人文关怀。

显然,当今时代虽然不应简单重复"文艺是从属于政治的",但也不能无视文艺同政治联系紧密的实际。毛泽东文艺思想的这一基本论点需要在实践中不断丰富发展,其合理内核应当继承,重新界定文艺与政治的密切关系。

与文艺从属于政治相关的是文艺批评的政治标准第一、艺术标准第二的论点,也需要重新审视。当年,毛泽东把是否有利于团结抗日作为政治标准摆在第一位,是斗争的需要,同样是历史的产物。但毛泽东在注重文艺普及性的同时,也注重艺术标准。毛泽东当年明确提出的是"文艺批评有两个标准,一个是政治标准,一个是艺术标准",只不过他强调"以政治标准放在第一位,以艺术标准放在第二位"。撇开语言的具体表述,当今时代的文艺评论没有不重视政治的。例如,上述的国产电影《秋菊打官司》获法国影评人协会最佳外语片奖,《大红灯笼高高挂》获英国影视艺术学院最佳外语片奖、纽约影评人协会最佳外语片奖等,《鸦片战争》获加拿大蒙特利尔电影节"美洲特别大奖",《南京! 南京!》获第三十七届洛杉矶影评人协会奖,《建党伟业》获2011年华表奖等。国外影片《西线无战事》获奥斯卡最佳影片奖,《辛德勒的名单》获奥斯卡七项大奖,《贫民窟的百万富翁》获奥斯卡最佳影片等八项大奖。这些获奖影片都有鲜明的政治主题和价值取向。可见,政治标准与艺术标准是缺一不可的。

　　毛泽东文艺思想中的一个出发点是阶级性和人性的关系问题。毛泽东强调"只有具体的人性,没有抽象的人性。在阶级社会里就是只有带着阶级性的人性,而没有什么超阶级的人性。"这是针对当时最有代表性的错误观点提出的,因为"文艺的基本出发点是爱,是人类之爱"不符合抗日战争时代的要求。毛泽东在《讲话》中对这些错误观点进行的批评,反映了民族矛盾、阶级斗争的剧烈,是可以理解的,其基本精神也是正确的。虽然他在讲话中把人的阶级性绝对化了,认为只有到了无阶级社会,才会有"整个的人之爱";但在阶级社会中,不同阶级确实各自具有其特殊的社会属性,特别是在残酷的战争年代,强调阶级性亦无可厚非。在当今时代,同样不宜只看见共同的人性而抹杀阶级性,当然也不宜夸大阶级性而否定共同的人性。共同的人性与阶级性总是交织在一起的。影片《贫民窟的百万富翁》就体现了这一点。

　　同时,毛泽东文艺思想中有关文艺与人民即文艺的服务对象,文艺的普及与提高,文艺的民族风格与民族形式,文艺遗产的批判继承、借鉴和创新等论点同样值得珍视。今天,革命时代文艺的宣传性、公益性已经不再像以前那样突出了,市场化成为潮流。尽管文艺基本上市场化了,但广大观众是消费主体的原则没有变,故在市场化条件下如何做好"服务"是个新的任务。文艺的普及与提高在今天也面临新问题。文艺界曾一度泛起一股庸俗、低俗、媚俗之风,受到了党中央严厉的批评,正如习近平总书记指出的:"文艺不能当市场的奴隶,不要沾满了铜臭气。""艺术可以放飞想象的翅膀,但一定要脚踩坚实的大地。"这实际事关文艺的普及与提高问题。如何让文艺的发展百花争艳,让文艺作品能雅俗共赏,这是全体文艺工作者必须面对的。另外,做好文艺遗产的批判继承、借鉴和创新工作,不只是模仿国外的文艺作品或风格,保持中华民族的民族风格与民族形式,也是十分重要的,否则我们的文艺在模仿中会失去自我,可能造成严重后果。从七十多年来的实践经验看,毛泽东文艺思想的许多基本论点是正确的,但在新的时代要加以完善和发展。在总结毛泽东晚年在文艺问题上有严重失误的教训的同时,更要弘扬毛泽东文艺思想中的精华。总之,在新的历史条件下,在全面总结毛泽东文艺理论的基础上应建构起属于新的时代的文艺理论。

（胡为雄 撰稿）

十三

《论联合政府》
导　读

抗日战争胜利前夕,中国面临着两条道路、两种命运的决斗。为了争取光明的前途和命运,中国共产党在延安召开了第七次全国代表大会。1945年4月24日,毛泽东向大会提交了《论联合政府》的书面政治报告,详细阐述了中国共产党的主张和政策,包括:成立民主的联合政府的建国目标,人民战争的全面抗战路线,党的一般纲领和具体纲领,党在国统区、沦陷区、解放区的任务,党的三大优良工作作风等。这个报告为处于历史转折期的中国人民指明了一条光明的道路,是中国共产党打败日本侵略者、建立新中国的纲领性文件,也是中国共产党加强自身建设的重要文献。

写　作　背　景

1945年4月,世界反法西斯战争在欧洲战场已经取得了决定性的胜利。同时,中国的抗日战争也已经进入最后的反攻阶段。在历史转折的关键时期,4月23日至6月11日,中国共产党在延安召开了第七次全国代表大会。中共七大是关系中国命运的一次会议。当时,中国面临着两种前途和命运的抉择和决斗,一种是光明的前途和命运,其目标是建立"一个独立、自由、民主、统一、富强的"新中国;另外一种是黑暗的前途和命运,其结果是中国仍然处于"半殖民地半封建的、分裂的、贫弱的"老旧状态。为了争取光明的前途和命运,4 月 23 日,毛泽东在《两个中国之命运》的开幕词中,明确指出中共七大和中国共产党的任务是:"放手发动群众,壮大人民力量,团结全国一切可能团结的力量,在我们党领导之下,为着打败日本侵略者,建设一个光明的新中国,建设一个独立的、自由的、民主的、统一的、富强的新中国而奋斗。"毛泽东认为,抗日战争胜利使我们党面临着建设新中国的空前机遇,此时中国共产党应当义无反顾地"用全力去争取光明的前途和光明的命运,反对另外一种黑暗的前途和黑暗的命运。"①

与中国共产党的道路选择相反,蒋介石及其所代表的国民党则是试图继续维护其一党专政的局面。为此,蒋介石于 1943 年出版了《中国之命运》一书,极力渲染"一个主义"、"一个政党",认为三民主义是"国民革命永远不变的最高原则","民族复兴的唯一正确的路线",并强调中国国民党是"领导革命建设国家的总机关","永为中国唯一的革命政党",指出:"如果今日的中国,没有中国国民党,那就是没有了中国。如果中国国民党革命失败了,那亦就是中国国家整个的失败。简单地说:中国的命运,完全寄托于中国国民党。如果中国国民党没有了,或是失败了,那中国的国家就无所寄托。"②《中国之命运》代表了中国的另一种命运,其结果是把中国引向黑暗的道路与前途。该书出版后不久,国民党随即发起了第三次反共高潮。虽然在解放区军民和国内外民主力量的反对下,此次反共高潮没能得逞,但是,国民党维持其一党专政的意图已经暴露无遗。这完全违背了抗战后期中国人民的基本要求。

抗战后期中国人民的普遍愿望和要求,是废止国民党"一党专政"。豫湘桂战役大溃败,使得这一呼声日益高涨。鉴于此,1944 年 9 月 15 日,林伯渠代表中共中央在第三届国民参政会第三次大会上,第一次公开提出"联合政府"主张,说:"希望国民党立即结束一党统治的局面,由国民政府召集各党各

---

① 毛泽东:《两个中国之命运》(1945 年 4 月 23 日),《毛泽东选集》第三卷,人民出版社 1991 年版,第 1026 页。

② 蒋中正:《中国之命运》,重庆,正中书局 1944 版,第 89—90、205 页。

派、各抗日部队、各地方政府、各人民团体的代表,开国事会议,组织各抗日党派联合政府,一新天下耳目,振奋全国人心,鼓励前方士气。"①9月27日,中共中央再次强调成立联合政府的必要性,指出:"现在唯一挽救时局的办法,就是要求国民政府与国民党立即结束一党专政的局面,由现在的国民政府立即召集全国各抗日党派、各抗日部队、各地方政府、各民众团体的代表,开紧急国是会议,成立各党派联合政府,并由这个政府宣布并实行关于彻底改革军事、政治、经济、文化各方面的新政策。"②

对于中国共产党倡导的"联合政府"主张,各民主党派给予了热烈响应和支持。他们纷纷组织集会,发表声明,要求"立即结束一党专政,建立联合政府"。与此同时,国际舆论也给予了肯定。即便是美国总统特使赫尔利也一度认为"联合政府的主张是适当的"。③ 这大大提高了中国共产党在大后方民众中的威望,对国民党政府形成了强大的政治压力。关于"联合政府"主张提出的影响和意义,毛泽东给予了很高评价。1944年10月25日,在中共中央党校作报告时,他认为:"这个口号不是改良主义的,而是革命性的。"④1945年2月3日,在六届七中全会主席团会议上,进一步指出:去年九月提出建立联合政府的主张是正确的。这是一个原则的转变,以前是你的政府,我要人民,九月以后是改组政府,我可参加。联合政府仍然是蒋介石的政府,不过我们入了股,造成一种条件。⑤

正因为抗战胜利前夕,"中国应否成立民主的联合政府,已成了中国人民和同盟国民主舆论界十分关心的问题",⑥所以,中共七大的书面政治报告着

①　《林伯渠在国民参政会上关于国共谈判的报告》(1944年9月15日),《中共中央文件选集》第14册,中共中央党校出版社1992年版,第334页。

②　毛泽东:《为林伯渠起草的复王世杰、张治中的信》,《毛泽东文集》第三卷,人民出版社1996年版,第214页。

③　金冲及主编:《周恩来传》,中央文献出版社1998年版,第707页。

④　中共中央文献研究室编:《毛泽东年谱(1893—1949)修订本》中卷,中央文献出版社2013年版,第553页。

⑤　中共中央文献研究室编:《毛泽东年谱(1893—1949)修订本》中卷,中央文献出版社2013年版,第577页。

⑥　毛泽东:《论联合政府》(1945年4月24日),《毛泽东选集》第三卷,人民出版社1991年版,第1030页。

重说明了"联合政府"问题。报告以《论联合政府》为题,表明"联合政府"不仅是一个宣传口号,而且还是中国共产党准备付诸实践的政治纲领和目标。

作为中共七大的书面政治报告,《论联合政府》是在广泛听取了代表的意见的基础上定稿的,凝聚了集体的智慧和意见。为了使其内容更加全面准确,毛泽东先后修改了八次,可谓字斟句酌。1945 年 3 月 31 日,中共六届六中全会对该报告进行了讨论。为了取得一致意见,会上,毛泽东对《论联合政府》报告进行了说明。他认为,抗战胜利后建立一个独立、自由、民主、统一、富强的新中国的可能性是很大的,在此背景下,中国共产党应该抓住机遇提出自己的纲领。为此,他指出:"中国在这一次有成为独立、自由、民主、统一、富强的中国之可能性,为近百年来、五四以来、有党以来所仅有。我们应该在此时机提出适当纲领,动员全国人民争取其实现,也就是团结全党全民打败日本帝国主义,建设新中国。"为了达到建设新中国的目的,他提出党的原则是"放手动员群众"。鉴于"中国的政治力量是两头硬中间软",他强调在联合其他阶级和阶层时要采取有区别的态度,认为"惟有区别才能领导"。至于报告中为什么要反复提及孙中山,毛泽东认为孙中山是中国革命的一面旗帜,不应该放弃,指出:"我们要善于引用他,这没有害处,只有好处,列宁也要我们发挥他。他的遗嘱中唤起民众、联合世界上以平等待我之民族这两条是基本策略,他关于民主讲得最好,要为一般平民所共有。美国共产党现在把华盛顿、林肯都当作自己的旗帜,我们就有孙中山,而且有一段姻缘,曾经和他合作过。"

关于报告中为什么要提共产主义,以及共产党为什么不能改名称,毛泽东进行了解释,说:"报告中讲共产主义的地方,我删去过一次又恢复了,不说不好。关于党名,党外许多人主张我们改,但改了一定不好,把自己的形象搞坏了,所以报告中索性强调一下共产主义的无限美妙。农民是喜欢共产的,共产就是民主。"不过,为了防止陷入民粹主义的泥潭,毛泽东更强调民主主义和资本主义的不可跨越性,指出:"报告中对共产主义提过一下以后,仍着重说明民主革命,指出只有经过民主主义,才能到达社会主义,这是马克思主义的天经地义。这就将我们同民粹主义区别开来,民粹主义在中国与我们党内的影响是很广大的。"由于长期以来党内一些同志对资本主义存在偏见,毛泽东在报告中突出了发展资本主义的必要性,他说:"这个报告与《新民主主义论》

不同的,是确定了需要资本主义的广大发展,又以反专制主义为第一。""资本主义的广大发展在新民主主义政权下是无害有益的。"

关于报告为什么要将一般纲领和具体纲领区分开来,并且将联合政府确定为具体纲领,毛泽东认为这主要是为了体现不同革命阶段的时代特征。为此,他指出:"具体纲领在各个阶段是不同的。联合政府是具体纲领,它是统一战线政权的具体形式。这个口号好久没有想出来,可见找一个口号、一个形式之不易。这个口号是由于国民党在军事上的大溃退、欧洲一些国家建立联合政府、国民党说我们讲民主不着边际这三点而来的。这个口号一提出,重庆的同志如获至宝,人民如此广泛拥护,我是没有料到的。"

对于联合政府的形式,毛泽东也进行了说明,认为存在三种可能性。一种是坏的可能性,即"要我们交出军队去做官";第二种可能性,也是以蒋介石为首,"形式是民主,承认解放区,实质仍是蒋介石的独裁政府";第三种可能性,是"以我们为中心,在我们有一百五十万军队、一亿五千万人民时,在蒋介石的力量更加缩小、削弱,无联合可能时,就要如此做,这是中国政治发展的基本趋势和规律,我们要建设的国家就是这样一个国家。"为了避免刺激国民党,毛泽东建议在政治报告中不要写联合政府要"以我们为中心"。①

由于毛泽东对《论联合政府》的内容作了详尽的说明,因此,中共六届七中全会在讨论这个报告时,与会同志都表示完全同意毛泽东的报告和说明意见,并对报告给予了高度评价。董必武说,我们提的纲领这样完善,蒋介石他们再提也很难超出我们的范围。吴玉章认为,毛主席的这个报告可比于列宁的四月提纲,现在国际国内的形势都成熟了,党外的人都同意我们联合政府的主张,要集中全党精神,团结全党力量来实现党的纲领,迎接新的胜利。当对报告进行表决时,"全体一致通过毛主席所准备在七次大会的政治报告中提出的方针"。② 这为《论联合政府》书面报告在中共七大正式通过奠定了思想基础。

---

① 毛泽东:《对〈联合政府〉的说明》,《毛泽东文集》第三卷,人民出版社 1996 年版,第 275—277 页。

② 胡乔木:《胡乔木回忆毛泽东》(增订本),人民出版社 2003 年版,第 368—369 页。

核 心 内 容

经过充分酝酿和准备，1945 年 4 月 23 日，中共七大在延安隆重召开。会议第二天，毛泽东向大会作政治报告。《论联合政府》作为书面政治报告，先发给大会代表，每人一册。书面报告的内容很丰富，集中体现了中国共产党的战后主张，其核心内容是党的一般纲领和具体纲领。

作为提出一般纲领和具体纲领的背景，毛泽东在《论联合政府》报告中，分析了国际国内外形势，认为在抗日战争即将取得全面胜利的背景下，中国国内仍然不团结，仍然存在着严重的危机。为此，"中国急需把各党各派和无党无派的代表人物团结在一起，成立民主的临时的联合政府，以便实行民主的改革，克服目前的危机"。关于中国的前途，毛泽东强调，自抗战爆发以来中国便存在着消极抗战的路线和人民战争的抗战路线，这也决定了中国的两个前途。其中，第一个前途是"继续法西斯独裁统治，不许民主改革；不是将重点放在反对日本侵略者方面，而是放在反对人民方面；即使日本侵略者被打败了，中国仍然可能发生内战，将中国拖回到痛苦重重的不独立、不自由、不民主、不统一、不富强的老状态里去。"第二个前途则是"克服一切困难团结全国人民，废止国民党的法西斯独裁统治，实行民主改革，巩固和扩大抗日力量，彻底打败日本侵略者，将中国建设成为一个独立、自由、民主、统一和富强的新国家。"在此形势下，中国共产党和全国人民的任务，就是"竭尽全力地去反对第一个可能性，争取第二个可能性，反对第一个前途，争取第二个前途。"①

为了争取打败侵略者、建设新中国的前途，毛泽东在报告的第四部分明确提出了党在民主革命时期的一般纲领和具体纲领。关于一般纲领，毛泽东指出，党在抗战胜利前后的任务是"在彻底地打败日本侵略者之后，建立一个以

① 毛泽东：《论联合政府》(1945 年 4 月 24 日)，《毛泽东选集》第三卷，人民出版社 1991 年版，第 1052—1053 页。

全国绝对大多数人民为基础而在工人阶级领导之下的统一战线的民主联盟的国家制度,我们把这样的国家制度称之为新民主主义的国家制度。"具体而言,就是在工人阶级领导之下,联合农民、城市小资产阶级、民族资产阶级、开明士绅及其他爱国分子,共同完成新民主主义国家的政治、经济和文化的各项建设。其中,新民主主义的政治,是"推翻外来的民族压迫,废止国内的封建主义的和法西斯主义的压迫,并且主张在推翻和废止这些之后不是建立一个旧民主主义的政治制度,而是建立一个联合一切民主阶级的统一战线的政治制度";新民主主义的经济,是实现"耕者有其田",实行"节制资本";新民主主义的文化,是民族的、科学的、大众的文化。

为了使党的一般纲领具有广泛的代表性,毛泽东强调,无论是新民主主义的政治,还是新民主主义的经济与文化,都应该体现"为一般平民所共有"、非"少数人所得而私"的精神。为此,新民主主义的政权组织,应该采取民主集中制,由各级人民代表大会决定大政方针,选举政府。"就是说,在民主基础上的集中,在集中指导下的民主。只有这个制度,才既能表现广泛的民主,使各级人民代表大会有高度的权力;又能集中处理国事,使各级政府能集中地处理被各级人民代表大会所委托的一切事务,并保障人民的一切必要的民主活动。"同时,新民主主义国家的一切武装力量,如同其他权力机关一样,是属于人民和保护人民的,"它们和一切属于少数人、压迫人民的旧式军队、旧式警察等等,完全不同。"①

在毛泽东看来,中国共产党在抗战胜利前后,乃至在整个资产阶级民主革命时期所主张的一般纲领,相对于建设社会主义和共产主义制度的最高纲领而言,属于最低纲领。实行一般纲领的结果,就是把中国从殖民地、半殖民地和半封建的国家和社会状况,推进到新民主主义的国家和社会。为了表明中国共产党是无产阶级的政党,毛泽东在报告中重申了为社会主义和共产主义而奋斗的最高纲领,说:"我们共产党人从来不隐瞒自己的政治主张。我们的将来纲领或最高纲领,是要将中国推进到社会主义社会和共产主义社会去的,

---

① 毛泽东:《论联合政府》(1945年4月24日),《毛泽东选集》第三卷,人民出版社1991年版,第1056—1058页。

这是确定的和毫无疑义的。我们的党的名称和我们的马克思主义的宇宙观，明确地指明了这个将来的、无限光明的、无限美妙的最高理想。"不过，为了摆脱民粹主义的影响，毛泽东在报告中更强调贯彻执行一般纲领的重要性，指出："一切中国共产党人，一切中国共产主义的同情者，必须为着现阶段的目标而奋斗"，如果不为这个目标奋斗，而空谈什么社会主义和共产主义，"那就是有意无意地、或多或少地背叛了社会主义和共产主义，就不是一个自觉的和忠诚的共产主义者。"他认为，民主主义是不可跨越的，"只有经过民主主义，才能到达社会主义，这是马克思主义的天经地义。"他断言：在中国，为民主主义奋斗的时间将是长期的，如果没有新民主主义的政治、经济、文化的发展，"没有一个由共产党领导的新式的资产阶级性质的彻底的民主革命，要想在殖民地半殖民地半封建的废墟上建立起社会主义社会来，那只是完全的空想。"

鉴于近代中国积贫积弱，在此基础上直接建立起社会主义社会很不现实，因此，毛泽东在报告中特别强调发展资本主义，指出："拿资本主义的某种发展去代替外国帝国主义和本国封建主义的压迫，不但是一个进步，而且是一个不可避免的过程。它不但有利于资产阶级，同时也有利于无产阶级，或者说更有利于无产阶级。现在的中国是多了一个外国的帝国主义和一个本国的封建主义，而不是多了一个本国的资本主义，相反地，我们的资本主义是太少了。"为了表明中国共产党对资本主义的支持和保护态度，毛泽东明确宣布："在中国的条件下，在新民主主义的国家制度下，除了国家自己的经济、劳动人民的个体经济和合作社经济之外，一定要让私人资本主义经济在不能操纵国民生计的范围内获得发展的便利。"他认为，唯有如此，"才能有益于社会的向前发展"。①

关于一般纲领和孙中山三民主义的关系，毛泽东认为，"我党的新民主主义纲领，比之孙先生的，当然要完备得多"，但是孙中山的新三民主义的基本原则，同党的最低纲领里的若干基本原则是互相一致的。因此，就革命目标而

---

① 毛泽东：《论联合政府》(1945 年 4 月 24 日)，《毛泽东选集》第三卷，人民出版社 1991 年版，第 1058—1061 页。

言,为党的最低纲领而奋斗和为新三民主义而奋斗,"在基本上(不是在一切方面)是一件事情,并不是两件事情。"

由于一些人怀疑共产党在革命胜利后会学苏联那样实行无产阶级专政,建立一党制度,毛泽东在报告中还有针对性地对此给予了答复,指出:"几个民主阶级联盟的新民主主义国家,和无产阶级专政的社会主义国家,是有原则上的不同的。毫无疑义,我们这个新民主主义制度是在无产阶级的领导之下,在共产党的领导之下建立起来的,但是中国在整个新民主主义制度期间,不可能、因此就不应该是一个阶级专政和一党独占政府机构的制度。"他认为,俄国的历史形成了俄国的制度,同样,"中国现阶段的历史将形成中国现阶段的制度,在一个长时期中,将产生一个对于我们是完全必要和完全合理同时又区别于俄国制度的特殊形态,即几个民主阶级联盟的新民主主义的国家形态和政权形态。"①

根据党在民主革命时期的一般纲领,结合抗战胜利前后的国际国内局势,毛泽东在报告中又进一步详细阐述了党的具体纲领。他认为,为了打败日本侵略者、建设新中国,提出"一个为各个抗日民主党派互相同意的最低限度的具体纲领,是完全必要的"。这个具体纲领,实际上也是各抗日民主党派合作协商的基础,是各党之间的一个"共同的纲领"。

关于具体纲领的内容,毛泽东在报告中着重谈了十个问题,主要包括:彻底消灭日本侵略者,不许中途妥协;废止国民党一党专政,建立民主的联合政府;保障人民的自由;实现人民大众的民主的统一;建设人民的军队;实行土地制度改革,解决农民土地问题,有步骤地达到"耕者有其田";发展工业,使中国由农业国变为工业国;建立中国自己的民族的、科学的、人民大众的新文化和新教育;消除大汉族主义影响,帮助各少数民族人民群众,实现国内各民族一律平等;在"互相尊重国家的独立和平等地位"的基础上,同各国建立并巩固邦交,解决一切相互关系的问题。在这些具体纲领中,毛泽东认为建立民主的联合政府是关键和前提,指出:"一切这些具体纲领,如果没有一个举国一

---

① 毛泽东:《论联合政府》(1945年4月24日),《毛泽东选集》第三卷,人民出版社1991年版,第1061—1062页。

致的民主的联合政府,就不可能顺利地在全中国实现。"①

为了实现党的一般纲领和具体纲领,毛泽东还对党在不同区域的任务进行了论述,认为党在国民党统治区的任务是继续执行广泛的抗日民族统一战线政策,推动和帮助大后方的民主运动;在沦陷区的任务是团结和联合一切抗日党派和人士,打败侵略者及其走狗;在解放区的任务是扩大解放区、壮大人民军队、发展生产,并尽可能迅速地召开中国解放区人民代表会议。

在明确了党的纲领和任务之后,毛泽东在报告的最后部分论述了党的团结的重要性。为此,他要求全党要坚持理论联系实际,密切联系群众,善于开展自我批评,指出:"无数革命先烈为了人民的利益牺牲了他们的生命,使我们每个活着的人想起他们就心里难过,难道我们还有什么个人利益不能牺牲,还有什么错误不能抛弃吗?"②这在与会代表中引起了很大共鸣,使很多人坚决地抛弃了以往的错误。

4 月 24 日,在将《论联合政府》书面报告发给中共七大代表的同时,毛泽东还结合《论联合政府》书面报告更为详细地讲了路线问题、政策方面的问题,以及关于党内的几个问题等,形成了毛泽东在中共七大的口头政治报告。③ 口头政治报告是书面政治报告的深化,进一步明确了《论联合政府》的主旨。两者相得益彰,共同构成了毛泽东中共七大政治报告全部,对战后党的政策方针产生了深远影响,不容忽视。

《论联合政府》反映了抗战胜利前夕中国共产党对形势的判断,表明了党的一般纲领和具体纲领。为了使报告传播开来,1945 年 5 月 2 日,《解放日报》刊登了报告全文。同时,《论联合政府》被印成单行本小册子广泛散发,仅在重庆就发行了三万多册。这不仅在抗日根据地产生了巨大反响,而且在大后方也引起了很大轰动,甚至连一些参加国民党六大的代表也认为:"共产党

---

① 毛泽东:《论联合政府》(1945 年 4 月 24 日),《毛泽东选集》第三卷,人民出版社 1991 年版,第 1062—1086 页。

② 毛泽东:《论联合政府》(1945 年 4 月 24 日),《毛泽东选集》第三卷,人民出版社 1991 年版,第 1097 页。

③ 毛泽东:《在中国共产党第七次全国代表大会上的口头政治报告》(1945 年 4 月 24 日),《毛泽东文集》第三卷,人民出版社 1996 年版,第 303 页。

说的头头是道,有办法。"①

影响与启示

　　《论联合政府》是中国共产党打败日本侵略者、建立新中国的纲领性文件,奠定了战后党的各项政策方针的基础。它不仅推动了新中国的建立,而且对于加强党的自身建设也具有重要的指导意义,影响深远。

　　(一)为新中国的建立提供了理论指南。关于抗战胜利后建立一个怎样的新中国,毛泽东早在《新民主主义论》中就曾经论述过,提出要建立一个"在无产阶级领导下的一切反帝反封建的人们联合专政"的新民主主义的共和国。②为此,他还对新民主主义的政治、经济、文化的内涵和特征进行了概括。《论联合政府》则在此基础上提出了更为具体的方案,认为"最重要的是要求立即取消国民党一党专政,建立一个包括一切抗日党派和无党派的代表人物在内的举国一致的民主的联合的临时的中央政府。"③这为民主的联合政府的建立提供了思想指导,推动了抗战后期的民主运动。抗战胜利后,尽管在各个历史阶段,中国共产党对联合政府赋予了不同的内涵,但是建立民主的联合政府的目标是不变的。为加快建立新中国的步伐,1948年4月30日,中共中央在五一劳动节口号中,更是鲜明地号召"各民主党派、各人民团体、各社会贤达迅速召开政治协商会议,讨论并实现召集人民代表大会,成立民主联合政府。"④即使到了民主革命胜利前夕,中共中央仍然坚称自己所要建立的新政府是民主的联合政府,指出:"这个政府将是一个在中国共产党领导之下的、有各民主党派各人民团体的适当的代表人物参加的民主联合政府。"⑤这在当

---

① 　金冲及主编:《毛泽东传(1893—1949)》,中央文献出版社 2004 年版,第 740—741 页。
② 　《毛泽东选集》第二卷,人民出版社 1991 年版,第 674—675 页。
③ 　《毛泽东选集》第三卷,人民出版社 1991 年版,第 1056、1065 页。
④ 　中央档案馆编:《中共中央文件选集》第 17 册,中共中央党校出版社 1992 年版,第 146 页。
⑤ 　《毛泽东选集》第四卷,人民出版社 1991 年版,第 1379 页。

时具有广泛的号召力,大大激发了民主党派支持和参与建立新中国的热情。事实上,新中国成立后,新的中央政府的人员构成也充分体现了民主的联合政府的原则。如中央人民政府副主席 6 人,其中中共 3 人,党外人士 3 人;政府委员 56 人,其中中共 29 人,党外人士 27 人;政务院副总理 4 人,其中中共 2 人,党外人士 2 人;政务委员 15 人,其中中共 6 人,党外人士 9 人;在政府所辖 34 个委、部、会、院、署、行中担任正职的中共干部 20 人,党外人士 14 人。新中国中央政府成为中共领导下名副其实的民主联合政府,在当时具有重要的意义,不仅标志着中国新民主主义革命已经取得伟大胜利,而且团结了大多数,真正代表了广大人民的利益。

(二)丰富了新民主主义理论。与《新民主主义论》相比,《论联合政府》对新民主主义理论的发展是多方面的。这不仅在于报告强调了新民主主义的政治、经济和文化必须要体现"为一般平民所共有"的精神,而且还在于报告明确地表明了中国共产党对资本主义的支持和鼓励态度,指出:"有些人怀疑中国共产党人不赞成发展个性,不赞成发展私人资本主义,不赞成保护私有财产,其实是不对的。民族压迫和封建压迫残酷地束缚着中国人民的个性发展,束缚着私人资本主义的发展和破坏着广大人民的财产。我们主张的新民主主义制度的任务,则正是解除这些束缚和停止这种破坏,保障广大人民能够自由发展其在共同生活中的个性,能够自由发展那些不是'操纵国民生计'而是有益于国民生计的私人资本主义经济,保障一切正当的私有财产。"①这在当时产生了很大反响,促使很多民族资本家和工商界人士在历史转折的关键时刻转向了共产党,从而加快了新民主主义革命胜利的步伐。对此,蒋介石高级幕僚唐纵看得十分清楚,在 1946 年 6 月 30 日的日记中,他说:"毛泽东主张保持私有制并发展资本主义的提法,是中共的一个很大转变,这一转变在中国收得很大的效果,后方许多工商界和国民党内部失意分子,过去对于共产党恐怖的心理,已完全改观。"②

(三)为党的自身建设提供了理论源泉。《论联合政府》在党的建设方面

---

① 毛泽东:《论联合政府》(1945 年 4 月 24 日),《毛泽东选集》第三卷,人民出版社 1991 年版,第 1058 页。

② 唐纵:《在蒋介石身边八年——侍从室高级幕僚唐纵日记》,群众出版社 1991 年版。

的贡献主要表现在三个方面：

一是提出生产力标准和群众利益标准，认为："中国一切政党的政策及其实践在中国人民中所表现的作用的好坏、大小，归根到底，看它对于中国人民的生产力的发展是否有帮助及其帮助之大小，看它是束缚生产力的，还是解放生产力的。"同时，指出："共产党人的一切言论行动，必须以合乎最广大人民群众的最大利益，为最广大人民群众所拥护为最高标准。"[1]生产力标准和群众利益标准，与邓小平后来提出的"三个有利于"标准具有内在一致性，在今天仍然是衡量党的政策方针正确与否的重要标准。

二是总结出了党的三大优良工作作风。回顾党的历史，毛泽东认为中国共产党的三大优良作风，是共产党人区别于其他政党显著的标志，指出："以马克思列宁主义的理论思想武装起来的中国共产党，在中国人民中产生了新的工作作风，这主要的就是理论和实践相结合的作风，和人民群众紧密地联系在一起的作风以及自我批评的作风。"他坚信，三大优良作风是党的历史经验的总结，体现了党的先进性和广泛代表性，只要能吸取这些经验，"采取谦虚态度，防止骄傲态度"，更好地团结党内外同志，就可以保证最终会打败日本侵略者，"把一个新民主主义的中国建设起来"。[2] 实践证明，三大作风的确在推动中国共产党取得民主革命胜利方面发挥了重要作用。继承和发扬三大优良作风，即使在今天也是党的作风建设的重要内容，对加强执政党建设具有鲜明的指导意义。

总之，《论联合政府》是民主革命时期党的重要文献之一，对指导中国共产党打败日本侵略者、建设新中国发挥了重要的指导作用。重读这篇报告，不仅有利于我们准确把握抗战胜利前后党的建国理论的源头和依据，而且对于我们深入了解整个民主革命时期党的纲领的来龙去脉很有帮助。

（张卫波　撰稿）

---

① 毛泽东：《论联合政府》（1945 年 4 月 24 日），《毛泽东选集》第三卷，人民出版社 1991 年版，第 1079、1096 页。

② 毛泽东：《论联合政府》（1945 年 4 月 24 日），《毛泽东选集》第三卷，人民出版社 1991 年版，第 1094—1097 页。

十四

《在中国共产党第七届中央委员会
第二次全体会议上的报告》
导　读

　　1949 年 3 月 5 日下午 3 时 30 分,中国共产党第七届中央委员会第二次全体会议在西柏坡开幕。出席七届二中全会的中央委员 34 人,候补中央委员 19 人,列席人员 12 人。在宣布会议开始后,由中共中央书记处书记周恩来报告了会议日程,并通过由毛泽东、刘少奇、周恩来、朱德、任弼时五人组成会议主席团。接着,毛泽东代表中央向全会作《在中国共产党第七届中央委员会第二次全体会议上的报告》。报告提出了促进革命迅速取得全国胜利和组织这个胜利的各项方针,规定了党在全国胜利以后,在政治、经济、外交方面应当采取的基本政策,特别是着重分析了当时中国经济各种成分的状况和党所必须采取的正确政策,指出了中国由农业国转变为工业国,由新民主主义社会转变为社会主义社会的发展方向。毛泽东的报告,是一篇建设新中国的纲领性文献,为中华人民共和国的成立设计了宏伟蓝图。

对建国目标的探索

　　中国共产党自诞生起,就开始了重建国家的探索。中国共产党成立之初,针对当时的中国国情,"因为民主政治未能成功,名为共和国家,实际上仍旧由军阀掌握政权,这种半独立的封建国家,执政的军阀每每与国际帝国主义互相勾结"。① 为此,党的二大指出:"中国全部统一的实现,是在中国能脱离世界帝国主义的侵略和推翻封建制度的军阀,建设真正民主主义国家的时候。""统一中国本部(包括东三省)为真正民主共和国。"②"真正民主共和国"是中国共产党建国思想的历史起点。在其指导下,国共实现了第一次合作,进行了轰轰烈烈的北伐战争。但由于中国共产党没有真正领会、区别新旧民主的内涵,不能准确判断分析中国各阶级在国家中的地位,所以这一口号在国民党右派分裂下很快遭到流产。第一次国共合作破裂后,中国共产党随即移植苏联模式,提出了"苏维埃工农共和国"口号。1928 年 9 月 20 日,中国共产党发表的对时局的宣言中,提出"建立工农兵及一切劳苦群众苏维埃中国共和国"③的主张,1930 年 8 月 14 日,中国共产党进一步又发表对时局的宣言,进一步提出了"中国工农苏维埃共和国"的概念。苏维埃共和国是中国共产党建国思想的第一次实践,拉开了"创造中国新社会的序幕"。④ 但由于苏维埃共和国是中国共产党在第一次大革命失败后,在来不及对中国国情和中国革命作深入分析的背景下,不顾中国国情地单纯移植,它的最终失败也就在所难免。"苏维埃人民共和国"作为中国共产党在民族革命背景下的第一个国家主张,首见于 1935 年 12 月的瓦窑堡会议:"苏维埃工农共和国及其中央政府宣告,把自己改变为苏维埃人民共和国。把自己的政策,即苏维埃工农共和国的政策的许多部分,改变到更加适合反对日本帝国主义变中国为殖民地的情况。"⑤"工农共和国"和"人民共和国"有什么区别呢? 12 月 27 日,毛泽东在《论反对日本帝国主义的策略》的报告中回答由"工农共和国"改为"人民共和国"的原因时指出:"我们的政府不但是代表工农的,而且是代表民族的。这个意义,是在工农民主共和国的口号里原来就包括了的,因为工人、农民占了

---

① 《中共中央文件选集》(1921—1925),中共中央党校出版社 1989 年版,第 35 页。
② 《中共中央文件选集》(1921—1925),中共中央党校出版社 1989 年版,第 62 页。
③ 《中共中央文件选集》(1928),中共中央党校出版社 1983 年版,第 407 页。
④ 《六大以来——党内秘密文件》上册,人民出版社 1981 年版,第 155 页。
⑤ 《中共中央文件选集》(1934—1935),中共中央党校出版社 1991 年版,第 610 页。

全民族人口的百分之八十至九十。""但是现在的情况,使得我们要把这个口号改变一下,改变为人民共和国。这是因为日本侵略的情况变动了中国的阶级关系,不但小资产阶级,而且民族资产阶级,有了参加抗日斗争的可能性。""人民共和国的政府以工农为主体,同时容纳其他反帝国主义反封建势力的阶级。"①苏维埃人民共和国是中共在民族危机严重的特定时刻考虑国家前途与命运的思想活动的反映,是中共抗日民族统一战线的政治策略在国家问题上的集中体现,它扩大了国家政权的阶级基础和社会基础。但是,"苏维埃人民共和国"这种称谓没有从根本上放弃苏维埃的主张,不能真正适应民族矛盾至上背景下统一战线策略转变的要求,所以,很快就被搁置了。随着民族危机的加剧,中国共产党日益认识到与国民党联手抗战建国的必要性,为此,中国共产党对蒋介石等大地主大资产阶级的政策口号不断发生变化,由"反蒋抗日"向"逼蒋抗日"、"联蒋抗日"再到"拥蒋抗日"的转变。中国共产党也顺应形势放弃苏维埃制度。1936 年 8 月 25 日,在《中国共产党致中国国民党书》中,中共将"人民共和国"改为"民主共和国",表示"赞助建立全中国统一的民主共和国","在全中国统一的民主共和国建立之时,苏维埃区域即可成为全中国统一的民主共和国的一个组成部分"。② 9 月 17 日,中共中央政治局通过《关于抗日救亡运动的新形势与民主共和国的决议》,其中在对"民主共和国"的口号作具体说明时指出:"中央认为在目前形势之下,有提出建立民主共和国口号的必要,因为这是团结一切抗日力量来保障中国领土完整和预防中国人民遭受亡国灭种的惨祸的最好方法,而且这也是从广大的人民的民主要求产生出来的最适当的统一战线的口号,是较之一部分领土上的苏维埃制度在地域上更普及的民主,较之全中国主要地区上国民党的一党专政大大进步的政治制度"③。但是,民主共和国没有清晰地表明中国共产党所追求的民主目标:到底是新民主,还是旧民主? 另外,民主共和国在 20 世纪 30 年代末,即在抗战进入相持阶段的时候,受到蒋介石为首的大地主大资产阶级的破坏和攻击。同时,共产党抗日根据地的宪政实践推动新的建国口号的提出。

① 《毛泽东选集》第一卷,人民出版社 1991 年版,第 158—159 页。
② 《毛泽东文集》第一卷,人民出版社 1993 年版,第 429 页。
③ 《中共中央文件选集》(1936—1938),中共中央党校出版社 1985 年版,第 88 页。

　　中国共产党关于新民主主义共和国的构思,大致形成于 1940 年前后。1939 年 12 月,毛泽东在《中国革命和中国共产党》一文中强调,中国新民主主义革命要造成各革命阶级在无产阶级领导之下的统一战线的专政。明确了新民主主义革命所形成的民主共和国与一般意义上的民主共和国的区别。1940 年毛泽东的《新民主主义论》问世,正式回答了新民主主义革命要建立什么样的国家问题。毛泽东强调:"现在所要建立的中华民主共和国,只能是在无产阶级领导下的一切反帝反封建的人们联合专政的民主共和国,这就是新民主主义的共和国,也就是真正革命的三大政策的新三民主义共和国。"新民主主义共和国与民主共和国最大的区别就是有了"新"质的规定,"新民主主义的政治、新民主主义的经济和新民主主义的文化相结合,这就是新民主主义共和国,这就是名副其实的中华民国,这就是我们要造成的新中国。"①新民主主义共和国是中国共产党从国情出发提出的基本建国方略,毛泽东在《新民主主义论》中满怀信心地昭示:新中国站在每个人民的面前,我们应该去迎接它。新中国航船的桅顶已经冒出地平线了,我们应该拍掌欢迎它。举起你的双手吧,新中国是我们的。②"新民主主义共和国"在各抗日根据地的初步实践,不仅真正明确了重建国家的历史方向、发展进程和基本格局,也为最终重建国家积累了新鲜经验。

　　抗战胜利前后,为了真正建立一个独立、自由、民主、统一和富强的新国家,中国共产党提出了"废除蒋介石一党专政,成立联合政府"的主张。1945 年 8 月毛泽东在分析抗战结束后的时局时说:"中国如果成立联合政府,可能有几种形式。其中一种就是现在的独裁加若干民主,并将存在相当长的时期。对于这种形式的联合政府,我们还是要参加进去,进去是给蒋介石'洗脸',而不是'砍头'。"③强调愿"在蒋主席的领导下,彻底实现三民主义,建设独立、自由、富强的新中国"。④ 当然,这种最低层次形式的民主联合政府是对蒋介石纯粹独裁政府的一种否定,是向最终新民主主义中国的过渡。1945 年 2 月

---

① 《毛泽东选集》第二卷,人民出版社 1991 年版,第 675 页。
② 《毛泽东选集》第二卷,人民出版社 1991 年版,第 709 页。
③ 《毛泽东文集》第四卷,人民出版社 1996 年版,第 7 页。
④ 《毛泽东文集》第四卷,人民出版社 1996 年版,第 31 页。

3日,毛泽东在中共六届七中全会主席团会议上指出:去年九月提出建立联合政府的主张是一个原则的转变,以前是你的政府,我要人民,九月以后是改组政府,我可参加。联合政府仍然是蒋介石的政府,不过我们入了股,造成一种条件。① 正如毛泽东所强调的,"走这个弯路将使我们党在各方面达到更成熟,中国人民更觉悟,然后建立新民主主义的中国"。②

1946年6月,蒋介石最终撕毁政协停战协定,挑起了内战。1947年7月,人民解放战争由战略防御转入战略进攻,这成为中国革命的一个根本转折点。1947年10月,毛泽东在神泉堡起草了《中国人民解放军宣言》,第一次提出了"打倒蒋介石,解放全中国"的口号,提出"联合工农兵学商各被压迫阶级、各人民团体、各民主党派、各少数民族、各地华侨和其他爱国分子,组成民族统一战线,打倒蒋介石独裁政府,成立民主联合政府"③这一纲领。同时起草《中国人民解放军训令》提出"打倒蒋介石,建立新中国"的口号。此时中国阶级力量的对比已经起了根本的变化,共产党优势地位已逐渐形成,正面临着从局部执政到全国执政的转变。在此情况下,中共如何实现转变以实现建立新中国的任务? 需要她进行更加全面、深入的思考和设计。

新中国蓝图的筹绘

毛泽东《在中国共产党第七届中央委员会第二次全体会议上的报告》,是一篇建设新中国的纲领性文献,为中华人民共和国的成立设计了宏伟蓝图。

(一)确立了新中国的基本政治制度。国体问题是政治制度中最根本的问题。早在大革命时期,中共就提出了"建设一个革命民众合作统治的国家",土地革命期间创建了无产阶级为领导、工农联盟为基础的"工农民主专政"政权体制,抗日战争时期形成了既区别于资产阶级专政的,又区别于苏联

---

① 《毛泽东年谱(1893—1949)》中卷,中央文献出版社1993年版,第576页。
② 《毛泽东文集》第四卷,人民出版社1996年版,第7页。
③ 《毛泽东选集》第四卷,人民出版社1991年版,第1256页。

无产阶级专政的"各革命阶级联合专政"的国体思想。"打倒蒋介石,建立新中国"的口号提出以后,表明抗战时期中共所设计的"各革命阶级联合专政"国体已失去意义。在来不及作新的考虑的情况下,毛泽东偶尔回到人们熟悉的苏维埃时期"工农民主专政"的提法,1947 年 11 月 18 日毛泽东在给中央法律委员会委员陈瑾昆的信中就指出:"以工农民主专政为基本原则(即拙著《新民主主义论》及《论联合政府》中所指之基本原则),详由王谢二同志面达。"①以示与抗战时期的国体相区别。然而,因其不能全面反映各阶级在新政权中的地位,特别是民族资产阶级的地位,很快就被放弃了。1948 年 6 月 1日,中共中央宣传部拟定重印的列宁的《左派幼稚病》第二章前言中讲道:"列宁在本书中所说的,是关于无产阶级专政。今天在我们中国,则不是建立无产阶级专政,而是建立人民民主专政。这种人民民主专政的内容和无产阶级专政的内容的历史区别,就是:我们的人民民主专政是无产阶级领导的、人民大众的、反帝反封建反官僚资本的新民主主义革命,这种革命的社会性质,不是推翻一般资本主义,乃是建立新民主主义的社会,建立各个革命阶级联合专政的国家;而无产阶级专政则是推翻资本主义,建设社会主义。"②这里中共第一次提出了"人民民主专政"的概念。同年 9 月,毛泽东在中央政治局会议上,又进一步提出中共政权是"无产阶级领导的,以工农联盟为基础,但不是仅仅工农,还有资产阶级民主分子参加的人民民主专政"③。这标志着中共正式以"人民民主专政"取代了"各革命阶级联合专政"。此后中共领导人在不同场合多次重复说明。1949 年 1 月,毛泽东为新华社撰写的新年献词,"如果要使革命进行到底,那就是用革命的方法,坚决彻底干净全部地消灭一切反动势力,不动摇地坚持打倒帝国主义,打倒封建主义,打倒官僚资本主义,在全国范围内推翻国民党的反动统治,在全国范围内建立无产阶级领导的以工农联盟为主体的人民民主专政的共和国。"④在党的七届二中全会的报告中,毛泽东特别强调:"无产阶级领导的以工农联盟为基础的人民民主专政,要求我们党

---

① 《毛泽东文集》第四卷,人民出版社 1996 年版,第 320 页。
② 《中共中央文件选集》(1948—1949),中共中央党校出版社 1992 年版,第 190 页。
③ 《毛泽东文集》第五卷,人民出版社 1996 年版,第 135 页。
④ 《毛泽东选集》第四卷,人民出版社 1991 年版,第 1375 页。

去认真地团结全体工人阶级、全体农民阶级和广大的革命知识分子,这些是这个专政的领导力量和基础力量。没有这种团结,这个专政就不能巩固。"①这标志着人民民主专政的新中国国体得以最终确立。

确立人民代表大会制为新中国的政体,毛泽东早在《新民主主义论》和《论联合政府》就已经明确。他说:"新民主主义的政权组织,应该采取民主集中制,由各级人民代表大会决定大政方针,选举政府。它是民主的,又是集中的,就是说,在民主基础上的集中,在集中指导下的民主。只有这个制度,才既能表现广泛的民主,使各级人民代表大会有高度的权力;又能集中处理国事,使各级政府能集中地处理被各级人民代表大会所委托的一切事务,并保障人民的一切必要的民主活动。"②开国前夕,这一制度设计在中共党内并没有异议,但在一些民主党派和民主人士中,仍存在实行资产阶级议会制的幻想。他们的主张是调和国共、兼亲苏美;政治上学习美国,经济上学习苏联。因而有必要进一步向他们解释清楚中共的主张。另外,由于军事斗争还在继续,国家尚未统一,解放区的土地改革也没有完成,人民的觉悟和文化程度还有待提高,所以,召开以普选为基础的人民代表大会还存在技术上的障碍。为此,开国前夕,中共为了统一认识,进一步确认人民代表大会制来消除党内外各种疑惑就显得尤为必要。

针对某些民主人士实行资产阶级议会制的幻想,毛泽东在七届二中全会上把人民代表会议制与资产阶级议会制进行对比,指出资产阶级的议会制不适合中国国情,以此统一党内外的认识。"我们不采取资产阶级共和国的国会制度,而采取无产阶级共和国的苏维埃制度。代表会议就是苏维埃。自然,在内容上我们和苏联的无产阶级专政的苏维埃是有区别的,我们是以工农联盟为基础的人民苏维埃,'苏维埃'这个外来语我们不用,而叫做人民代表会议。苏维埃是俄国人民创造的,列宁加以发扬。在中国,因为资产阶级共和国的国会制度在人民中已经臭了,我们不采用它,而采用社会主义国家的政权制度。"③各民主党派也在亲身的体验和对比中逐渐放弃了所谓第三条道路,接

---

①　《毛泽东选集》第四卷,人民出版社 1991 年版,第 1436—1437 页。

②　《毛泽东选集》第三卷,人民出版社 1991 年版,第 1057 页。

③　《毛泽东文集》第五卷,人民出版社 1996 年版,第 265 页。

受了中共的主张。

人民代表大会制的核心内容是召开人民代表大会来形成中央政府,这是政权合法性的前提。在当初中共设计的建国程序中也是以此路径为选择的。1948 年 4 月 30 日,中共中央发布"五一口号":"各民主党派、各人民团体及社会贤达,迅速召开政治协商会议,讨论并实现召集人民代表大会,成立民主联合政府。"①5 月 5 日,各民主党派通电拥护召开政协。毛泽东收到通电后,8 月 1 日复电李济深、何香凝、沈钧儒、章伯钧等说:对诸先生赞同召开新的政治协商会议、建立民主联合政府的主张极为钦佩。指出:"现在革命形势日益开展,一切民主力量亟宜加强团结,共同奋斗,以期早日消灭中国反动势力,制止美帝国主义的侵略,建立独立、自由、富强和统一的中华人民民主共和国。为此目的,实有召集各民主党派、各人民团体及无党派民主人士的代表们共同协商的必要。"②中共准备于 1948 年底或 1949 年初在哈尔滨召开一个规模比较小的政治协商性质的会议,拟由 30 个单位,每单位 6 人,共 180 人参加,先起草政治纲领,商定召开全国代表会议的办法,然后由全国人民代表会议选举民主联合政府,成立新中国。从 1948 年 8 月起,根据毛泽东的指示,在周恩来的周密安排下,在国统区的各民主党派、爱国民主人士和海外华侨代表陆续进入东北和华北解放区。然而,自 1948 年下半年起战争形势发生了根本变化,使原来预计的胜利时间大大提前,在全国解放已成定局的情况下,迅速建立新中国就成为当务之急了,十二月会议只想到了这个问题,这次就必须作为议事日程来讨论。刘少奇在九月政治局扩大会议上指出:打倒国民党,统一全中国,以前是宣传口号,现在是摆在议事日程上来计划了。③ 另一方面,召开经过全民普选的人民代表大会在开国前夕的条件下,还根本无法进行。在通过召开人民代表大会产生中央政府不可行的情况下,1948 年 10 月,中共中央与民主党派人士不约而同想到了修改原来的建国程序,即直接经由政治协商会议产生临时中央政府。1948 年 11 月 3 日,周恩来在为中央起草的致高岗、李富春的电报中说:依据目前形势的发展,临时中央人民政府有很大可能不需经

①　《中华人民共和国开国文选》,中央文献出版社 1999 年版,第 4 页。
②　《毛泽东传》(1893—1949),中央文献出版社 1996 年版,第 856 页。
③　《毛泽东传》(1893—1949),中央文献出版社 1996 年版,第 860 页。

全国临时人民代表会议即径由新政协会议产生。① 由原来拟议的中国民主同盟、中国国民党革命委员会三党召集改为由中国共产党和赞成"五一口号"的各民主党派、各人民团体和无党派民主人士组成"新政协筹备会"共同发起召集；由最初设想的不过百八一位代表，最终增加到 662 人，分属于14 个党派、9 个区域、6 个军队单位、16 个团体单位和特邀人士。因此，政治协商会议以其规模和代表性而言，"实际上是一个全国各界人民代表会议"，"具有代表全国人民的性质"。② 这一主张为中共七届二中全会批准，毛泽东在报告中强调："召集政治协商会议和成立民主联合政府的一切条件，均已成熟。"③

中共从成立后，就面对要如何处理与其他党派关系的问题。在 1945 年中共七大《论联合政府》的报告中，毛泽东在总结历史经验教训基础上把成立多党联合政府视为，"这是一个历史法则，是一个必然的、不可避免的趋势，任何力量，都是扭转不过来的。"④"有些人怀疑共产党得势之后，是否会学俄国那样，来一个无产阶级专政和一党制度。我们的答复是：几个民主阶级联盟的新民主主义国家，和无产阶级专政的社会主义国家，是有原则上的不同的。毫无疑义，我们这个新民主主义制度是在无产阶级的领导之下，在共产党的领导之下建立起来的，但是中国在整个新民主主义制度期间，不可能、因此就不应该是一个阶级专政和一党独占政府机构的制度。只要共产党以外的其他任何政党，任何社会集团或个人，对于共产党是采取合作的而不是采取敌对的态度，我们是没有理由不和他们合作的。"⑤此后，随着国共关系恶化，共产党在力量对比上逐渐占据了绝对优势。在这种新的历史条件下，政党制度该如何设计？这个问题摆在了以毛泽东为首的中共领导层面前。

毛泽东在 1947 年 11 月 30 日发往莫斯科的一封电报中说："中国革命取得彻底胜利之后，要像苏联和南斯拉夫那样，除中共之外，所有政党都要离开

① 《周恩来年谱(1898—1949)》(修订本)，中央文献出版社 1998 年版，第 815 页。

② 《中华人民共和国开国文选》，中央文献出版社 1999 年版，第 201、292 页。

③ 《毛泽东选集》第四卷，人民出版社 1991 年版，第 1435 页。

④ 《毛泽东选集》第三卷，人民出版社 1991 年版，第 1069 页。

⑤ 《毛泽东选集》第三卷，人民出版社 1991 年版，第 1061—1062 页。

政治舞台,这样会大大巩固中国革命。"①这表明毛泽东在某一阶段曾有瞬间考虑借鉴一党制的念头。但这只能说是中共瞬间的左顾右盼,但中共很快就放弃了这种想法。一来是成立多党合作的民主联合政府一直是中共坚持的主张;二来是民盟迅速恢复活动并在其后宣布放弃中间路线,拥护新民主主义并接受共产党的领导,其他民主党派也同样表达了这一心愿。这些背景使中共又回到政策的原点。在1947年12月会议上,毛泽东延续了中共一直以来的主张,强调成立各党派合作的民主联合政府,"这就是人民解放军的、也是中国共产党的最基本的政治纲领"。② 之后,这个主张就没有动摇过。1948年4月30日,中共中央发布"五一口号","各民主党派、各人民团体、各社会贤达迅速召开政治协商会议,讨论并实现召集人民代表大会,成立民主联合政府"。各民主党派也公开表示拥护新民主主义并接受共产党的领导,"愿在中共领导下,献其绵薄,共策进行",这表明共产党领导的多党合作制定型。1949年3月,毛泽东在中共七届二中全会上指出:新中国政府的组成是各党派、社会知名人士参加的民主联合政府。对于民主党派,我们准备继续团结他们,照顾他们,给他们在政府部门的岗位留一定的位置。但国家政权的领导权是在共产党手里,这是确定不移的,丝毫不能动摇的。全会要求全党把与民主党派的合作,作为长期政策,在思想上和工作上确定下来。

(二)确立了新中国的经济政策。报告指出:"中国的经济遗产是落后的",这主要表现在"就全国范围来说,在抗日战争以前,大约是现代性的工业占百分之十左右,农业和手工业占百分之九十左右。这是帝国主义制度和封建制度压迫中国的结果,这是旧中国半殖民地和半封建社会性质在经济上的表现,这也是在中国革命的时期内和在革命胜利以后一个相当长的时期内一切问题的基本出发点。"③党的七届二中全会报告从当时中国社会发展状况的特点出发,提出了今后党所必须采取的政策:党的工作重心必须由乡村转移到城市,以城市和生产建设为中心,全心全意地依靠工人阶级,团结其他劳动群

---

① [俄]A.列多夫斯基编:《毛泽东同斯大林往来书信中的两份电报》,马贵凡译,《中共党史研究》2001年第2期。
② 《毛泽东选集》第四卷,人民出版社1991年版,第1256页。
③ 《毛泽东选集》第四卷,人民出版社1991年版,第1430页。

众,争取知识分子,争取尽可能多的民族资产阶级分子,动员一切力量,恢复和发展生产事业,恢复和发展文化教育事业,改善工人生活和一般人民的生活。关于新中国经济结构的构成,七届二中全会报告规定:人民共和国的主要经济成分是:(1)国营经济;(2)合作社经济;(3)私人资本主义经济;(4)个体经济;(5)国家资本主义经济。这些构成新民主主义的经济形态。对私人资本主义采取"利用、限制"政策。"在革命胜利以后一个相当长的时期内,还需要尽可能地利用城乡私人资本主义的积极性,以利于国民经济的向前发展。在这个时期内,一切不是于国民经济有害而是于国民经济有利的城乡资本主义成分,都应当容许其存在和发展。这不但是不可避免的,而且是经济上必要的。但是中国资本主义的存在和发展,不是如同资本主义国家那样不受限制任其泛滥的。它将从几个方面被限制——在活动范围方面,在税收政策方面,在市场价格方面,在劳动条件方面。我们要从各方面,按照各地、各业和各个时期的具体情况,对于资本主义采取恰如其分的有伸缩性的限制政策。"①

(三)确立了独立自主的外交方针。对于新中国的外交方针,七届二中全会实际上已经确立了"另起炉灶"、"打扫干净屋子再请客"和"一边倒"的外交方针。针对"另起炉灶",报告指出:"不承认国民党时代的任何外国外交机关和外交人员的合法地位,不承认国民党时代的一切卖国条约的继续存在,取消一切帝国主义在中国开办的宣传机关,立即统制对外贸易,改革海关制度,这些都是我们进入大城市的时候所必须首先采取的步骤。在做了这些以后,中国人民就在帝国主义面前站立起来了。"针对"打扫干净屋子再请客",报告确定:"关于帝国主义对我国的承认问题,不但现在不应急于去解决,而且就是在全国胜利以后的一个相当时期内也不必急于去解决。"帝国主义在中国实行半殖民地统治达百年之久,他们的军事力量被赶走后,经济势力还很大,文化影响还很深,这种情形会使我们的独立受到影响。因此,在与西方国家建立外交关系前,应把"屋子"打扫一下,"打扫干净屋子再请客"。"打扫干净屋子再请客"并不影响我们同外国人做生意,这实际上是经济上对外开放的政策。报告指出:"关于同外国人做生意,那是没有问题的,有生意就得做,并且

---

① 《毛泽东选集》第四卷,人民出版社1991年版,第1431页。

现在已经开始做,几个资本主义国家的商人正在互相竞争。我们必须尽可能地首先同社会主义国家和人民民主国家做生意,同时也要同资本主义国家做生意。"①针对"一边倒",毛泽东在七届二中全会上的总结中指出:"我们不能设想,没有苏联,没有欧洲的和美国的工人运动吸引美帝国主义的力量在西方,我们中国革命也能胜利。我说,东方的空气比较稀薄,而西方的气压很重,我们就在东方冲破帝国主义力量比较薄弱的这一环。中国革命胜利以后的巩固也是一样,帝国主义是要消灭我们的,没有各国无产阶级,首先是苏联的援助,巩固是不可能的。自然,我们受人帮助,也要时刻准备帮助别人。这就是国际主义。中苏关系是密切的兄弟关系,我们和苏联应该站在一条战线上,是盟友,只要一有机会就要公开发表文告说明这一点。现在对非党人士也要说明这一点,也要做这种宣传。"②这样,"一边倒"的方针就明确提出来了。

"两个务必"永葆本色

　　1944年3月19日至3月22日,郭沫若在重庆《新华日报》上发表了著名的史学论文《甲申三百年祭》。在这篇约两万字的史论力作中,郭沫若根据确凿的史实指出明朝灭亡的根本原因在于胜利以后骄傲、腐化从而失去人心。延安《解放日报》在1944年4月18日和4月19日用大版篇幅,分两次转载了全文,并把此文定为整风学习文件之一,在全党掀起了学习该文的热潮。毛泽东在阅读了《甲申三百年祭》全文以后,对"我们决不做李自成"作了深入的思考,他高瞻远瞩地预见到了中国人民革命胜利后政权的巩固问题,他认为胜利后居功自傲是导致政权腐败,并最终走上覆亡之路的重要因素。他在《学习和时局》的报告中说道:"我党历史上曾经有过几次表现了大的骄傲,都是吃了亏的。""全党同志对于这几次骄傲,几次错误,都要引为鉴戒。近日我们印

---

① 《毛泽东选集》第四卷,人民出版社1991年版,第1434—1435页。
② 《毛泽东文集》第五卷,人民出版社1996年版,第262页。

了郭沫若论李自成的文章,也是叫同志们引为鉴戒,不要重犯胜利时骄傲的错误。"①1944 年 11 月 21 日,毛泽东致信郭沫若说:"你的《甲申三百年祭》,我们把它当作整风文件看待。小胜即骄傲,大胜更骄傲,一次又一次吃亏,如何避免此种毛病,实在值得注意。"②

1945 年 7 月 4 日,民主人士黄炎培在延安同毛泽东进行了一次深谈。有感于共产党蓬勃发展的朝气,深有感触地说:我生六十余年,耳闻的不说,所亲眼见到的,真所谓"其兴也浡焉,其亡也忽焉",一人、一家、一团体、一地方,乃至一国,不少单位都没有跳出这个周期率的支配力。大凡初时聚精会神,没有一事不用心,没有一人不卖力,也许那时艰难困苦,只有从万死中觅取一生。既而环境渐渐好转了,精神也就渐渐放下了,由少数养成多数,到养成风气,虽有大力,无法扭转。他询问毛泽东中共能否跳出这个周期率? 毛泽东坚定地对他说:我们已经找到新路,我们能够跳出这条周期率。这条新路,就是民主。只有让人民来监督政府,政府才不敢松懈。只有人人起来负责,才不会人亡政息。毛泽东和黄炎培的谈话被后人称为著名的"窑洞对"。这一时期的毛泽东和中央其他领导人都穿着千衲百补的衣服,住着简陋的土窑洞,过着简朴的生活。他们坚信只有这样,共产党人才能够打天下,而且能够治理天下。1948 年 12 月,刘少奇在西柏坡对中央马列学院第一班学员讲话时指出:"唐太宗曾与魏徵争论一个问题:创业难呢,还是守成难呢? 历史上从来有这个问题。得了天下,要能守住,不容易。很多人担心,我们未得天下时艰苦奋斗,得了天下后可能同国民党一样腐化。他们这种担心有点理由。……胜利后,一定会有些人腐化,官僚化。如果我们党注意到这一方面,加强思想教育,提高纪律性,就会好一些。"③

革命胜利在即,面对胜利,以毛泽东为核心的中国共产党第一代领导集体极为清醒,再三强调"不要使胜利冲昏自己的头脑","决不做李自成"。在党的七届二中全会上,毛泽东谆谆告诫全党:"因为胜利,党内的骄傲情绪,以功臣自居的情绪,停顿起来不求进步的情绪,贪图享乐不愿再过艰苦生活的情绪,可能生长。"并指出:"可能有这样一些共产党人,他们是不曾被拿枪的敌

---

① 《毛泽东选集》第三卷,人民出版社 1991 年版,第 947—948 页。
② 《毛泽东书信选集》,人民出版社 1983 年版,第 241 页。
③ 《刘少奇选集》上卷,人民出版社 1981 年版,第 413 页。

人征服过的,他们在这些敌人面前不愧英雄的称号;但是经不起人们用糖衣裹着的炮弹的攻击,他们在糖弹面前要打败仗。"对此,毛泽东告诫全党:"夺取全国胜利,这只是万里长征走完了第一步。……中国的革命是伟大的,但革命以后的路程更长,工作更伟大,更艰苦。这一点现在就必须向党内讲明白,务必使同志们继续地保持谦虚、谨慎、不骄、不躁的作风,务必使同志们继续地保持艰苦奋斗的作风。"①"两个务必"是党的第一代中央领导集体对怎样才能不做李自成这一历史性课题所给的答案,确立了中国共产党永葆政治本色的执政观。为此,会议根据毛泽东提议,通过六条规定:一不做寿;二不送礼;三少敬酒;四少拍掌;五不以人名作地名;六不要把中国同志与马恩列斯平列。1949 年 3 月 23 日,中共中央机关由西柏坡进驻北平。出发以前,毛泽东既兴高采烈又意味深长地对周恩来说:"今天是进京的日子,不睡觉也高兴啊。今天是进京'赶考'嘛。进京'赶考'去,精神不好怎么行呀?"周恩来笑着说:"我们应当都能考试及格,不要退回来。"毛泽东说:"退回来就失败了。我们决不当李自成。我们都希望考个好成绩。"②

　　"两个务必",无论过去,还是现在和将来,都是我们党永葆先进性和纯洁性的本质要求。2013 年 7 月 11 日,习近平总书记在西柏坡考察时指出,毛泽东同志当年在西柏坡提出"两个务必",包含着对我国几千年历史治乱规律的深刻借鉴,包含着对我们党艰苦卓绝奋斗历程的深刻总结,包含着对胜利了的政党永葆先进性和纯洁性、对即将诞生的人民政权实现长治久安的深刻忧思,包含着对我们党坚持全心全意为人民服务根本宗旨的深刻认识,思想意义和历史意义十分深远。全党同志要不断学习领会"两个务必"的深邃思想,始终做到谦虚谨慎、艰苦奋斗、实事求是、一心为民,继续把人民对我们党的"考试"、把我们党正在经受和将要经受各种考验的"考试"考好,使我们的党永远不变质、我们的红色江山永远不变色。③

（张旭东　撰稿）

---

① 《毛泽东选集》第四卷,人民出版社 1991 年版,第 1438—1439 页。
② 《毛泽东传》(1893—1949),中央文献出版社 1996 年版,第 917 页。
③ 《人民日报》2013 年 7 月 13 日第 1 版。

十五

《党委会的工作方法》
导　读

　　《党委会的工作方法》是毛泽东在 1949 年 3 月 13 日党的七届二中全会结束时总结讲话的一部分。当时,全国革命胜利在望,中国共产党即将由一个革命党转变为一个执政党。毛泽东充分认识到这是党的一个关节点,"从现在起,开始了由城市到乡村并由城市领导乡村的时期。党的工作重心由乡村移到了城市。"①面对新的任务、新的问题,"我们熟习的东西有些快要闲起来了,我们不熟习的东西正在强迫我们去做。这就是困难。"②他形象地把入主北平比喻为"进京赶考"。能否考及格,能否不当李自成,在他看来,关键在于能否保持并进一步发挥党的正确领导。而要发挥正确领导作用,作为各地区各领域最高领导机关的党委会的工作方法乃是关键中的关键。

　　毛泽东一贯重视工作方法。早在 1934 年,在江西瑞金召开的第二次全国工农兵代表大会上,他就形象地打过一个比喻:"我们不但要提出任务,而且要解决完成任务的方法问题。我们的任务是过河,但是没有桥或没有船就不能过。不解决桥或船的问题,过河就是一句空话。不解决方法问题,任务也只是瞎说一顿。"③打败国民党后,建设一个新中国的任务,对于中国共产党来

---

① 《毛泽东选集》第四卷,人民出版社 1991 年版,第 1427 页。
② 《毛泽东选集》第四卷,人民出版社 1991 年版,第 1480、1481 页。
③ 《毛泽东选集》第一卷,人民出版社 1991 年版,第 139 页。

说,是从未蹚过的一条"大河"。能否安然过去,"桥或船的问题"至关重要。毛泽东高瞻远瞩,《党委会的工作方法》解决的就是"桥或船的问题",其中,提出了十二条重要的工作方法,总的字数不到三千,却蕴含着极其丰富的内容。它们既是对以前党的工作方法的总结,又是面临新问题对党的领导机关和干部提出的新要求。

集体领导和个人负责

《党委会的工作方法》的核心内容是坚持民主集中制,一、二、三、四、十条,讲的都是这个问题。但是,集中讲的少,民主讲的多。在他看来,民主既是一种制度,又是一种方法。党委会本身就是一个实现民主的机构,其最根本的工作方法即是充分地实现党内民主。

体现民主的一个重要方法是少数服从多数,党委会中书记和委员之间就是这个关系。"党的委员会有一二十个人,像军队的一个班,书记好比是'班长'。"①但是,这个"班长"不同于军队的班长,最大的不同是要坚持民主的原则。书记要当好"班长",即是要善于发挥各委员的作用,加强集体领导。正如他在七大上曾说的:"一个人搞不完全,要依靠大家来搞,这就是我们党的领导方法。"②1948年9月,他还为中央专门起草过一个关于健全党委制的决定,其中指出:"党委制是保证集体领导、防止个人包办的党的重要制度。近查有些(当然不是一切)领导机关,个人包办和个人解决重要问题的习气甚为浓厚。重要问题的解决,不是由党委会议做决定,而是由个人做决定,党委委员等于虚设。委员间意见分歧的事亦无由解决,并且听任这些分歧长期地不加解决。党委委员间所保持的只是形式上的一致,而不是实质上的一致。此种情形必须加以改变。"③

① 《毛泽东选集》第四卷,人民出版社1991年版,第1440—1441页。
② 《毛泽东文集》第三卷,人民出版社1996年版,第398页。
③ 《毛泽东选集》第四卷,人民出版社1991年版,第1340页。

　　党委制设立的一个根本目的就是防止个人说了算。后来,他曾尖锐批评党委领导中的个人独断。"有这样的情况:一切事情,第一书记一个人说了就算数。这是很错误的。哪有一个人说了就算数的道理呢?""只要是大事,就得集体讨论,认真地听取不同的意见","如果不是这样,就是一人称霸。这样的第一书记,应当叫做霸王,不是民主集中制的'班长'。"①

　　其实,容纳和接受批评,是发扬民主的另一个重要方法。他说:"我们都是从五湖四海汇集拢来的,我们不仅要善于团结和自己意见相同的同志,而且要善于团结和自己意见不同的同志一道工作。"②领导机关和领导人物要不犯错误,关键是要善于听取和采纳各方面特别是反对的意见。在某种程度上,营造批评的环境是促使党的政策正确的一种工作方法。1960 年 12 月,毛泽东向人讲,批评就是帮助,对人是有好处的。"我们之间,进行批评帮助都是好意。就是明明知道某些批评是恶意也要听下去,不要紧嘛! 人就是要压的,像榨油一样,你不压,是出不了油的。人没有压力是不会进步的。"③

　　为了让领导干部明白这一点,他多次引用过历史故事。1962 年 1 月 30 日,他在中央工作会议上说:"刘邦,就是汉高祖,他比较能够采纳各种不同的意见。"比如,一是采纳了郦食其夺取陈留县的意见;二是听张良劝说,封韩信为齐王;三是楚汉划界鸿沟后,听张良、陈平之劝,趁机追击引兵东向的项羽;四是刘邦称帝后,欲建都洛阳,听齐人刘敬建议,入都关中长安。刘邦能够作出一些正确的决策,与他善于采纳不同的意见密切相关。④ 相反,项羽失败,就是由于他"不爱听别人的不同意见","他那里有个范增,给他出过些主意,可是项羽不听范增的话。"1963 年 1 月 3 日,他批示将《史记》中的《项羽本纪》"送各同志一阅"。⑤ 自然,希望领导干部吸取项羽的教训,而向刘邦学习"豁达大度,从谏如流"。领导者如果对"不同意见"和"批评"无动于衷,就等于失去了鉴戒之境,迟早会犯错误。

---

① 《毛泽东著作选集》(下册),人民出版社 1986 年版,第 820 页。
② 《毛泽东选集》第四卷,人民出版社 1991 年版,第 1443 页。
③ 《毛泽东谈从历史文化中学习工作方法二十则》,《党的文献》2008 年第 1 期,第 17 页。
④ 《毛泽东文集》第八卷,人民出版社 1999 年版,第 295 页。
⑤ 《建国以来毛泽东文稿》第 10 册,中央文献出版社 1996 年版,第 238 页。

　　在党的八届七中全会上,毛泽东批评有些领导,根本不同人家商量,不大愿意听不同的意见,只愿听相同的意见。与相同的意见谋得多,与相反的意见谋得少。"他既然提过不同的意见,你就谋谋他,看看他的意见怎样。"①对此,毛泽东有很多以身作则的例子,他关于三峡工程的最后决策就充分体现了这一点。众所周知,他有一首著名的词叫《水调歌头·游泳》,其中说:"高峡出平湖。神女应无恙,当惊世界殊。"不但诗作了,而且长江流域规划办公室也成立了,正准备上马的时候,却有一个人站出来反对。这个人就是时任水利部副部长的李锐。毛泽东得知后非常重视,在南宁开会时,他特意把李锐和鼓动开工最力的专家一并召集过去,亲自听取二人的争辩。听完他们的口头辩论,毛泽东像主考官一样说:"讲了还不算数,你们两人各写一篇文章,不怕长,两天交卷。第三天晚上,我们再来开三峡的会。"毛泽东仔细读了二人几万字的文章后作了裁决,三峡问题暂时搁置。就是说,他接受了李锐的反对意见。李锐的命运也改变了,自此当了毛泽东一年半的兼职秘书(又称"通讯员")。应该说,当时的南宁会议上,政治气候是非常不利于唱反调的。② 比如,会上,毛泽东严厉批评了反冒进,严厉批评了做经济工作的人只专不红。这说明无论什么时候,领导者都要重视反面意见,另一方面说明作为一般干部,只要拿得准,提反面意见,也能赢得上级的青睐和重视。

　　党委会是一个领导集体,这个集体必须友好、和谐。在毛泽东心目中,集体决策、分工负责是党委会的一个根本原则。"班长"和委员之间要能互相谅解。"书记和委员,中央和各中央局,各中央局和区党委之间的谅解、支援和友谊,比什么都重要。"日常工作中,"党委各委员之间要把彼此知道的情况互相通知、互相交流。这对于取得共同的语言是很重要的。有些人不是这样做,而是像老子说的'鸡犬之声相闻,老死不相往来',结果彼此之间就缺乏共同的语言。"③彼此尊重、密切协作、步调一致,既是党委会工作的要求,又是实现集体领导的必要途径。

　　对于民主集中制,毛泽东还有另一个说法,即多谋善断。多谋就是民主;

① 《李锐文集》(卷三),海南南方出版社1999年版,第456页。
② 李锐:《回忆南宁会议讨论三峡问题》,《湖北文史资料》1997年第2辑,第96—98页。
③ 《毛泽东选集》第四卷,人民出版社1991年版,第1441页。

善断,就是集中。毛泽东多次谈到三国时曹操的谋士郭嘉。在1959年3月召开的郑州会议上,他说郭嘉给曹操出了很多好主意,如打吕布、打袁绍、打袁绍的儿子袁谭和袁尚,都取得胜利,曹操称道他:"平定天下,谋功为高。"可惜他三十八岁就死了。赤壁之战时,曹操想他,说这个人在,不会使我处于这种困难境地。《三国志·郭嘉传》值得一看。1959年3月,毛泽东在郑州中央政治局扩大会议上再次讲道:"多谋善断这句话,重点在'谋'字上。要多谋,少谋是不行的。要与各方面去商量,反对少谋武断。商量又少,又武断,那事情就办不好。谋是基础,只有多谋,才能善断。谋的目的就是为了断。要当机立断,不要优柔寡断。"这很像许多古人都说过的:"谋之以众,断之以独,疏之以导,策之以励。"①在党委会中,无论是民主,还是集中,书记即"班长"的作用非常突出。能不能充分发扬民主,往往关键要看书记的素养如何? 所以,书记应该很好地进行学习和研究。

其实,做领导的人都要善于学习,特别是向下级学习。"不懂得和不了解的东西要问下级,不要轻易表示赞成或反对。有些文件起草出来压下暂时不发,就是因为其中还有些问题没有弄清楚,需要先征求下级的意见。我们切不可强不知以为知,要'不耻下问',要善于倾听下面干部的意见。先做学生,然后再做先生;先向下面干部请教,然后再下命令。各中央局、各前委处理问题的时候,除军事情况紧急和事情已经弄清楚者外,都应该这样办。这不会影响自己的威信,而只会增加自己的威信。我们做出的决定包括了下面干部提出的正确意见,他们当然拥护。下面干部的话,有正确的,也有不正确的,听了以后要加以分析。对正确的意见,必须听,并且照它做。中央领导之所以正确,主要是由于综合了各地供给的材料、报告和正确的意见。如果各地不来材料,不提意见,中央就很难正确地发号施令。对下面来的错误意见也要听,根本不听是不对的;不过听了而不照它做,并且要给以批评。"②充分尊重、吸纳下级的意见,是民主的方法的一个重要体现。作为党的领导机关和领导人经常向下级学习,是保证决策正确的一个重要方法。

---

① 1959年毛泽东在郑州中共中央政治局扩大会议上的讲话,《党的文献》2008年第1期,第65—66页。
② 《毛泽东选集》第四卷,人民出版社1991年版,第1441—1442页。

"弹钢琴"与胸中有"数"

领导者不同于一般人,要眼观六路,耳听八方。面对各种复杂的工作,毛泽东提倡党委的同志要学会统筹兼顾。对此他形象地称之为"弹钢琴"。"弹钢琴要十个指头都动作,不能有的动,有的不动。但是,十个指头同时都按下去,那也不成调子。要产生好的音乐,十个指头的动作要有节奏,要互相配合。党委要抓紧中心工作,又要围绕中心工作而同时开展其他方面的工作。我们现在管的方面很多,各地、各军、各部门的工作,都要照顾到,不能只注意一部分问题而把别的丢掉。凡是有问题的地方都要点一下,这个方法我们一定要学会。钢琴有人弹得好,有人弹得不好,这两种人弹出来的调子差别很大。党委的同志必须学好'弹钢琴'。"①主要矛盾和非主要矛盾、矛盾的主要方面和非主要方面是相互联系、相互区别和相互转化的。因此,在工作方法上不能顾此失彼。

毛泽东可谓是"弹钢琴"的高手。在民主革命时期,毛泽东往往一方面强调中心工作是军事和打仗,另一方面又号召做好其他一切革命工作。1933年,在中央苏区的一次经济建设工作会上,他说:"革命战争是当前的中心任务,经济建设事业是为着它的,是环绕着它的,是服从于它的。"但是,不能因此而不抓好经济工作,相反,"革命战争的激烈发展,要求我们动员群众,立即开展经济战线上的运动,进行各项必要和可能的经济建设事业。"②在他看来,如果认为革命战争是中心,而不去抓经济工作,甚至把搞经济工作骂为右倾,那是极端错误的。有些人口头上说一切服从战争,但不知如果取消了经济建设,这就不是服从战争,而是削弱战争。只有开展经济战线方面的工作,发展红色区域的经济,才能使革命战争得到相当的物质基础,才能扩大红军,打败

---

① 《毛泽东选集》第四卷,人民出版社1991年版,第1442页。
② 《毛泽东选集》第一卷,人民出版社1991年版,第123、119页。

敌人。① 当然，"中心工作"之外不只是"经济工作"。特别是随着革命力量的发展，随着毛泽东领导职务的变化，他面临的工作也越来越多，比如思想政治工作、政权工作、文化工作、教育工作、宣传工作、党的建设、统战工作、对外工作等等。毛泽东基本上都能做到有条不紊，齐头并进，"可上九天揽月，可下五洋捉鳖"，轻松自如。

在社会主义革命和建设时期，毛泽东对"弹钢琴"的运用，集中体现在"十大关系"的处理上。他指出，在重工业和轻工业、农业的关系问题上，要用多发展一些农业、轻工业的办法来发展重工业；在沿海工业和内地工业的关系问题上，要充分利用和发展沿海的工业基地，以便更有力量来发展和支持内地工业；在经济建设和国防建设的关系问题上，提出把军政费用降到一个适当的比例，增加经济建设费用，只有把经济建设发展得更快了，国防建设才能够有更大的进步；在国家、生产单位和生产者个人的关系问题上，三者的利益必须兼顾，不能只顾一头，既要提倡艰苦奋斗，又要关心群众生活；在中央和地方的关系问题上，要在巩固中央统一领导的前提下，扩大地方的权力，让地方办更多的事情，发挥中央和地方两个积极性；在汉族与少数民族的关系问题上，要着重反对大汉族主义，也要反对地方民族主义；在党和非党的关系问题上，共产党和民主党派要长期共存，互相监督；在革命和反革命的关系问题上，必须分清敌我，化消极因素为积极因素；在是非关系问题上，对犯错误的同志要实行"惩前毖后，治病救人"的方针，要允许人家犯错误，允许并帮助他们改正错误；在中国和外国的关系问题上，要学习一切民族、一切国家的长处，包括资本主义国家先进的科学技术和科学管理方法。② 这些矛盾的发现和处理方法，不少方面至今仍有重要的启示意义，其中最根本的一点就是告诉党的干部：干工作要善于处理各种关系，齐头并进。

"弹钢琴"要注意细节，一个音符错了，整个曲子也就砸了。毛泽东往往给人挥斥方遒、气势磅礴的感觉，其实他是非常注重细节的。在指挥一场战斗之前，甚至战士碗里有没有肉，他也要关注和嘱咐。1953年，中美关于朝鲜问

---

① 《毛泽东选集》第一卷，人民出版社1991年版，第139页。
② 《毛泽东文集》第七卷，人民出版社1999年版，第23—44页。

题谈判时,事前毛泽东对谈判场所、对方谈判代表的宿舍、各种用具、设备和食品等,都要求精心的布置和准备。现在,人们常说,细节决定成败。毛泽东的成功,与其注意细节不无关系。

学会"弹钢琴",不但要心中有"谱",而且还要胸中有"数"。钢琴有多少键,每个键能弹出什么音符,必须了如指掌。解决矛盾,要深入到矛盾中去,特别是要掌握与之相关的数字。毛泽东把胸中有"数"也列为一条重要的工作方法:对情况和问题一定要注意到它们的数量方面,要有基本的数量的分析。因为任何质量都表现为一定的数量,没有数量也就没有质量。如果不懂得注意事物的数量方面,不懂得注意基本的统计、主要的百分比,不懂得注意决定事物质量的数量界限,一切都是胸中无"数",结果就不能不犯错误。①

在运用数据方面,毛泽东也有过人之处。比如,对中国革命的定位,就是他从中国占百分之九十以上的农民这一"百分比"作出的。不是注意和了解这一数据,他就不可能到农村去"闹革命",不可能得出中国革命是"无产阶级领导下的农民战争",不可能走出农村包围城市武装夺取政权的道路。此外,毛泽东论述问题和布置工作任务,也经常运用到数字。在七大上,他强调之所以需要"资本主义的广大发展",是因为国共力量相差还很悬殊,接着他即用了一组数字进行说明,"他们有一百五十万军队,我们只有九十一万军队;……他们有两万万人口,我们只有一万万人口。"②有意思的是,档案资料显示,蒋介石敢于发动内战,同样是基于一组数字。不过,他了解的中共真正具战斗力的军队只有四五十万人,正是基于此,他才提出了三个月消灭中共的狂妄计划。内战发生以后,毛泽东比蒋介石更高一筹的是,不在地盘上或空间上计较数量得失,而是在军队人数上注重力量增减,他明确要求中共军队每个月至少消灭国民党五个师的有生力量。在某种程度上,国共之间的较量,是一种"数"的较量,谁对"数"有精确的了解,谁能抓住各种"数",谁就能取得胜利。

把数字运用到实际的工作中,最为典型的两个实例大概莫过于毛泽东在

---

① 《毛泽东选集》第四卷,人民出版社1991年版,第1442页。
② 《毛泽东在七大的报告和讲话集》,中央文献出版社1995年版,第55—56、127、190页。

政治上创立的"三三制"政权和在经济上制定的"四面八方"政策。从 1940 年开始，各抗日根据地普遍建立了"三三制"政权，就是在各级政府和参议会的组成人员中，共产党员只占三分之一，左倾进步分子占三分之一，中间分子和其他人士占三分之一。这极大地调动了各阶级各阶层的积极性，扩大了中共局部执政的基础。1949 年，正是在作了《党委会的工作方法》的讲话不久，毛泽东提出经济上要："公私兼顾、劳资两利、城乡互助、内外交流"，简称"四面八方"政策。他还强调，"'四面八方'缺一面，缺一方，就是路线错误、原则的错误。"①可以说，这也是他"弹钢琴"方法的具体运用。

胸中有数的一个重要内容，是对成绩和缺点有数。"要划清正确和错误、成绩和缺点的界限，还要弄清它们中间什么是主要的，什么是次要的。例如，成绩究竟是三分还是七分？说少了不行，说多了也不行。一个人的工作，究竟是三分成绩七分错误，还是七分成绩三分错误，必须有个根本的估计。如果是七分成绩，那末就应该对他的工作基本上加以肯定。把成绩为主说成错误为主，那就完全错了。"②当然，即使取得了十分的成绩，也不能骄傲，"力戒骄傲。这对领导者是一个原则问题，也是保持团结的一个重要条件。就是没有犯过大错误，而且工作有了很大成绩的人，也不要骄傲。"③历史上有很多因骄傲而失败的例子。所以，在党即将取得全国性政权的历史时刻，毛泽东清醒地指出：

"因为胜利，党内的骄傲情绪，以功臣自居的情绪，停顿起来不求进步的情绪，贪图享乐不愿再过艰苦生活的情绪，可能生长。因为胜利，人民感谢我们，资产阶级也会出来捧场。敌人的武力是不能征服我们的，这点已经得到证明了。资产阶级的捧场则可能征服我们队伍中的意志薄弱者。可能有这样一些共产党人，他们是不曾被拿枪的敌人征服过的，他们在这些敌人面前不愧英雄的称号；但是经不起人们用糖衣裹着的炮弹的攻击，他们在糖弹面前要打败仗。我们必须预防这种情况。夺取全国胜利，这只是万里长征走完了第一步。如果这一步也值得骄傲，那是比较渺小的，更值得骄傲的还在后头。在过了几十年之后来看中国人民民主革命的胜利，就会使人们感觉那好像只是一出长

---

① 陶鲁笳：《毛主席教我们当省委书记》，中央文献出版社 1996 年版，第 128—129 页。

② 《毛泽东选集》第四卷，人民出版社 1991 年版，第 1441 页。

③ 《毛泽东选集》第四卷，人民出版社 1991 年版，第 1442 页。

剧的一个短小的序幕。剧是必须从序幕开始的,但序幕还不是高潮。中国的革命是伟大的,但革命以后的路程更长,工作更伟大,更艰苦。这一点现在就必须向党内讲明白,务必使同志们继续地保持谦虚、谨慎、不骄、不躁的作风,务必使同志们继续地保持艰苦奋斗的作风。"①

可见,毛泽东对党取得的成绩是非常有数的,当然,这是建立在对历史有数的基础上的。对历史有数,就会对未来有数。正是毛泽东这种对骄傲的高度警惕,使中共经得起胜利和成功的考验,从而把事业顺利地推向了一个新阶段。

"抓紧"与开会

在毛泽东看来,党委对该做的工作一定要"抓紧"。什么东西只有抓得很紧,毫不放松,才能抓住。抓而不紧,等于不抓。伸着巴掌,当然什么也抓不住。就是把手握起来,但是不握紧,样子像抓,还是抓不住东西。有些同志,也抓主要工作,但是抓而不紧,所以工作还是不能做好。不抓不行,抓而不紧也不行。② 有人回忆,毛泽东自己"看准的事情,一旦下决心要抓,就抓得很紧很紧,一抓到底,从不虎头蛇尾,从不走过场。"③王任重的日记记述了他的一个工作实例,"这两天,主席写了三封信,申述了他的主张,要各省开六级干部大会,看来,主席抓得很紧。"④

怎样抓得紧呢?工作布置下去,不能认为就完成了。毛泽东说,"全面规划,几次检查,年终评比。这是三个重要方法。"⑤其中,"打电报、打电话、出去

---

① 《毛泽东选集》第四卷,人民出版社 1991 年版,第 1438—1439 页。
② 《毛泽东选集》第四卷,人民出版社 1991 年版,第 1442 页。
③ 薄一波:《若干重大决策与事件的回顾》(上卷),中共中央党校出版社 1991 年版,第 142 页。
④ 《毛泽东传(1949—1976)》(下),中央文献出版社 2003 年版,第 921 页。
⑤ 《建国以来重要文献选编》第 11 册,中央文献出版社 1993 年版,第 350 页。

巡视这些方法,也是很重要的领导方法"①:"一年至少检查四次"②。通过检查,督促进展,修正错误。1948年2月,他在谈到工商业政策的时候说:"必须随时掌握工作进程,交流经验,纠正错误,不要等数月、半年以至一年后,才开总结会,算总账,总的纠正。这样损失太大,而随时纠正,损失较少。……随时提醒下面,使之少犯错误。这都是领导方法问题。"③也就是说,无论干什么工作,都要干到底,直到真正见成效才能罢休。

发扬民主和"抓紧"工作的一个重要内容,就是开好各种会。党委会行使职责的一个重要形式就是开会。党的各级机构和各种组织,"都必须建立健全的党委会议制度,一切重要问题(当然不是无关重要的小问题或者已经会议讨论解决只待执行的问题)均须交委员会讨论,由到会委员充分发表意见,做出明确决定,然后分别执行。地委、旅委以下的党委亦应如此。高级领导机关的部(例如宣传部、组织部)、委(例如工委、妇委、青委)、校(例如党校)、室(例如研究室),亦应有领导分子的集体会议。"④日常工作中,"有了问题就开会,摆到桌面上来讨论,规定它几条,问题就解决了。"⑤

开会要事先通知,像出安民告示一样,让大家知道要讨论什么问题,解决什么问题,并且早作准备。⑥"在会议之前,对于复杂的和有分歧意见的重要问题,又须有个人商谈,使委员们有思想准备,以免会议决定流于形式或不能做出决定。"⑦有些地方开干部会,事前不准备好报告和决议草案,等开会的人到了才临时凑合,好像"兵马已到,粮草未备",这是不好的。"开会的方法应当是材料和观点的统一。"如果没有准备,就不要急于开会。

开会时,不要照本宣科,充分发挥参会人员的作用。先把报告草稿发下去,请到会的人提意见,加以修改,然后再作报告。报告的时候不是照着本子念,而是讲一些补充意见,作一些解释。这样,就更能充分地发扬民主,集中各

① 《毛泽东文集》第六卷,人民出版社1999年版,第478页。
② 《毛泽东文集》第七卷,人民出版社1999年版,第346页。
③ 《毛泽东选集》第四卷,人民出版社1991年版,第1286页。
④ 《毛泽东选集》第四卷,人民出版社1991年版,第1340—1341页。
⑤ 《毛泽东选集》第四卷,人民出版社1991年版,第1440—1441页。
⑥ 《毛泽东选集》第四卷,人民出版社1991年版,第1443页。
⑦ 《毛泽东选集》第四卷,人民出版社1991年版,第1341页。

方面的智慧,对各种不同的看法有所比较,会也开得活泼一些。①

每次会议时间不可太长,会议次数不可太频繁,不可沉溺于细小问题的讨论,以免妨碍工作。此间,讲话、演说和写决议案,都应当简明扼要。② "凡是看不懂的文件,禁止拿出来。"③ "每次会有一个主题,其他问题也吹一下。开会的时候吹吹闲话,引起兴趣,接触问题。"④

党的委员会须分别为常委会和全体会两种,不可混在一起。同时,要大型、中型和小型会议相结合。⑤ 这三种会议一般指的是群众大会、干部大会和领导班子会,把工作干好就得学会开这些会。"小型会议最好商量问题,我对小型会议很有兴趣,时间不长,就地召开,这种形式最好。"⑥

党的决策要开会,政策的执行也要开会,开会是中国共产党日常的基本的一种工作方法。毛泽东之所以不厌其详地讲如何开会,主要是让人明白,开会必须解决问题,必须有实效,而不能只走形式。在实际工作中,既要反对决策时把党委会变成一言堂,更要反对执行时以会议落实会议。

以上就是《党委会的工作方法》的主要内涵。毛泽东常讲,学习马克思主义,主要是学习马克思主义的立场、观点和方法。可以说,毛泽东提出的党委会的工作方法既是他对马克思主义方法论的具体运用,同时也是他对党以前实际工作经验的总结。他写这篇文章的时候,中国共产党已走向成熟,由几十个人的组织变成了一个即将掌握全国政权的大党,形成了一整套正确有效的工作方法。因此,这十二条方法既蕴含着马克思主义的一般要求,又体现了中国作风和中国方式。

在某种程度上,中国共产党取得的一切成就,无论是新民主主义革命的胜利,还是社会主义革命和建设的成绩,都是正确运用这十二条方法的结果。然而,要每时每刻都能正确运用这些方法是不容易的,即使毛泽东本人也没有完全做到。比如,后来他在运用数字方面就出现了失误,1958 年发动大炼钢铁

---

① 《建国以来重要文献选编》第 15 册,中央文献出版社 1997 年版,第 113—115 页。
② 《毛泽东选集》第四卷,人民出版社 1991 年版,第 1341 页。
③ 《建国以来毛泽东文稿》第 8 册,中央文献出版社 1993 年版,第 196 页。
④ 1955 年毛泽东在部分省委书记会议上的讲话,《党的文献》2013 年第 5 期,第 20 页。
⑤ 《毛泽东文集》第七卷,人民出版社 1999 年版,第 356 页。
⑥ 1958 年 1 月毛泽东在南宁会议上的讲话,《党的文献》2013 年第 5 期,第 20 页。

运动,紧紧盯住 1070 万吨钢,提倡生产计划三本账,鼓励农业放高产卫星,极大地损害了经济的正常发展。在集体领导方面,后来他也走向了他所批评的个人专断。在一定程度上,毛泽东和党所犯的错误和所经历的挫折,都与没有正确运用党委会的工作方法有关。由此可见这些方法在中共历史上的价值。

中国共产党的任何一级干部,都处在党的各级组织即党的委员会中。因此,领导干部开展工作大多是通过党委会进行的。任何一个领导都处在一个系统中,领导者进行工作必须学会运用组织、系统,及在组织、系统中进行工作。从这一点上说,党委会的工作方法仍然具有非常重要的现实意义,值得党的每个领导干部牢记于心。在任何工作中,只要把这些方法运用好,就会多成绩,少失误!

（张太原 撰稿）

十六

《论人民民主专政》
导　读

　　《论人民民主专政》是毛泽东为纪念中国共产党成立二十八周年而写的重要著作。逄先知在《毛泽东和他的秘书田家英》中说:"毛泽东在写这篇文章之前,坐了一天,动也不动,专心构思,然后又用一天时间,饭也不吃,一气呵成,完成了近万字的名篇。"这篇文章 1949 年 6 月 30 日由新华社首次播发,7月 1 日发表在《人民日报》上。《论人民民主专政》一文,对人民共和国的性质、新中国各个阶级的地位与相互关系、国家的前途等问题作了系统的论证和阐述,为新中国的诞生指明了方向。

写 作 背 景

　　国体问题是政治制度中最根本的问题。国体是指社会各阶级在国家中的地位。毛泽东在《新民主主义论》一文中指出:"这个国体问题,从前清末年起,闹了几十年还没有闹清楚。其实,它只是指的一个问题,就是社会各阶级在国家中的地位。资产阶级总是隐瞒这种阶级地位,而用'国民'的名词达到其一阶级专政的实际。"①早在大革命时期,中共就提出了"建设一个革命民众合作统治的国家",土地革命期间创建了无产阶级为领导、工农联盟为基础的"工农民主专政"政权体制,抗日战争时期形成了既区别于资产阶级专政的,又区别于苏联无产阶级专政的"各革命阶级联合专政"的国体思想,并在"三三制"政权形式中得到初步实践,这些都奠定了人民民主专政的基础。

人民民主专政从概念的提出到确立有一个逐渐完善的过程。"打倒蒋介石,建立新中国"的口号提出以后,表明抗战时期中共所设计的"各革命阶级联合专政"国体已失去意义。在来不及作新的考虑的情况下,毛泽东偶尔回到人们熟悉的苏维埃时期"工农民主专政"的提法,1947 年 11 月 18 日毛泽东在给中央法律委员会委员陈瑾昆的信中就指出,"以工农民主专政为基本原则(即拙著《新民主主义论》及《论联合政府》中所指之基本原则),详由王谢二同志面达"②,以示与抗战时期的国体相区别。然而,因其不能全面反映各阶级在新政权中的地位,特别是民族资产阶级的地位,很快就被放弃。1948年 6 月 1 日,中共中央宣传部拟定重印的列宁的《共产主义运动中的"左派"幼稚病》第二章前言中写道:"列宁在本书中所说的,是关于无产阶级专政。今天在我们中国,则不是建立无产阶级专政,而是建立人民民主专政。这种人民民主专政的内容和无产阶级专政的内容的历史区别,就是:我们的人民民主专政是无产阶级领导的、人民大众的、反帝反封建反官僚资本的新民主主义革命,这种革命的社会性质,不是推翻一般资本主义,乃是建立新民主主义的社会,建立各个革命阶级联合专政的国家;而无产阶级专政则是推翻资本主义,建设社会主义。"③这里中共第一次提出了"人民民主专政"的概念。是年 9月,毛泽东在中央政治局会议上,又进一步提出中共政权是"无产阶级领导的,以工农联盟为基础,但不是仅仅工农,还有资产阶级民主分子参加的人民民主专政"④。在这次会议上毛泽东还强调:我们是人民民主专政,各级政府都要加上"人民"二字,各种政权机关都要加上"人民"二字,如法院叫人民法

① 《毛泽东选集》第二卷,人民出版社 1991 年版,第 676 页。
② 《毛泽东文集》第四卷,人民出版社 1996 年版,第 320 页。
③ 《中共中央文件选集》(1948—1949),中共中央党校出版社 1992 年版,第 190 页。
④ 《毛泽东文集》第五卷,人民出版社 1996 年版,第 135 页。

院,军队叫人民解放军,以示和蒋介石政权不同。我们有广大的统一战线,我们政权的任务是打倒帝国主义、封建主义和官僚资本主义,要打倒它们,就要打倒它们的国家,建立人民民主专政的国家。这标志着中共正式以"人民民主专政"取代了"各革命阶级联合专政"。此后中共领导人在不同场合多次重复说明。1949年1月,毛泽东为新华社撰写的新年献词,"如果要使革命进行到底,那就是用革命的方法,坚决彻底干净全部地消灭一切反动势力,不动摇地坚持打倒帝国主义,打倒封建主义,打倒官僚资本主义,在全国范围内推翻国民党的反动统治,在全国范围内建立无产阶级领导的以工农联盟为主体的人民民主专政的共和国。"①

　　1949年6月15日至19日,各民主党派、各人民团体、各界民主人士、国内少数民族和海外华侨代表,在北平召开新政治协商会议筹备会,为召开新的政治协商会议和建立新中国做准备工作。在新中国即将诞生的前夕,摆在中国人民面前的重大问题,就是建立一个什么样的国家,这个国家的性质是什么,各阶级在国家中的地位及相互关系如何,实行什么样的对内对外政策等等。对于这些问题,当时国内各个阶级有着不同的看法。国内外阶级敌人诬蔑共产党实行"独裁"和"极权主义"。一些民族资产阶级的右翼代表人物则幻想走"第三条道路",在中国建立资产阶级专政。党内一些人也有不同的迷惑,存在着反对"一边倒"、害怕"太刺激"帝国主义、幻想"需要英美政府的援助"等种种错误思潮。为了统一全党和全国人民的思想,批驳错误言论,澄清模糊认识,1949年6月30日,毛泽东发表《论人民民主专政》一文,标志着人民民主专政理论系统的形成。在这篇著名的文章中,毛泽东指出:中国人民在几十年中积累起来的一切经验,都叫我们实行人民民主专政,或曰人民民主独裁,总之是一样,就是剥夺反动派的发言权,只让人民有发言权。对人民内部的民主方面和反动派的专政方面,互相结合起来,就是人民民主专政。……人民民主专政的基础是工人阶级、农民阶级和城市小资产阶级的联盟,而主要是工人和农民的联盟,……民族资产阶级在现阶段上,有其很大的重要性。②

---

① 《毛泽东选集》第四卷,人民出版社1991年版,第1375页。
② 《毛泽东选集》第四卷,人民出版社1991年版,第1475、1478—1479页。

　　"人民民主专政"是"各革命阶级联合专政"在从资产阶级占优势到无产阶级占优势成为现实背景下合乎逻辑的发展。在阶级力量对比不同的情况下,"各革命阶级联合专政"是与"无产阶级领导或参加领导"相联系的,而"人民民主专政"是与"只能和必须由无产阶级和中国共产党充当领导者"相联系。另外,"各革命阶级联合专政"强调的是"几个反对帝国主义的阶级联合起来共同专政",其中就包括了倾向抗日的地主阶级和大资产阶级。相比之下,"人民民主专政"强调的是"无产阶级领导的各民主阶级联盟的民主联合政府",故而那些原本赞成民族革命而包括在"各革命阶级联合专政"中的地主阶级和大资产阶级,由于他们不赞同中共的民主革命,所以没有成为"人民民主专政"中的"民主阶级"而成为"人民民主专政"专政的对象。①

主 要 内 容

　　《论人民民主专政》内容十分丰富,归纳起来主要阐述了以下五个方面的问题。

　　(一)历史经验:人民民主专政的建立是历史的必然。从 1840 年鸦片战争开始,先进的中国人就开始历经千辛万苦,向西方国家寻求真理。"洪秀全、康有为、严复和孙中山,代表了在中国共产党出世以前向西方寻找真理的一派人物。"②可是"帝国主义的侵略打破了中国人学习西方的迷梦"③。学习西方的结果却是,"国家的情况一天一天坏,环境迫使人们活不下去。怀疑产生了,增长了,发展了。"④十月革命一声炮响,给中国人送来了马克思列宁主义,中国人的思想和生活,才出现了一个崭新的时期。在十月革命影响下,一批具有初步共产主义思想的知识分子,通过比较各种社会思潮,开始选择并接

---

① 参见潘焕昭:《中国共产党建国思想研究》,中共党史出版社 2006 年版,第 203—204 页。
② 《毛泽东选集》第四卷,人民出版社 1991 年版,第 1469 页。
③ 《毛泽东选集》第四卷,人民出版社 1991 年版,第 1470 页。
④ 《毛泽东选集》第四卷,人民出版社 1991 年版,第 1470 页。

受了马克思主义。"十月革命帮助了全世界的也帮助了中国的先进分子,用无产阶级的宇宙观作为观察国家命运的工具,重新考虑自己的问题。走俄国人的路——这就是结论。"①在中国共产党的领导下,中国人民经过二十八年艰苦卓绝的斗争,取得了人民革命的基本胜利。毛泽东指出:"就是这样,西方资产阶级的文明,资产阶级的民主主义,资产阶级共和国的方案,在中国人民的心目中,一齐破了产。资产阶级的民主主义让位给工人阶级领导的人民民主主义,资产阶级共和国让位给人民共和国。这样就造成了一种可能性:经过人民共和国到达社会主义和共产主义,到达阶级的消灭和世界的大同。"②

革命的根本问题是国家政权问题。而在中国,资产阶级共和国让位给无产阶级领导的人民共和国是中国人民进行历史选择的必然结果。所以,毛泽东特别强调,"总结我们的经验,集中到一点,就是工人阶级(经过共产党)领导的以工农联盟为基础的人民民主专政。这个专政必须和国际革命力量团结一致。这就是我们的公式,这就是我们的主要经验,这就是我们的主要纲领。"③

(二)阶级构成:人民民主专政的基础是工人阶级、农民阶级和城市小资产阶级的联盟,而主要是工人阶级和农民阶级的联盟。毛泽东指出,人民民主专政的阶级基础是工农联盟。"因为这两个阶级占了中国人口的百分之八十到九十。推翻帝国主义和国民党反动派,主要是这两个阶级的力量。由新民主主义到社会主义,主要依靠这两个阶级的联盟。"④人民民主专政必须由工人阶级领导。因为:第一,工人阶级最有远见,最大公无私,最富于革命的彻底性。第二,整个革命历史证明,没有工人阶级的领导,革命就要失败,有了工人阶级的领导,革命就胜利了。第三,在帝国主义时代,其他阶级包括小资产阶级和民族资产阶级领导革命都失败了。工人阶级在人民民主专政中的领导作用,是通过共产党来实现的,因为中国共产党是用马克思列宁主义的理论武装起来的,善于批评和自我批评的,密切联系群众的党,是工人阶级的先锋队。

---

① 《毛泽东选集》第四卷,人民出版社 1991 年版,第 1471 页。
② 《毛泽东选集》第四卷,人民出版社 1991 年版,第 1471 页。
③ 《毛泽东选集》第四卷,人民出版社 1991 年版,第 1480 页。
④ 《毛泽东选集》第四卷,人民出版社 1991 年版,第 1478—1479 页。

农民阶级是工人阶级可靠的同盟军,但"严重的问题是教育农民"。① 农民经济分散,需要很长的时间和精心的工作,才能做到农业社会化。没有农业社会化,就没有全部的巩固的社会主义。

"民族资产阶级在现阶段上,有其很大的重要性。"②为了对付帝国主义的压迫,为了使落后的经济地位提高一步,中国必须利用一切于国计民生有利而不是有害的城乡资本主义因素,团结资产阶级,共同奋斗。新民主主义国家的方针不是消灭资本主义,而是节制资本。"但是民族资产阶级不能充当革命的领导者,也不应当在国家政权中占主要的地位。"这是因为,"民族资产阶级的社会经济地位规定了他们的软弱性,他们缺乏远见,缺乏足够的勇气,并且有不少人害怕民众。"③所以他们"等到将来实行社会主义即实行私营企业国有化的时候,再进一步对他们进行教育和改造的工作。人民手里有强大的国家机器,不怕民族资产阶级造反。"④

(三)职能:人民民主专政是人民内部的民主和对反动派的专政的统一。为此,首先要明确划分人民和反动派的界限。"人民是什么？ 在中国,在现阶段,是工人阶级,农民阶级,城市小资产阶级和民族资产阶级。"敌人就是"帝国主义的走狗即地主阶级和官僚资产阶级以及代表这些阶级的国民党反动派及其帮凶们"。⑤ 人民民主专政的国家政权,对人民内部的各个阶级实行广泛的民主。"人民的国家是保护人民的。"⑥人民在共产党的领导下团结起来,组成自己的国家,选举自己的政府,在人民内部实行民主制度,人民享有言论集会结社选举等各项民主权利。对于人民内部的问题,采用"民主的即说服的方法,而不是强迫的方法。人民犯了法,也要受处罚,也要坐班房,也有死刑,但这是若干个别的情形,和对于反动阶级当作一个阶级的专政来说,有原则的区别。"⑦对于人民的敌人,必须实行专政,只许他们规规矩矩,不许他们乱说

---

① 《毛泽东选集》第四卷,人民出版社 1991 年版,第 477 页。
② 《毛泽东选集》第四卷,人民出版社 1991 年版,第 479 页。
③ 《毛泽东选集》第四卷,人民出版社 1991 年版,第 479 页。
④ 《毛泽东选集》第四卷,人民出版社 1991 年版,第 477 页。
⑤ 《毛泽东选集》第四卷,人民出版社 1991 年版,第 475 页。
⑥ 《毛泽东选集》第四卷,人民出版社 1991 年版,第 476 页。
⑦ 《毛泽东选集》第四卷,人民出版社 1991 年版,第 476 页。

乱动,否则就要制裁。当然,对敌人实行专政,不是不给他们出路。"在他们的政权被推翻以后,只要他们不造反,不破坏,不捣乱,也给土地,给工作,让他们活下去,让他们在劳动中改造自己,成为新人。"①

对人民的民主和对敌人的专政,是不可分割的统一体,两者互为条件,紧密联系。1948年10月,董必武在人民政权研究会上作的《论新民主主义政权问题》的讲话中认为:新民主主义的国家政权,实质就是无产阶级领导的,工农联盟为基础的人民民主专政。他说:很多人总不喜欢专政这个名词,而在革命时期,反革命不镇压下去,革命秩序就建立不起来,就难以发扬人民民主。对什么人专政? 对反动阶级专政,对反人民的反动派专政。对什么人民主? 对工人阶级、农民阶级、民主爱国人士民主。有很多人对民主与专政这两个名词弄不清,以为有民主即不能专政,有专政就不能民主。他们不懂得专政与民主的关系,机械地了解民主,也机械地了解专政。② 毛泽东特别强调"对人民内部的民主方面和对反动派的专政方面,互相结合起来,就是人民民主专政"。③ 对人民的民主,是对敌人实行专政的基础和前提,只有在人民内部实行充分的民主,才能形成强大的阶级统治力量,对敌人实行有效的专政;只有对阶级敌人实行最有力的专政,粉碎他们的反抗和破坏,才能切实保障人民的民主权利。毛泽东指出:"军队、警察、法庭等项国家机器,是阶级压迫阶级的工具。对于敌对的阶级,它是压迫的工具,它是暴力,并不是什么'仁慈'的东西。……我们对于反动派和反动阶级的反动行为,决不施仁政。我们仅仅施仁政于人民内部,而不施于人民外部的反动派和反动阶级的反动行为。"④

(四)历史任务:人民民主专政将从新民主主义社会进到社会主义社会,最终消灭阶级和实现大同。

组织经济建设,大力发展生产力,是人民民主专政国家的一项重要任务。毛泽东指出,"严重的经济建设任务摆在我们面前。""我们必须克服困难,我们必须学会自己不懂的东西。我们必须向一切内行的人们(不管什么人)学

---

① 《毛泽东选集》第四卷,人民出版社1991年版,第1476页。
② 《董必武选集》,人民出版社1985年版,第214—215页。
③ 《毛泽东选集》第四卷,人民出版社1991年版,第1475页。
④ 《毛泽东选集》第四卷,人民出版社1991年版,第1476页。

经济工作。拜他们做老师,恭恭敬敬地学,老老实实地学。"①"人民民主专政的国家,必须有步骤地解决国家工业化的问题。"②

人民民主专政还担负着教育人民,加强文化建设的历史任务。毛泽东指出:"严重的问题是教育农民。""有了人民的国家,人民才有可能在全国范围内和全体规模上,用民主的方法,教育自己和改造自己,使自己脱离内外反动派的影响(这个影响现在还是很大的,并将在长时期内存在着,不能很快地消灭),改造自己从旧社会得来的坏习惯和坏思想,不使自己走入反动派指引的错误路上去,并继续前进,向着社会主义社会和共产主义社会前进。"③

人民民主专政的最终目标是消灭阶级,实现大同。毛泽东指出,消灭阶级,消灭国家权力,消灭党,全人类都要走这一条路的,问题只是时间和条件。但是中国现在还不行,因为"帝国主义还存在,国内反动派还存在,国内阶级还存在。我们现在的任务是要强化人民的国家机器,这主要的是指人民的军队、人民的警察和人民的法庭,借以巩固国防和保护人民利益。以此作为条件,使中国有可能在工人阶级和共产党的领导之下稳步地由农业国进到工业国,由新民主主义社会进到社会主义社会和共产主义社会,消灭阶级和实现大同。"④

(五)对外关系:联合苏联和各人民民主国家,联合其他各国的无产阶级和广大人民,即和国际的革命力量团结一致结成广泛的国际统一战线。毛泽东指出,根据中国革命的经验,人民民主专政的国家,必须实行"一边倒"的外交政策,"积四十年和二十八年的经验,中国人不是倒向帝国主义一边,就是倒向社会主义一边,绝无例外。骑墙是不行的,第三条道路是没有的。我们反对倒向帝国主义一边的蒋介石反动派,我们也反对第三条道路的幻想。"⑤

毛泽东针对当时存在的"不要国际援助也可以胜利"的错误思想,强调指出:"在帝国主义存在的时代,任何国家的真正的人民革命,如果没有国际革

① 《毛泽东选集》第四卷,人民出版社1991年版,第1480—1481页。
② 《毛泽东选集》第四卷,人民出版社1991年版,第1477页。
③ 《毛泽东选集》第四卷,人民出版社1991年版,第1476—1477页。
④ 《毛泽东选集》第四卷,人民出版社1991年版,第175—1476页。
⑤ 《毛泽东选集》第四卷,人民出版社1991年版,第1473页。

命力量在各种不同方式上的援助,要取得自己的胜利是不可能的。胜利了,要巩固,也是不可能的。"①因此,他提出新中国外交的基本方针,就是要团结国内国际的一切力量击破内外反动派,在平等、互利和互相尊重领土主权的基础之上和一切国家建立外交关系。

中国特色的无产阶级专政

1875 年,马克思在《哥达纲领批判》中指出:"在资本主义社会和共产主义社会之间,有一个从前者变为后者的革命转变时期。同这个时期相适应的也有一个政治上的过渡时期,这个时期的国家只能是无产阶级的革命专政。"这一科学论断已被实践所证实。然而,每个国家实现无产阶级专政的具体形式不可能有一个固定模式,只能依据各国的国情来决定。正如列宁所说:"一切民族都将走向社会主义,这是不可避免的,但是一切民族的走法却不会完全一样,在民主的这种或那种形式上,在无产阶级专政的这种或那种形态上,在社会生活各方面的社会主义改造的速度上,每个民族都会有自己的特点。"②我国的人民民主专政就是以毛泽东为代表的中国共产党人把马克思主义无产阶级专政学说与中国革命具体实践相结合所创造的一种无产阶级专政的新形式。

中共在提出人民民主专政之初,就一直强调它不同于无产阶级专政,力求说明它是新民主主义共和国的国家类型。不论是首先阐述人民民主专政概念的中宣部文件还是九月中央政治局会议,都在强调人民民主专政与无产阶级专政的差异,中央领导人在不同场合也在强调这一点。毛泽东在关于城市接管工作的指示中特别指出,"现在是人民民主专政,不是搞无产阶级专政"③。刘少奇在开国前夕提交给斯大林的报告中,这种观点表现得相当明显,"人民

---

① 《毛泽东选集》第四卷,人民出版社 1991 年版,第 1473—1474 页。
② 《列宁全集》第 23 卷,第 64—65 页。
③ 薄一波:《若干重大决策与事件的回顾(修订本)》上卷,人民出版社 1997 年版,第 5 页。

民主专政,不是资产阶级专政,也不是无产阶级专政,这是不需要解释的。……中国人民民主专政的形式,是人民代表会议制,这不是资产阶级的议会制,而近于苏维埃制,但与无产阶级专政的苏维埃制也有区别,因为民族资产阶级的代表是参加人民代表会议的。"①在从苏联回国途中,在中共中央东北局干部会议上他再次强调,"不要想东欧搞无产阶级专政,我们就也要搞无产阶级专政,'言必称希腊'那就变成教条主义,我们的问题要根据中国的具体情况决定"②。

这一观点随后就被改变。1949 年 1 月 31 日,毛泽东在西柏坡会见了斯大林派来的特使米高扬和两个随行人员,这是毛泽东第一次以中共主要领导人的身份同联共(布)代表面谈。毛泽东在与米高扬谈及人民民主专政的性质时指出:在工农联盟基础上的人民民主专政,而究其实质就是无产阶级专政。不过对我们这个国家来说,称为人民民主专政更为合适、更为合情合理。③ 至此,毛泽东在二者关系上开始由侧重于区别的一点论转向兼及区别与联系的两点论,完成了人民民主专政与无产阶级专政在理论上的对接。④随即,社会主义国家是无产阶级专政,新民主主义国家是人民民主专政,实质是无产阶级专政成为党内共识。从不同最终走向实质相同,苏联因素是关键。二战以后,苏联就压服实行人民民主制度的东欧各国承认苏维埃制度与人民民主制度是无产阶级专政的两种形式,同时,斯大林对中共的政治设计表示了怀疑与担心,认为是"铁托式的胜利"。源于马克思主义意识形态的关系,中共为了获得社会主义阵营尤其是苏联对新中国的认同并鉴于南斯拉夫的教训,显然,此时不同论的说法已不合时宜。当然,对于无产阶级专政实质论的认同,除去苏联因素外,人民民主专政体现的以工人阶级为领导、以工农联盟为基础的本质也确实与马克思无产阶级专政的实质相一致,这也是中共认识改变的原因之一。人民民主专政虽然实质上就是无产阶级专政,但是它在内容、职能等方面都具有鲜明的中国特色,是马克思国家学说与中国国情相结合

---

① 《中华人民共和国开国文选》,中央文献出版社 1999 年版,第 67—68 页。
② 《刘少奇年谱》(1898—1969)下卷,中央文献出版社 1996 年版,第 222 页。
③ 《在历史巨人身边——师哲回忆录》(增订本),中共中央党校出版社 1998 年版,第 336 页。
④ 参见潘焕昭:《中国共产党建国思想研究》,中共党史出版社 2006 年版,第 215 页。

的产物。

人民民主专政国体确定后,还需要一个合适的国名来体现。随着建国日程的临近,中共领导人开始考虑这一问题。在"中华人民共和国"国名最终确立下来之前,"中华人民共和国"和"中华人民民主共和国"两个国号并存于党的各类文献当中。任弼时在 1948 年 1 月 12 日《土地改革中的几个问题》中谈到"中华人民共和国将在全国建立",号召知识分子和学生"可以为着新民主主义的中华人民共和国国家服务"。① 1948 年 1 月 18 日,毛泽东起草了《关于目前党的政策中的几个重要问题》一文,指出:"这个人民大众组成自己的国家(中华人民共和国)并建立代表国家的政府(中华人民共和国的中央政府)","中华人民共和国的权力机关是各级人民代表大会及其选出的各级政府"。② 4 月 1 日,他在《在晋绥干部会议上的讲话》中沿用"中华人民共和国"的同时,指出"由这个人民大众所建立的国家和政府,就是中华人民共和国和无产阶级领导的各民主阶级联盟的民主联合政府"。③ 这种局面一直持续到政协筹备会的召开。如毛泽东为 1949 年 1 月中共中央政治局会议起草的《目前形势和党在一九四九年的任务》一文中提到 1949 年必须召开政治协商会议,"宣告中华人民民主共和国的成立"。④ 直至 6 月 15 日在新政治协商会议筹备会的开幕典礼上发表讲话中,毛泽东仍然采用"人民民主共和国"的说法:"过去,中华民国是名不副实的。现在,我们要建立一个名副其实的中华人民民主共和国。"他在讲话结束时高呼的第一个口号就是"中华人民民主共和国万岁!"⑤而"中华人民共和国"的称呼虽未消失,却已不多见。1949 年新年献词《将革命进行到底》中明确指出:"一九四九年将要召集没有反动分子参加的以完成人民革命任务为目标的政治协商会议,宣告中华人民共和国的成立,并组成共和国的中央政府。"他还将新中国的国体表述为:"在全国范围内建立无产阶级领导的以工农联盟为主体的人民民主专政的共和国。"⑥3 月

---

① 《任弼时选集》,人民出版社 1987 年版,第 431 页。
② 《毛泽东选集》第四卷,人民出版社 1991 年版,第 1272 页。
③ 《毛泽东选集》第四卷,人民出版社 1991 年版,第 1313 页。
④ 《毛泽东文集》第五卷,人民出版社 1996 年版,第 234 页。
⑤ 《毛主席等七人在新的政治协商会议筹备会上的讲词》,《人民日报》1949 年 6 月 20 日。
⑥ 《毛泽东选集》第四卷,人民出版社 1991 年版,第 1375 页。

15日,新华社发表时评说:"建立一个独立的统一的人民民主的新中国,即中国人民共和国。"①这种交错运用的情形一直持续到新政治协商会议筹备会召开。

为了确定新国家的名称,中共领导人和民主人士在政协筹备会上进行了比较和选择,黄炎培和张志让主张用"中华人民民主国"这个称呼,因为"民主"和"共和"在西方语言里意思相近,无须重复。张奚若主张"中华人民共和国",因为"'人民'二字在今天新民主主义的中国是指工、农、小资产阶级和民族资产阶级四个阶级及爱国民主分子,它有确定的解释,已经把人民民主专政的意思表达出来,不必再把'民主'二字重复一次了"。② 大多代表倾向于使用"中华人民共和国"这一名称,最终提交政协会议获得了通过。周恩来于9月7日向政协代表作了《关于人民政协的几个问题》的报告,其中就国名问题解释说:在中央人民政府组织法的草案上去掉了中华人民民主共和国的"民主"二字,去掉的原因是感觉到"民主"与"共和"有共同的意义,无须重复,作为国家还是用"共和"二字比较好。辛亥革命以后,中国的国名是"中华民国",有共和的意思,但并不完全,可以作双关的解释,而且令人费解。现在我们应该把旧民主主义和新民主主义区别开来。因为在辛亥革命时期,俄国十月革命尚未成功,那时只能是旧民主主义的。在那以后由不完备的旧民主主义进步到完备的新民主主义。今天,为了使国家的名称合乎国家的本质,所以我们的国名应该是中华人民共和国。我们的国家是属于四个民主阶级的人民民主专政,反动的封建阶级、官僚资产阶级的分子不能列入人民的范围。等到他们彻底悔悟和改造后才能取得人民的资格。中国的少数民族也应该包括在中华人民共和国之内,承认他们的自治权。因此,我们认为中华人民共和国这个国名是很恰当的。③

（张旭东 撰稿）

---

① 《中共中央文件选集》(1948—1949),中共中央党校出版社1987年版,第599页。
② 《中华人民共和国开国文选》,中央文献出版社 999年版,第254—255页。
③ 《中华人民共和国开国文选》,中央文献出版社 999年版,第237—238页。

十七

《论十大关系》
导　读

　　《论十大关系》是 1956 年 4 月毛泽东在中央政治局扩大会议上的讲话，是探索中国社会主义建设道路的开篇之作。这篇著作，在社会主义建设刚刚全面开始之际，借鉴苏联社会主义建设的经验教训，研究中国社会主义建设的基本问题，提出了一整套符合中国实际的方针政策。尽管已经发表五十多年，但其基本思想依然没有过时，特别是其中探讨的主要问题，至今也是我们需要处理好的基本问题。因此，结合中国社会主义建设的历史和现实，重温这篇著作，有着多方面的积极意义。

发　表　背　景

　　1956 年，党领导全国人民基本完成了对农业、手工业和资本主义工商业的社会主义改造，进入了开始全面建设社会主义的历史时期。

　　此时，国际形势总的特点和趋势是以美苏为首的两大阵营逐步走向缓和。第二次世界大战后，虽然社会主义和资本主义两大阵营开始了以冷战为特点的尖锐对峙，但由于世界人民普遍反对战争，而双方也基本上势均力敌，冷战终究没有演变成大的世界性的战争。特别是朝鲜战争结束和日内瓦会议达成解决印度支那问题的协议后,世界局势明显趋向缓和。中国由于奉行独立自主的和平外交政策,不但同苏联东欧社会主义国家和人民民主国家保持着比较密切的联系,也同一些民族主义国家以至西方国家建立了良好的关系。这种情况,就为中国进行社会主义建设提供了一个良好的国际环境。

与此同时,世界范围内兴起的新技术革命的浪潮,也为中国的发展提供了难得的机遇。第二次世界大战后,原子能技术、空间技术和电子计算机技术等新技术得到应用,开辟了许多新的生产领域,建立了一些新的行业,极大地改变着人类经济和社会生活的面貌。在此形势下,一些落后国家和地区纷纷提出了追赶发达国家,实现现代化的要求。作为一个发展中的大国,如何抓住发展的机遇,尽快把国民经济搞上去,便成了党的领导人不能不考虑的重要问题。

这一时期社会主义阵营发生的大事,则为中国共产党人领导社会主义建设提供了有益的借鉴。1956年2月,苏共二十大尖锐地揭露了斯大林的错误和苏联社会主义建设的问题,打破了长期以来人们对于苏联模式的迷信。这就促使党的领导人警醒,促使他们借鉴苏联和东欧国家的经验教训,独立探索适合中国国情的社会主义建设道路。

对于苏共二十大的消极作用和影响,过去我们讲得很多。比如说,没有对斯大林作出全面公正的评价,只讲他的错误,不讲他的功绩。并且,片面地将他的错误归因于他的个人品质,而没有分析他犯错误的社会历史根源和体制上的原因,等等。确实,苏共在处理斯大林问题上,存在着不少缺点和不足,若与后来我们党正确评价毛泽东相比,就更加明显。

但是,苏共二十大也有积极的作用和意义。这主要是它破除了人们对斯大林和苏联模式的迷信,促进了各国共产党人的思想解放。对此,毛泽东在1956年9月党的八大期间会见南斯拉夫共产主义者联盟代表团时说:对斯大林的批评是好的,它打破了神化主义,揭开了盖子,这是一种解放,一场解放战争,大家都敢讲话了,使人能想问题,可以自由思考独立思考了。周恩来在会见澳大利亚和新西兰共产党代表团时也说:过去斯大林的观点压倒一切,现在打倒了偶像以后,也就是中国人说破除迷信以后,各国共产党的思想都动起来,不沉闷了。打倒了个人崇拜,大家的思想都解放了。这对各国共产党是个很大的进步,这是共产党的思想解放。20 世纪 50 年代中期以后,社会主义各国纷纷进行改革,形成一种世界性的改革浪潮,也充分说明了这一点。

这样,在对农业、手工业和资本主义工商业的社会主义改造接近完成,中国社会即将实现由新民主主义向社会主义的转变之时,党就有必要探索适合中国国情的社会主义建设道路,领导全国各族人民进行全面的社会主义建设。而从 1953 年开始的第一个五年计划的大规模经济建设,使党在领导经济建设方面积累了一些经验,也发现了从苏联学来的体制和办法的具体弊端,为探索适合中国国情的社会主义建设道路奠定了实践基础。

对社会主义建设道路的探索,是从准备党的八大文件,进行大规模的系统的调查研究开始的。1955 年 12 月,刘少奇为主持起草中央向八大的政治报告,约请中央有关部门负责人座谈,了解各方面的实际情况,研究工作中存在的问题。毛泽东得知后,也要求听取一些部门的工作汇报。于是,从 1956 年2 月 14 日至 4 月 24 日,在 43 天时间内,毛泽东和其他中央领导人一起连续听取了国务院 34 个部门的汇报,对于社会主义建设的有关问题有了较为深入的了解。薄一波回忆,毛泽东说他那段时间每天是“床上地下,地下床上”,起床就听汇报,听完汇报就上床休息。从 4 月下旬起,毛泽东又听取了各省、市、自治区党委的汇报。另外,还看了许多大工厂的书面汇报。

1956 年 4 月 4 日,在毛泽东中央书记处会议上指出:最重要的教训是独立自主,调查研究,摸清本国国情,把马克思列宁主义的基本原理同我国革命和建设的具体实际结合起来,制定我们的路线、方针、政策。民主革命时期,我们走过一段弯路,吃了大亏之后才成功地实现了这种结合,取得革命的胜利。现在是社会主义革命和建设时期,我们要进行第二次结合,找出在中国进行社会主义革命和建设的正确道路。

十大关系是在听取汇报的过程中逐渐归纳概括出来的。第一阶段的汇报结束后,毛泽东归纳出沿海与内地、轻工业与重工业、个人与集体三大关系。第二阶段汇报结束时,又归纳出三大关系,即国防、行政与经济文化,地方与中央,少数民族与汉族。不久后,又提出了其他四个方面的关系。

1956 年 4 月 25 日,毛泽东在中央政治局扩大会议上作了《论十大关系》的讲话。之后,中央政治局连续讨论了三天。根据讨论中提出的意见,毛泽东进行修改补充,于 5 月 2 日向最高国务会议作了报告。

《论十大关系》在很长时间内没有公开发表,只在党内高中级干部中作过传达。1965 年 12 月 15 日,刘少奇写信给毛泽东,建议将《论十大关系》印发给县、团级以上各级党委学习。这次整理稿,以 5 月 2 日的讲话记录稿为基础,吸收了 4 月 25 日讲话记录稿中的部分内容。有些重要内容没有整理进去,如批评苏联和东欧国家在处理农业、轻工业和重工业的关系以及民族关系等问题的错误,我们过高估计战争危险、不重视发展沿海工业等。毛泽东看了整理稿后批复:"此件看了,不大满意,发下去征求意见,以为将来修改之助。"12 月 27 日,中共中央在印发毛泽东《论十大关系》的批语中说:"毛泽东同志在一九五六年四月作的《论十大关系》,是一篇极为重要的文件,对社会主义革命和建设的基本问题做了很好的论述,对现在和今后的工作具有很重要的指导作用。"

1975 年,邓小平在主持中央日常工作期间,由胡乔木具体主持,将毛泽东两次讲话记录稿重新整理,形成了一个新的整理稿,恢复了以前删去的重要内容。7 月 13 日,邓小平在给毛泽东的信中说:"这篇东西太重要了,对当前和以后,都有很大的针对性和理论指导意义,对国际(特别是第三世界)的作用也大,所以,我们有这样的想法:希望早日定稿,定稿后即予公开发表,并作为全国学理论的重要文献。"当天,毛泽东批示"同意。可以印发政治局同志阅。暂时不要公开,可以印发全党讨论,不登报,将来出选集再公开。"7 月 23 日,中共中央发出《通知》:毛主席 1956 年 4 月《论十大关系》的报告,经过重新整理,主席已经同意,并决定印发全党讨论。主席的这个报告有重大的理论意义和现实意义,全党应作为当前理论学习的重要文件之一。

1976 年 12 月 26 日,经毛泽东亲自审定的《论十大关系》在《人民日报》,公开发表,随后收入《毛泽东选集》第五卷。1999 年 6 月,收入中央文献研究室编辑的《毛泽东文集》第七卷。

主 要 内 容

毛泽东在《论十大关系》中提出，对于马列主义理论，"我们要学的是属于普遍真理的东西，并且学习一定要与中国实际相结合。如果每句话，包括马克思的话，都要照搬，那就不得了。"对于外国的经验，也不能不加分析地一概排斥，或者一概照搬。"特别值得注意的是，最近苏联方面暴露了他们在建设社会主义过程中的一些缺点和错误，他们走过的弯路，你还想走？过去我们就是鉴于他们的经验教训，少走了一些弯路，现在当然更要引以为戒。"这就明确了社会主义建设必须适合自己国情的思想，提出了探索中国社会主义建设道路的任务。

毛泽东所分析的十大关系，或者说十个问题，都是在借鉴苏联教训、总结中国经验的基础上提出来的。前五大关系主要讲经济问题，从经济工作的各个方面来调动各种积极因素。后五大关系主要讲政治等问题，从政治生活和思想文化生活各方面调动各种积极因素。

关于重工业和轻工业、农业的关系，毛泽东指出："重工业是我国建设的重点。必须优先发展生产资料的生产，这是已经定了的。但是决不可以因此忽视生活资料尤其是粮食的生产。"他指出了苏联东欧各国片面地注重重工业，忽视农业和轻工业，由于轻重工业发展太不平衡而产生的严重问题，认为我们没有犯原则性的错误，比苏联和一些东欧国家做得好些。"我们现在的问题，就是还要适当地调整重工业和农业、轻工业的投资比例，更多地发展农业、轻工业。"这样，"一可以更好地供给人民生活的需要，二可以更快地增加资金的积累，因而可以更多更好地发展重工业。"

关于沿海工业和内地工业的关系，毛泽东认为，"沿海的工业基地必须充分利用，但是，为了平衡工业发展的布局，内地工业必须大力发展。"在这两者的关系问题上，我们也没有犯大的错误，只是最近几年，对于沿海工业有些估计不足，对它的发展不那么十分注重了。这要改变一下。现在，新的侵华战争和新的世界大战,估计短时期内打不起来,可能有十年或者更长一点的和平时期。"好好地利用和发展沿海的工业老底子,可以使我们更有力量来发展和支持内地工业。如果采取消极态度,就会妨碍内地工业的迅速发展。"

关于经济建设和国防建设的关系,毛泽东说:"可靠的办法就是把军政费用降到一个适当的比例,增加经济建设费用。只有经济建设发展得更快了,国防建设才能够有更大的进步。"这里也发生这么一个问题,你对原子弹是真正想要、十分想要,还是只有几分想,没有十分想呢?你是真正想要、十分想要,你就降低军政费用的比重,多搞经济建设。你不是真正想要、十分想要,你就还是按老章程办事。"我们一定要加强国防,因此,一定要首先加强经济建设。"

关于国家、生产单位和生产者个人的关系,毛泽东强调:"国家和工厂,国家和工人,工厂和工人,国家和合作社,国家和农民,合作社和农民,都必须兼顾,不能只顾一头。"工人的劳动生产率提高了,他们的劳动条件和集体福利就需要逐步有所改进。除了遇到特大自然灾害以外,必须在增加农业生产的基础上,争取百分之九十的社员每年的收入比前一年有所增加。工厂等各个生产单位都要有一个与统一性相联系的独立性,不能把什么东西统统都集中在中央或省市,不给工厂一点权力,一点机动的余地,一点利益。

关于中央和地方的关系,毛泽东鉴于苏联过去把权力过分集中于中央,把地方卡得太死造成的弊端,提出"应当在巩固中央统一领导的前提下,扩大一点地方的权力,给地方更多的独立性,让地方办更多的事情。"还提出,"中央要注意发挥省市的积极性,省市也要注意发挥地、县、区、乡的积极性,都不能够框得太死。"我们的国家这样大,人口这样多,情况这样复杂,有中央和地方两个积极性,比只有一个积极性好得多。

关于汉族和少数民族的关系,毛泽东认为,我们的政策是比较稳当的,是比较得到少数民族赞成的。他指出:"我们着重反对大汉族主义。地方民族主义也要反对,但是那一般地不是重点。"我们无论对干部和人民群众,都要广泛地持久地进行无产阶级的民族政策教育,并且要对汉族和少数民族的关系经常注意检查。我们要诚心诚意地积极帮助少数民族发展经济建设和文化建设。在苏联,俄罗斯民族同少数民族的关系很不正常,我们应当接受这个教训。

关于党和非党的关系，毛泽东说："究竟是一个党好，还是几个党好？现在看来，恐怕是几个党好。不但过去如此，而且将来也可以如此，就是长期共存，互相监督。"要抓一下统一战线工作，使他们和我们的关系得到改善，尽可能把他们的积极性调动起来为社会主义服务。

关于革命和反革命的关系，毛泽东指出，还有反革命，但是已经大为减少。今后社会上的镇反，"要少捉少杀"。机关、学校、部队里面清查反革命，"一个不杀，大部不捉"。对一切反革命分子，都应当给以生活出路，使他们有自新的机会。在我国的条件下，他们中间的大多数将来会有不同程度的转变。这样做，对人民事业，对国际影响，都有好处。

关于是非关系，毛泽东说，党内党外都要分清是非。"对于革命来说，总是多一点人好。"犯错误的人，除了极少数坚持错误、屡教不改的以外，大多数是可以改正的。对于犯错误的同志，要帮助他们改正错误，允许他们继续革命。"好意对待犯错误的人，可以得人心，可以团结人。""惩前毖后，治病救人"的方针，是团结全党的方针，我们必须坚持这个方针。

关于中国和外国的关系，毛泽东明确提出了"向外国学习"的口号。他指出："我们的方针是，一切民族、一切国家的长处都要学，政治、经济、科学、技术、文学、艺术的一切真正好的东西都要学。但是，必须有分析有批判地学，不能盲目地学，不能一切照抄，机械搬用。他们的短处、缺点，当然不要学。"将来我们国家富强了，我们一定还要坚持革命立场，还要谦虚谨慎，还要向人家学习，不要把尾巴翘起来。

毛泽东指出："提出这十个问题，都是围绕着一个基本方针，就是要把国内外一切积极因素调动起来，为社会主义事业服务。"过去为了结束帝国主义、封建主义和官僚资本主义的统治，为了人民民主革命的胜利，我们就实行了调动一切积极因素的方针。现在为了进行社会主义革命，建设社会主义国家，同样也实行这个方针。什么是国内外的积极因素？在国内，工人和农民是基本力量。中间势力是可以争取的力量。反动势力虽是一种消极因素，但是我们仍然要做好工作，尽量争取化消极因素为积极因素。在国际上，一切可以团结的力量都要团结，不中立的可以争取为中立，反动的也可以分化和利用。

"我们一定要努力把党内党外、国内国外的一切积极的因素,直接的、间接的积极因素,全部调动起来,把我国建设成为一个强大的社会主义国家。"

上述论述,表明毛泽东对中国的社会主义建设已经有了初步的系统思考。正如他自己所说:"前八年照抄外国的经验。但从一九五六年提出十大关系起,开始找到自己的一条适合中国的路线。"

贯彻和发展

《论十大关系》中提出基本思想和方针政策,在党的八大及其稍后的决策中,得到了较多的体现和进一步发挥,产生了积极影响。

1956 年 8 月 30 日,毛泽东在八大预备会议第一次全体会议上指出,大会的目的和宗旨是,总结七大以来的经验,团结全党,团结国内外一切可以团结的力量,为建设伟大的社会主义中国而奋斗。9 月 10 日,他又在预备会议第二次全体会议上讲话,希望在建设社会主义时期不要像民主革命时期犯那么多和那么长时间的错误,避免栽那么多筋斗。他说:搞经济,这几年有了一些经验。搞新的科学技术还没有经验。世界上新的工业技术和农业技术我们还没有学会,主要靠第二个五年计划和第三个五年计划来学会更多的东西。

9 月 15 日,刘少奇《在中国共产党第八次全国代表大会上的政治报告》,全面体现了《论十大关系》的有关精神。在报告中,刘少奇讲到了重工业和轻工业的关系问题,工业布局上沿海和内地的配合问题,在发展生产的基础上逐步改善职工生活问题,争取百分之九十的合作社社员收入增加的问题,党同民主党派的关系问题,适当调整中央和地方的行政管理职权的问题,汉族帮助少数民族发展的问题,对反革命分子实行惩办和宽大相结合的政策问题,以及对于犯错误的同志采取正确的态度问题,等等。

9 月 16 日,周恩来《关于发展国民经济的第二个五年计划的建议的报告》也体现了《论十大关系》的相关精神。他结合"二五"计划建议,具体阐述了重工业和轻工业的关系问题,沿海和内地间的工业布局问题,改善人民群众生活的问题,民族工作问题,以及正确划分中央和地方的行政管理职权,调动地方积极性的问题。

9 月 27 日,党的八大通过关于政治报告的决议,批准了刘少奇代表中央作的政治报告。决议强调,要坚持优先发展重工业的方针,同时积极发展轻工业和农业;在布局问题上处理好内地和近海地区的关系,既须继续把工业发展重点合理地移向内地,又须充分利用和合理发展近海地区的经济事业;在中央和地方的关系上,既须发挥中央各经济部门的积极性,又须发挥地方的积极性;必须使国家建设和人民生活改善这两个方面得到适当的结合,也就是使国民收入中积累和消费的比例关系得到正确的处理;必须按照长期共存、互相监督的方针,继续加强同各民主党派和无党派民主人士的合作;加强国内各民族的团结,促进各民族的共同进步;今后对于反革命残余势力还必须继续进行坚决的斗争,但是因为反革命力量已经日益缩小和分化,对于反革命分子应当进一步实行宽大政策;等等。

11 月 10 日至 15 日,党的八届二中全会在北京举行。刘少奇在题为《目前时局问题》的报告中,总结了波兰、匈牙利事件的教训,提出应当遵照毛主席关于"又要重工业,又要人民"的指示,不能把同人民的关系搞得太紧张。他指出:我们应该注意把工业建设放在稳妥可靠的基础上。什么叫稳妥可靠?就是群众不能"上马路",还高兴,还能保持群众的那种热情。周恩来在会上作了《关于 1957 年度国民经济发展计划和财政预算控制数字的报告》,在总结苏联等国社会主义建设的一些经验教训的基础上指出:如果不关心人民的当前利益,要求人民过分地束紧裤带,他们的生活不能改善甚至还要降低水平,他们要购买的物品不能供应,那么,人民群众的积极性就不能很好地发挥,资金也不能积累,即使重工业发展起来也还得缩下来。在会议精神的指导下,1957 年的国民经济得到了健康发展,成为新中国成立以来最好的年份之一。

在改革经济管理体制方面,八大后迈出了重要的一步。1957 年 9、10 月间召开的党的八届三中全会通过了陈云主持起草的关于改进工业管理体制、商业管理体制和财政管理体制的三个文件,作出了调整中央与地方的关系,向地方下放原由中央掌握的一些权力的规定。这对于改革当时存在的中央集权过多,统得过死的状况,调动地方的积极性,起了一定的作用。

遗憾的是,以《论十大关系》为开端的探索中国社会主义建设道路的良好势头没有能够保持下去,八大前后取得的很多积极成果在实践中很快遭到了背弃。

1957年春天发动的整风运动,是加强执政党建设和社会主义民主政治建设的重要尝试。但是,在整风的过程中,极少数右派分子乘机向党和社会主义发起了进攻。在一段时间的"大鸣"、"大放"后,党中央发动了全国范围的反右派斗争,犯了扩大化的错误,使一大批党员干部和爱国知识分子受到了不公正的对待。

接着,在经济建设方面又急于求成,发生了"大跃进"运动的失误。1958年5月,八大二次会议制定了"鼓足干劲,力争上游,多快好省地建设社会主义"的总路线。关于这条总路线的基本点,中央委员会的工作报告指出:"调动一切积极因素,正确处理人民内部矛盾;巩固和发展社会主义的全民所有制和集体所有制,巩固无产阶级专政和无产阶级的国际团结;在继续完成经济战线、政治战线和思想战线上的社会主义革命的同时,逐步实现技术革命和文化革命;在重工业优先发展的条件下,工业和农业同时并举;在集中领导、全面规划、分工协作的条件下,中央工业和地方工业同时并举,大型企业和中小型企业同时并举,通过这些,尽快地把我国建成为一个具有现代工业、现代农业和现代科学文化的伟大的社会主义国家。"

八大二次会议确定的社会主义建设总路线及其基本点,虽然反映了广大人民群众要求改变我国经济、文化落后状况的迫切愿望,适应了党的工作重点由革命向建设的转变,但是,由于是在不断地错误批判反冒进的过程中形成的,是在"左"倾错误思想指导下制定的,因而,这条总路线及其基本点就必然存在着严重的缺陷。它只讲力争上游,不提稳步前进,只讲多快好省,不提综合平衡,片面强调经济建设的发展速度,过分夸大人的主观能动作用,忽视了经济建设必须严格遵循的客观规律。虽然,也提到了正确处理农、轻、重关系以及中央和地方关系的问题,但在基本点中,对于几个"并举"缺少对其条件、界限及相互关系的正确阐述。

关于中央与地方关系,八大二次会议指出:"在改进国家工作方面,当前的首要任务是迅速地正确地解决中央集权和地方分权相结合的问题",解决这一问题的目的,就是为了让地方办更多的事情,使全国各方面的建设工作能够又多又快又好又省地发展,也使中央各部门能够集中精力去办那些应当由自己办好的事情。根据上述认识,会议要求,在今后,原属国务院各部经营管理的企业,除了一些特殊的、主要的和试验性质的以外,原则上将一律交给地方经营管理。首先下放轻工业,然后再逐步下放重工业。其他经济事业和文教、政法等工作的管理权力也将同时下放。中央要注意发挥省、市、自治区的积极性,省、市、自治区也要注意发挥专区、自治州、县、自治县和乡的积极性。

为了调动地方的积极性,有必要改革过于集中统一的经济管理体制,适当地下放一部分管理权力。但是,八大二次会议不从扩大企业自主权、增强企业活力这一关键问题入手,仅仅在"条条"和"块块"问题上做文章,作出了盲目下放权力的决定。这样做的结果,一是根本无法解决经济发展缺乏活力的问题,二是会造成地区分割、协作不便、宏观失控、效益较低等一系列新的问题。

"大跃进"运动在开始阶段,主要表现为农业生产上的虚报浮夸。接着,为实现1958年8月北戴河中央政治局扩大会议确定的钢产量在1957年535万吨的基础上翻一番、达到1070万吨的要求,掀起了空前规模的全民大炼钢铁运动。其他行业也都开展了各式各样的"全民大办"。虽然从1958年11月到1959年7月,在八个多月的时间内几次降低了过高的1959年原定指标,但庐山会议后,又掀起了更大规模的"大跃进",直到1960年底才不得不终止。

十一届三中全会以来,党中央总结过去犯错误的教训,又总结改革开放以来的成功经验,对社会主义建设规律的认识大大深化,丰富和发展了《论十大关系》中提出的某些思想和方针。1995年9月,江泽民同志在党的十五届四中全会闭幕会上发表《正确处理社会主义现代化建设中的若干重大关系》的讲话,提出要正确处理改革、发展、稳定的关系,速度和效益的关系,经济建设和人口、资源、环境的关系,第一、第二、第三产业的关系,东部地区和中西部地区的关系,市场机制和宏观调控的关系,公有制经济和其他经济成分的关系,收入分配中国家、企业和个人的关系,扩大对外开放和坚持自力更生的关系,中央和地方的关系,国防建设和经济建设的关系,物质文明建设和精神文明建设的关系。十八大以来,以习近平同志为核心的党中央协调推进"四个全面"

战略布局,又提出了创新发展、协调发展、绿色发展、开放发展、共享发展。由此可以看出,尽管我们今天面临的情况同 20 世纪 50 年代已有很大不同,但社会主义建设需要处理好的基本问题依然没有多少改变。这就要求我们,努力学会毛泽东的方法,从战略上、全局上观察研究社会主义建设的重大问题。

(谢春涛 撰稿)

十八

《关于正确处理人民内部矛盾的问题》
导　读

从 1956 年起,以毛泽东为首的中国共产党人开始探索如何建设社会主义的理论问题。在总结吸取社会主义国家建设中的经验教训的基础上,从中国的实际情况出发,毛泽东从执政党执政治国的高度,提出了要正确处理人民内部矛盾问题的重大命题。这一重大命题,是 1957 年 2 月 27 日毛泽东在最高国务会议第十一次(扩大)会议上所作的讲话中提出来的。在他讲完之后,这一讲话提纲经过整理和多次修改、补充,于 6 月 19 日在《人民日报》上发表,题目定为《关于正确处理人民内部矛盾的问题》。

《关于正确处理人民内部矛盾的问题》一文,内容丰富,理论性强,提出并建立了社会主义社会矛盾学说,是新中国成立后马克思主义中国化的重要理论成果之一,是以毛泽东同志为核心的党的第一代中央领导集体对中国社会主义建设理论探索的一个新高度。文章一经发表,便产生了巨大影响。当然,由于特定历史条件的制约,这一文献也并非尽善尽美,存在着某些局限性,但从总体上看,瑕不掩瑜。时至今日,仍具有重要的现实指导意义。

写 作 背 景

1956 年,在毛泽东看来,是一个"多事之秋"。国外国内都出现了一些新的复杂情况。国际上的复杂情况,表现为社会主义阵营内部大事不断。

1956 年 2 月 14 日至 25 日,苏联共产党在莫斯科召开第二十次全国代表大会,世界各国共产党大都派出代表团参加会议。大会的一项重要内容,便是赫鲁晓夫作题为《关于个人崇拜及其后果》的秘密报告,对斯大林进行了集中揭露和批判。

对于苏联的做法,中共中央和毛泽东有不同看法。为表明中国共产党的态度,1956 年 4 月 5 日,《人民日报》以"人民日报编辑部"名义发表了经毛泽东多次修改的《关于无产阶级专政的历史经验》的文章。文章对究竟应当怎样正确、全面地评价斯大林提出了明确观点,指出:"斯大林是一个伟大的马克思列宁主义者,但是也是一个犯了几个严重错误而不自觉其为错误的马克思列宁主义者。我们应当用历史的观点看斯大林,对于他的正确的地方和错误的地方作出全面的和适当的分析,从而吸取有益的教训。不论是他的正确的地方,或者错误的地方,都是国际共产主义运动的一种现象,带有时代的特点。"文章批评了认为社会主义社会不存在矛盾的观点,毛泽东还一再指出:"斯大林的严重错误之一,就是'混淆敌我矛盾和人民内部矛盾,拿对付敌人的办法来对待人民'。"[1]

赫鲁晓夫的秘密报告,一经披露,便在世界范围内产生了巨大轰动。美国等西方国家借机掀起了反苏反共浪潮,国际共产主义运动由此引起极大混乱,处境艰难。在一些资本主义国家,还出现了共产党员退党的现象。

祸不单行。1956 年 6 月,由于波兰政府在处理工人罢工上的严重官僚主义,致使矛盾激化,爆发了波兹南事件。当波兰事件及相关改革的消息传到匈牙利,匈牙利劳动党内外纷纷要求效法波兰,走独立发展的社会主义道路。最终导致爆发了二十万人参加的游行示威活动,并演变成了反政府暴乱。波匈事件,促使毛泽东开始深入思考如何建设中国社会主义的理论问题。毛泽东指出,现在摆在世界各执政的共产党面前的问题是如何把十月革命的普遍真理与本国的具体实际结合的问题,这是个大问题。波匈事件应使我们更好地考虑中国的问题。他还指出,要根据波匈事件的教训好好总结一下社会主义

---

[1] 薄一波:《若干重大决策与事件的回顾》下卷,中共中央党校出版社 1993 年版,第 575 页。

究竟如何搞法。矛盾总是有的,如何处理这些矛盾,是我们需要认真研究的问题。①

一波未平一波又起。1956 年 11 月 11 日,南斯拉夫共产主义者联盟主席铁托,在南斯拉夫西部海滨城市普拉发表演说。他认为斯大林犯错误的原因不仅仅是个人崇拜,而是使得个人崇拜得以产生的制度,是官僚主义组织机构。铁托的演说引起了毛泽东和党中央的高度关注,并在随后的政治局常委扩大会议上进行了讨论,最后决定就东欧各国发生的问题写一篇文章。文章根据毛泽东的意见,最后定名为《再论无产阶级专政的历史经验》。在这篇文章中,不仅讲了人民内部矛盾,还讲了敌我矛盾;不仅继续承认上层建筑与经济基础、生产关系与生产力之间存在矛盾,而且讲这个矛盾如果处理不好,可能使非对抗性的矛盾转化为对抗性的矛盾。

在国际上社会主义阵营内部风云变幻之时,中国国内也不平静,主要表现为:社会改造的急促与变化的深刻,加上经济建设中未能完全克服冒进,使经济和政治生活中出现某些紧张。这年下半年,许多城市出现粮食、肉类与日用品的短缺;由于升学、就业和安置问题得不到妥善解决,一些地方工人罢工、学生罢课和群众性示威游行显著增加;一些地方农村,由于入社以后收入减少,从事家庭副业受到较多限制,一些社员在夏收之后发生闹缺粮、闹退社风潮;对时局变化最为敏感的知识分子,对国际和国内时局发表不少看法,对国内政治、经济、文化、教育、科学等问题提出许多意见,其中有不少尖锐意见,也有一些错误意见。

在人们刚刚还在欢呼社会主义改造取得伟大胜利、中国已经进入社会主义社会的热烈气氛中,怎么会出现这么多的问题? 这是许多人所始料未及的。这些新出现的情况和问题,理所当然地引起毛泽东的高度重视。

解决新问题、化解新矛盾,需要有新的方针、新的方法、新的理论。毛泽东运用矛盾的观点考察分析社会主义改造基本完成以后出现的新情况新问题。

在 1956 年 11 月召开的中共八届二中全会上,毛泽东指出,世界充满着矛盾,旧矛盾解决了,新矛盾也随之产生。并在这次会议上,宣布将于 1957 年整

---

① 吴冷西:《十年论战》(上),中央文献出版社 1999 年版,第 59 页。

顿三风，即主观主义、宗派主义和官僚主义，是出要用批评与自我批评的方法解决人民内部的事情。

1956 年 12 月 4 日，毛泽东在给中国民主建国会主任委员黄炎培的信中，对民主建国会能够用批评与自我批评的方法解决内部矛盾表示赞赏。在信中，毛泽东第一次较为完整地阐述了社会主义社会两类矛盾的学说。毛泽东指出："社会总是充满着矛盾。即使社会主义和共产主义社会也是如此，不过矛盾的性质和阶级社会有所不同罢了。既有矛盾就要求揭露和解决。有两种揭露和解决的方法：一种是对敌（这说的是特务破坏分子）我之间的，一种是对人民内部的（包括党派内部的，党派与党派之间的）。前者是用镇压的方法，后者是用说服的方法，即批评的方法。我们国家内部的阶级矛盾已经基本上解决了（即是说还没完全解决，表现在意识形态方面的，还将在一个长时期内存在。另外，还有少数特务分子也将在一个长时间内存在），所有人民应当团结起来。但是人民内部的问题仍将层出不穷，解决的方法，就是从团结出发，经过批评与自我批评，达到团结这样一种方法。"①

12 月 8 日，在同工商界人士的谈话中，毛泽东第一次提出了"人民内部"的内涵。他说："自我批评是我们共产党的办法，……民建最近的一次会议，也用了这个办法，开展了批评和自我批评。这是人民内部解决问题的方法。共产党、政府、民主党派、工人、农民、工商界，包括恢复了选举权的地主，都属于人民内部。在人民内部，有缺点，有问题，要从团结出发，用批评和自我批评的方法，提出意见，提出要求，解决问题，达到团结。"②

进入 1957 年后，毛泽东对如何解决矛盾问题进行了思考。在 1957 年 1 月召开的省、市、自治区党委书记会议上，毛泽东宣布会议议题有三个：思想动向问题，农村问题，经济问题。他最看重的是思想动向问题。在 1 月 27 日的讲话中，毛泽东指出："怎样处理社会主义社会的敌我矛盾和人民内部矛盾，这是一门科学，值得好好研究。就我国的情况来说，现在的阶级斗争，一部分是敌我矛盾，大量表现的是人民内部矛盾。当前的少数人闹事就反映了这种

---

① 《毛泽东文集》第七卷，人民出版社 1999 年版，第 164 页。
② 《毛泽东文集》第七卷，人民出版社 1999 年版，第 174—175 页。

状况。如果一万年以后地球毁灭了，至少在这一万年以内，还有闹事的问题。不过我们管不着一万年那么远的事情，我们要在几个五年计划的时间内，认真取得处理这个问题的经验。"①

这些观点和论述，为《关于正确处理人民内部矛盾的问题》思想的形成做了准备。

报告的形成

1957年2月27日，在最高国务会议第十一次（扩大）会议上，毛泽东以《如何处理人民内部的矛盾》为题发表讲话，讲了十二个问题：（一）两类矛盾：敌我阶级之间，人民内部之间；（二）肃反；（三）社会主义改造——合作化；（四）资本主义改造；（五）知识分子和青年学生；（六）增产节约，反对铺张浪费；（七）统筹兼顾，适当安排；（八）百花齐放，百家争鸣，长期共存，互相监督；（九）如何处理罢工，罢课，游行示威，请愿；（十）闹事，出乱子，都不好吗？（十一）少数民族与大汉民族问题，西藏问题；（十二）中国可能在三四个五年计划内，初步地改变面貌。② 后来，《关于正确处理人民内部矛盾的问题》发表的时候，还是这十二个问题，名称有所变化，如第十二个问题改为"中国工业化的道路"；另外把第六、第十一两个问题的次序对调了一下。

3月6日至13日，中共中央召开全国宣传工作会议，传达贯彻毛泽东的《关于正确处理人民内部矛盾的问题》讲话，研究思想动向和意识形态方面的问题，贯彻"双百"方针。会议破例邀请了党外人士参加。3月12日，毛泽东在会议上发表讲话，依次讲了八个问题：我们现在处在一个什么时期、知识分子问题、教育者首先要受教育（后来改为"知识分子的改造问题"）、整风、为人民服务、片面性问题、"放"还是"收"、对各地党委的要求。"这个讲话，从思想

---

① 毛泽东：《在省市自治区党委书记会议上的讲话》1957年1月27日。
② 逄先知、金冲及主编：《毛泽东传（1949—1976）》（上），中央文献出版社2003年版，第620页。

问题、知识分子问题、'双百'方针问题等方面,进一步丰富和深化了他在不久前提出的'如何处理人民内部的矛盾'这个主题。"

全国宣传工作会议结束后的第四天,即 3 月 17 日,毛泽东乘专列离开北京,目的地是杭州。他也打算利用这次出行的机会在沿途演讲,题目仍然是如何处理人民内部矛盾,以唤起全党的高度重视。①

毛泽东沿途经过天津、济南、徐州,在徐州改乘飞机到达南京,从南京又飞到上海。从 3 月 17 日到 20 日,毛泽东在这些地方作了四场报告,到杭州后又召集了一次座谈会。毛泽东这次南下,给他一个深刻的感触,就是党内党外、党的报纸和民主党派的报纸,对他关于人民内部矛盾的讲话的反响存在很大反差。党外传达快,党内反而迟。

当时,毛泽东的讲话虽然没有公开在报纸上登出来,但却在党内外作了传达。民主党派和知识界的反响十分热烈,知识界好些过去不肯说话或不多说话的人,都解除了顾虑,畅所欲言。民盟副主席章伯钧直接听了毛泽东在最高国务会议上的讲话,他感到"非常兴奋",认为毛的讲话是"对自身理论的突破",而这种突破将有益于毛的社会实践。②

毛泽东的讲话,同样在共产党内产生了震动。对于人民内部矛盾的思想,许多工农出身的党员干部一开始并不理解。他们认为自己同人民群众有天然的联系,觉得共产党是为人民服务的,怎么会同人民群众有矛盾呢? 尽管党内对这一理论最终普遍拥护,但在宣传贯彻上还不那么迅速。作为中共中央机关报的《人民日报》,对最高国务会议讲话和宣传工作会议的讲话都没有做及时的宣传,这引起毛泽东的不满。

4 月 10 日,毛泽东从杭州回到北京后,召集陈伯达、胡乔木、周扬、邓拓等人,对《人民日报》这一时期的工作提出严厉批评。他说,《人民日报》最近的社论都没有提到最高国务会议和宣传工作会议,好像世界上没有发生这回事。中央开的很多会议你们都参加了,参加了会回去不写文章,这是白坐板凳。以

---

① 中共中央文献研究室编:《毛泽东传(1949—1976)》(上),中央文献出版社 2003 年版,第 642 页。

② 季羡林主编:《没有情节的故事》,北京十月文艺出版社 2001 年版,第 270 页。

后谁写文章,让谁来开会。①

实际上,《人民日报》不宣传,是得到毛泽东首肯的。胡乔木后来就回忆说,关于正确处理人民内部矛盾的问题,"毛主席最初认为暂时不要宣传,怕别的国家接受不了。可是后来上海文汇、新民报这些非党的报纸大讲特讲,毛主席感到应该讲,对人民日报、解放日报不宣传作了严厉的批评。"②

这时的毛泽东把能不能正确处理人民内部矛盾,看作是新形势下党的事业能不能向前推进的主要问题。为了从根本上扭转党内不少人的思想认识跟不上形势发展的状况,4 月 19 日,他为中共中央起草了一个指示,要求各省、市、自治区,中央各部和国家机关各党组,限期将正确处理人民内部矛盾问题的讨论和执行情况报告中央。在这个指示中,毛泽东最关心的问题是:1. 党的各级领导干部对关于正确处理人民内部矛盾问题是否想通了、认识清楚了;2. 党内某些人中存在的国民党作风是否开始有所改变;3. 第一把手是否认真抓起了思想政治工作;4. 党和党外人士(特别是知识分子)间不正常的紧张气氛是否有所缓和;5. 对人民闹事能不能采取正确的态度。

这些问题,是毛泽东最近两个月反复讲述的问题。他最担心的是,党的领导不能跟上迅速发展的形势,甚至落后于党外人士要求共产党转变思想、转变作风日益高涨的呼声,以致陷入被动局面。于是,毛泽东决定提前发动全党整风。

1957 年 4 月 27 日,中共中央发出《关于整风运动的指示》和《关于整风和干部参加劳动》的文件。在《关于整风和干部参加劳动》的文件中,中央指出:"现在正在全国范围内进行关于正确处理人民内部矛盾这个重大问题的公开讨论中,这个讨论可能延长几个月。党的整风指示,日内即可发出,即以正确处理人民内部矛盾为主题,发扬正确的思想作风,纠正主观主义、官僚主义、宗派主义的错误的思想作风。"③

为配合全党整风的形势发展需要,从 4 月 24 日开始,毛泽东开始着手修改《关于正确处理人民内部矛盾的问题》的讲话,修改过程,大致可以分为两

---

①　逄先知、金冲及主编:《毛泽东传(1949—1976)》(上),中央文献出版社 2003 年版,第 665 页。

②　《胡乔木回忆毛泽东》,人民出版社 1994 年版,第 23 页。

③　《毛泽东文集》第七卷,人民出版社 1999 年版,第 294 页。

个阶段:第一阶段,4月24日到5月10日;第二阶段,5月24日到6月17日。两个阶段共历时55天,修改达13次之多。

第一阶段,从4月24日到5月7日,形成了第一个修改稿,他称作"自修稿第一稿"。5月8日,毛泽东接连改出两稿,上午改出"自修稿第二次稿",下午改出"自修稿第三次稿"。5月9日和10日,毛泽东改出"自修稿第四稿",他把这个修改稿注明为"草稿第一稿"。

第二阶段,5月24日,毛泽东改出了征求意见的第二稿。5月25日,毛泽东改出了征求意见的第三稿。5月27日,毛泽东改出了征求意见的第四稿。5月28日,毛泽东改出了征求意见的第五稿。6月1日,在几位"秀才"参加下,毛泽东改出了征求意见的第六稿。6月3日凌晨,在几位"秀才"参加下,毛泽东改出了征求意见的第七稿,他把这一稿称作"6月8日修正稿"。6月14日,毛泽东改出了征求意见的第八稿,他注明"六月十四日修正稿"。6月16日,毛泽东改出了征求意见的第九稿,他注明"六月十六日定稿"。6月17日,毛泽东改出了征求意见的第十稿,注明是"最后定稿"。

两个阶段,在修改上有不同的侧重。从总体上看,内容修改最多、改动最大的主要集中于第一部分和第八部分。第一阶段,在形式上主要是文字润色和逻辑顺序调整,在内容上主要是将此前及这一时期他的讲话和谈话内容补充进文中,并阐发了对立统一规律理论和分析了一些方针政策和社会问题,使论述更加深入和全面。这些修改和原讲话内容在精神上是一致的。随着整风运动的推进,形势发生了很大变化,使毛泽东对于右派进攻的形势作了过分严重的估计。表现在第二阶段的修改上,其中最为关键的修改有两点:第一,虽然承认革命时期的大规模的急风暴雨式的群众阶级斗争已基本结束,但是强调阶级斗争并没有结束,无产阶级和资产阶级之间的阶级斗争,无产阶级和资产阶级之间在意识形态方面的阶级斗争,"还是长期的,曲折的,有时甚至是很激烈的"①;第二,提出了判断我国政治生活言行是非的六条标准。"一些重要修改,更多地体现了对于右派进攻所作的思考和开展反击右派进攻后的认识。"②

---

① 《毛泽东文集》第七卷,人民出版社1999年版,第230页。
② 石仲泉:《如何看待毛泽东对〈关于正确处理人民内部矛盾的问题〉的修改》,《中共党史研究》2007年第3期。

　　6月19日,最后定稿的《关于正确处理人民内部矛盾的问题》在《人民日报》全文发表。文章发表后,全国其他主要报纸也都全文刊载。国际上,苏联《真理报》全文刊载此文,其他几家重要报纸也刊载了文章的摘要。不久,美国《纽约时报》全文刊载并发表评论,美国许多报纸也刊载了这篇讲演的消息。

主要内容与意义

　　《关于正确处理人民内部矛盾的问题》,把现实中的问题上升到理论高度加以阐述,运用矛盾分析方法,多角度深层次全方位地论述了人民内部矛盾。

　　(一)创立了社会主义社会矛盾学说。

　　马克思、恩格斯运用辩证唯物主义理论考察分析整个世界,认为万事万物皆有矛盾,矛盾无处不在,无时不有;矛盾是事物发展的动力和源泉。但是在人类社会进入到了社会主义社会阶段,是否还是这样,马克思、恩格斯没有说。列宁虽然认为"对抗和矛盾不是一回事。在社会主义下,对抗将会消失,矛盾仍将存在。"①但是由于他去世得过早,经历的社会主义实践太少,还没来得及对社会主义社会的矛盾展开论述。斯大林长期否认社会主义社会矛盾的存在。毛泽东运用对立统一规律分析社会主义社会,指出了在社会主义社会,矛盾不仅存在,而且具有特殊性,以及如何对待矛盾等问题。

　　首先,社会主义社会的矛盾是客观存在的,具有普遍性与特殊性。在《关于正确处理人民内部矛盾的问题》第一部分,毛泽东开门见山,批评了那种认为我们的社会里已经没有任何矛盾的看法,指出:"没有矛盾的想法是不符合客观实际的天真的想法。"②"许多人不敢公开承认我国人民内部还存在着矛盾,正是这些矛盾推动着我们的社会向前发展。许多人不承认社会主义社会

---

① 《列宁全集》第60卷,第281—282页。
② 《毛泽东文集》第七卷,人民出版社1999年版,第204页。

还有矛盾,因而使得他们在社会矛盾面前缩手缩脚,处于被动地位;不懂得在不断地正确处理和解决矛盾的过程中,将会使社会主义社会内部的统一和团结日益巩固。"①这就明确说明我国在进入社会主义社会后依然存在矛盾,而且指明对矛盾的不同认识直接影响到对待矛盾的态度,不承认社会主义社会存在矛盾这个事实,是不利于社会主义建设的。在现实中,要勇于承认矛盾,正视矛盾,而不是回避矛盾。紧接着,毛泽东又进一步指出,社会主义社会的矛盾具有特殊性,它不同于旧社会的矛盾,"例如同资本主义社会的矛盾,是根本不相同的。资本主义社会的矛盾表现为剧烈的对抗和冲突,表现为剧烈的阶级斗争,那种矛盾不可能由资本主义制度本身来解决,而只有社会主义革命才能够加以解决。社会主义社会的矛盾是另一回事,恰恰相反,它不是对抗性的矛盾,它可以经过社会主义制度本身,不断地得到解决。"②此外,毛泽东还指出了现实中存在着大量不同类矛盾,这些矛盾也各有其特点,具体表现为《关于正确处理人民内部矛盾的问题》一文中所讲的十一个问题,即肃反问题、农业合作化问题、工商业者问题等。

其次,提出了社会主义社会基本矛盾。"在社会主义社会中,基本的矛盾仍然是生产关系和生产力之间的矛盾,上层建筑和经济基础之间的矛盾。"由于这两对矛盾囊括了社会生活的基本领域,贯穿于人类社会发展过程始终,规定着各种社会形态和社会制度的基本性质,是其他一切社会矛盾的根源。它的运动,决定着社会性质的变化和社会经济政治文化的前进方向。因此,提出社会主义社会的基本矛盾是生产力和生产关系、经济基础和上层建筑之间的矛盾,也就意味着社会主义社会基本矛盾是推动社会主义社会发展的动力,从而第一次揭示了社会主义社会发展的内在动力。

随后,毛泽东又论述了社会主义社会基本矛盾的性质特点,"不过社会主义社会的这些矛盾,同旧社会的生产关系和生产力的矛盾、上层建筑和经济基础的矛盾,具有根本不同的性质和情况罢了。我国现在的社会制度比较旧时代的社会制度要优胜得多。"③在谈了新旧社会矛盾的区别后,毛泽东着重谈

① 《毛泽东文集》第七卷,人民出版社 1999 年版,第 213 页。
② 《毛泽东文集》第七卷,人民出版社 1999 年版,第 213—214 页。
③ 《毛泽东文集》第七卷,人民出版社 1999 年版,第 214 页。

了社会主义社会基本矛盾内部既相适应又相矛盾的两个方面的内容,即"社会主义生产关系已经建立起来,它是和生产力的发展相适应的;但是,它又还很不完善,这些不完善的方面和生产力的发展又是相矛盾的。除了生产关系和生产力发展的这种又相适应又相矛盾的情况以外,还有上层建筑和经济基础的又相适应又相矛盾的情况。"①正是这种既相适应又相矛盾的关系,促进了社会的运动发展。

总之,毛泽东所创立的社会主义社会矛盾学说,不仅在理论上批驳了社会主义社会无矛盾论,揭示了社会主义社会发展动力,而且还为中国的改革提供了理论依据。

(二)系统地阐述了两类矛盾学说。

关于在社会主义社会存在两类矛盾的问题,马克思、恩格斯、列宁、斯大林都没有作出系统性的论述。《关于正确处理人民内部矛盾的问题》第一次完整地创立了社会主义社会两类矛盾的新理论,这是对社会主义社会矛盾学说的新发展。

首先,毛泽东尝试着区分两类不同的矛盾,并且提出了判断标准。他指出:"在我们的面前有两类社会矛盾,这就是敌我之间的矛盾和人民内部的矛盾。这是性质完全不同的两类矛盾。"对于如何认识这两类矛盾,毛泽东对此从概念上加以区分,"应该首先弄清楚什么是人民,什么是敌人。人民这个概念在不同的国家和各个国家的不同的历史时期,有着不同的内容。"②"在现阶段,在建设社会主义的时期,一切赞成、拥护和参加社会主义建设事业的阶级、阶层和社会集团,都属于人民的范围;一切反抗社会主义革命和敌视、破坏社会主义建设的社会势力和社会集团,都是人民的敌人。"③为了便于弄清在我国人民的政治生活中,怎样判断言论和行动的是非问题,即如何区分敌我的问题,毛泽东提出了辨别香花和毒草的六条政治标准:(一)有利于团结全国各族人民,而不是分裂人民;(二)有利于社会主义改造和社会主义建设,而不是不利于社会主义改造和社会主义建设;(三)有利于巩固人民民主专政,而不

---

① 《毛泽东文集》第七卷,人民出版社1999年版,第215页。

② 《毛泽东文集》第七卷,人民出版社1999年版,第204—205页。

③ 《毛泽东文集》第七卷,人民出版社1999年版,第205页。

是破坏或者削弱这个专政;(四)有利于巩固民主集中制,而不是破坏或者削弱这个制度;(五)有利于巩固共产党的领导,而不是摆脱或者削弱这种领导;(六)有利于社会主义的国际团结和全世界爱好和平人民的国际团结,而不是有损于这些团结。他指出:"这六条标准中,最重要的是社会主义道路和党的领导两条。"①

其次,毛泽东认为,两类矛盾有不同的性质和内容。"许多人对于敌我之间的和人民内部的这两类性质不同的矛盾分辨不清,容易混淆在一起。应该承认,这两类矛盾有时是容易混淆的。"②造成这种现象出现的原因主要在于两类矛盾之间既有区别,又有联系。两类矛盾虽然具有不同的性质,但是却可以在一定条件下相互转化。具体而言,敌我之间的矛盾是对抗性的矛盾,人民内部矛盾是非对抗性的矛盾,它的产生有社会历史性,在不同的时期有着不同的内容,"一般说来,人民内部的矛盾,是在人民利益根本一致的基础上的矛盾。"③"在一般情况下,人民内部的矛盾不是对抗性的。但是如果处理得不适当,或者失去警觉,麻痹大意,也可能发生对抗。"④

毛泽东就此具体阐述了人民内部矛盾的内容。他指出:"在我国现在的条件下,所谓人民内部的矛盾,包括工人阶级内部的矛盾,农民阶级内部的矛盾,知识分子内部的矛盾,工农两个阶级之间的矛盾,工人、农民同知识分子之间的矛盾,工人阶级和其他劳动人民同民族资产阶级之间的矛盾,民族资产阶级内部的矛盾,等等。"⑤此外,还存在政府与人民群众之间的矛盾,包括国家、集体和个人之间的利益矛盾,民主同集中的矛盾,领导与被领导之间的矛盾,领导干部官僚主义作风同群众之间的矛盾等。

再次,毛泽东阐述了区分两类矛盾的必要性。"在这个时候,我们提出划分敌我和人民内部两类矛盾的界限,提出正确处理人民内部矛盾的问题,以便团结全国各族人民进行一场新的战争——向自然界开战,发展我们的经济,发

---

① 《毛泽东文集》第七卷,人民出版社 1999 年版,第 234 页。
② 《毛泽东文集》第七卷,人民出版社 1999 年版,第 212 页。
③ 《毛泽东文集》第七卷,人民出版社 1999 年版,第 206 页。
④ 《毛泽东文集》第七卷,人民出版社 1999 年版,第 211 页。
⑤ 《毛泽东文集》第七卷,人民出版社 1999 年版,第 205 页。

展我们的文化,使全体人民比较顺利地走过目前的过渡时期,巩固我们的新制度,建设我们的新国家,就是十分必要的了。"①这就把区分两类矛盾的必要性交代得一清二楚,目的在向自然界开战,建设社会主义新国家。

　　最后,毛泽东相应地提出了处理两类矛盾的方法。"敌我之间和人民内部这两类矛盾的性质不同,解决的方法也不同。简单地说起来,前者是分清敌我的问题,后者是分清是非的问题。当然,敌我问题也是一种是非问题。""但是这是和人民内部问题性质不同的另一类是非问题。"②对于敌我矛盾,毛泽东主张采用专政的方法解决。"专政的第一个作用,就是压迫国家内部的反动阶级、反动派和反抗社会主义革命的剥削者,压迫那些对于社会主义建设的破坏者,就是为了解决国内敌我之间的矛盾。"③"专政还有第二个作用,就是防御国家外部敌人的颠覆活动和可能的侵略。在这种情况出现的时候,专政就担负着对外解决敌我之间的矛盾的任务。"④对于人民内部矛盾,则主张采用民主的方法解决。"凡属于思想性质的问题,凡属于人民内部的争论问题,只能用民主的方法去解决,只能用讨论的方法、批评的方法、说服教育的方法去解决,而不能用强制的、压服的方法去解决。"⑤"在民主这个总原则下,处理人民内部的政治思想方面的矛盾,要用'团结——批评——团结'的方法;处理科学、文化领域中的矛盾,要用'百花齐放、百家争鸣'的方法;处理共产党和民主党派之间的矛盾,要用'长期共存、互相监督'的方法;处理人民内部经济利益方面的矛盾,要兼顾国家、集体和个人的利益,即'统筹兼顾、适当安排';等等。"⑥

　　在此,有两点需要注意:一、毛泽东强调用民主的方法解决人民内部矛盾,但并不排除采用必要的行政命令。"人民为了有效地进行生产、进行学习和有秩序地过生活,要求自己的政府、生产的领导者、文化教育机关的领导者发布各种适当的带强制性的行政命令。没有这种行政命令,社会秩序就无法维

---

① 《毛泽东文集》第七卷,人民出版社 1999 年版,第 216 页。
② 《毛泽东文集》第七卷,人民出版社 1999 年版,第 206 页。
③ 《毛泽东文集》第七卷,人民出版社 1999 年版,第 207 页。
④ 《毛泽东文集》第七卷,人民出版社 1999 年版,第 207 页。
⑤ 《毛泽东文集》第七卷,人民出版社 1999 年版,第 209 页。
⑥ 雍涛:《人民内部矛盾学说的历史反思》,湖北人民出版社 2000 年版,第 101 页。

持,这是人们的常识所了解的。"①二、由于两类矛盾可以相互转化,"我们必须学会全面地看问题,不但要看到事物的正面,也要看到它的反面。在一定的条件下,坏的东西可以引出好的结果,好的东西也可以引出坏的结果。"②那么,在处理两类矛盾时,就应当创造条件使对抗性的矛盾转变为非对抗性的矛盾,使坏事变为好事。

(三)确立了国家政治生活的主题。

对于一个执政党而言,大规模的用以解决对抗性矛盾的革命阶级斗争已成过去,革命年代被掩盖的非对抗性矛盾逐渐凸显出来,需要面对的是大量非对抗性的人民内部矛盾。实践的发展变化,便把如何处理人民内部矛盾作为一个重大理论课题提了出来。毛泽东《关于正确处理人民内部矛盾的问题》一文,顺应实践的需要,取高屋建瓴之势,开门见山,写道:"关于正确处理人民内部矛盾,这是一个总题目。""在这里,也要说到敌我矛盾的问题,但是重点是讨论人民内部的矛盾问题。"③这就明确指出了在我国社会主义生产资料私有制改造完成以后,正确处理人民内部矛盾是国家政治生活的主题。

针对"正确处理人民内部矛盾"这个主题,毛泽东在进行深入展开时,为了消除人们的思想困惑,对于有些人认为提出采用民主方法解决人民内部矛盾是一个新问题的问题,作了回答:"为什么现在又有人觉得这是一个新问题呢? 这是因为过去国内外的敌我斗争很尖锐,人民内部矛盾还不像现在这样被人们注意的缘故。"④

其实,关于人民内部矛盾的问题,毛泽东早有论述,只是没有《关于正确处理人民内部矛盾的问题》系统完整罢了。早在 1956 年 4 月,毛泽东在《论十大关系》的讲话中,便具体讲了十个方面的矛盾,而这十个方面的矛盾,又被毛泽东纳入了 1957 年 2 月 27 日的讲话中。这就是说,十大关系是与人民内部矛盾相关的内容,具有内在一致性。《关于正确处理人民内部矛盾的问题》一文围绕"正确处理人民内部矛盾"这个主题,从不同角度讲了十一种矛

---

① 《毛泽东文集》第七卷,人民出版社 1999 年版,第 209 页。
② 《毛泽东文集》第七卷,人民出版社 1999 年版,第 238 页。
③ 《毛泽东文集》第七卷,人民出版社 1999 年版,第 204 页。
④ 《毛泽东文集》第七卷,人民出版社 1999 年版,第 212 页。

盾,其中有十个内容是讲人民内部矛盾,即经济生活领域:农业合作化,工商业者,统筹兼顾、适当安排,节约,中国工业化道路;政治生活领域:少数民族,长期共存、互相监督;意识形态领域:知识分子,百花齐放、百家争鸣;社会生活领域:少数人闹事。可以说,《关于正确处理人民内部矛盾的问题》是对《论十大关系》的升华,它从宏观上分析了社会主义社会的矛盾及其运动规律,特别是阐述了人民内部矛盾的相关内容及处理办法,把正确处理人民内部矛盾作为社会主义社会政治生活的主题,并进一步指出正确处理人民内部矛盾的目的是要发展生产力,进而建设社会主义新中国。

在 1956 年社会主义制度刚刚建立之后,毛泽东和党中央审慎而密切地关注着国内外的情况,适时地于 1957 年提出了正确处理人民内部矛盾的理论问题,并把它确立为国家政治生活的主题,具有重大意义。

回顾历史,才见前人探索的艰辛;重温经典,方显理论指导的重大。正如薄一波指出的那样:"毛主席为什么提出正确处理人民内部矛盾的问题? 概括地说,不仅是由我国革命时期转入全面建设时期的迫切需要,也是对中国革命和建设经验以及整个国际共产主义运动经验的深刻总结。"[1]《关于正确处理人民内部矛盾的问题》一文,所论述的关于正确处理人民内部矛盾问题的思想,破除了教条主义造成的对社会主义社会的一些误解,创造性地发展了历史唯物主义的基本原理,运用对立统一规律观察、分析社会主义社会,第一次建立了比较系统的关于社会主义社会矛盾的理论。它及时地抓住、提出和解决了如何处理人民内部矛盾这个在社会主义条件下出现的新的重大课题。历史证明,这个学说对于社会主义制度和国家的巩固、发展,具有极其重要的意义。[2] 直到今天,《关于正确处理人民内部矛盾的问题》这一文献,对于我们正确处理好人民内部矛盾、坚持和发展中国特色社会主义,仍然具有很强的现实指导意义。

（李庆刚　撰稿）

---

[1]　薄一波:《若干重大决策与事件的回顾》下卷,中共中央党校出版社 1993 年版,第 567—568 页。

[2]　《毛泽东人生纪实》下卷,凤凰出版社 2011 年版,第 1775—1776 页。

十九

《毛泽东外交文选》
导　读

　　毛泽东不仅是中国现代史上最伟大的政治家,也是最伟大的外交战略家。他在漫长的革命生涯、建国和治国生涯中,既三内政,也主外交,尤其是在新中国成立后长达二十七年的执政时间里,中国共产党和中华人民共和国的重要外交战略方针和政策,几乎都由他主持制定。在为中国独立自强、建设社会主义美好国家的过程中,毛泽东根据中国当时的国际环境确立的适应中国社会发展需要的国际战略,主持制定的外交政策和依此而展开的外交活动,不仅在当时为中国社会的稳定发展和经济繁荣作出了巨大贡献,也为当今中国的外交事业的发展奠定了基础。

　　毛泽东在主持和从事外交活动、制定外交战略和策略时,形成了丰富的外交思想和理论。1994 年,中央文献出版社、世界知识出版社联合出版了由中华人民共和国外交部和中央文献研究室合作编辑的《毛泽东外交文选》,便是一部记录毛泽东这些丰富的外交思想和理论的文献汇集。《毛泽东外交文选》总共收录了毛泽东有关外交方面的文献 150 篇,其起讫时间为 1937 年 7 月至 1974 年 5 月。透过这部著作,可以大体把握毛泽东的外交思想及其发展脉络。

毛泽东外交思想的形成与发展

　　毛泽东外交思想发展的分期,若以新中国的成立为界,可以分为新中国成立以前时期和新中国成立以后时期。新中国成立以前的 20 世纪 20 年代及 30 年代,中国共产党领导下的苏维埃政府及至边区政府,还没有真正意义上的外交,但在 40 年代,中国共产党亦有一些外事活动,特别是对美国、苏联等国的外事活动。尽管直接外交活动不很多,但毛泽东的一些重要的外交思想却是在这一时期孕育形成的。1949 年,蒋介石逃到台湾,共产党领导的中华人民共和国政府取代了中华民国政府,正式行使国家主权并实行对外交往,自 20 世纪 50 年代至 70 年代这二十余年间取得了丰硕的外交成果。在开拓和发展新中国外交事业的过程中,毛泽东的外交思想为适应实践的需要也变得丰富起来,并形成了自己独特的体系。

　　但从其外交实践和外交战略重心的转移过程来看,毛泽东外交思想的发展则可以分为四个历史阶段。1937 年 7 月①抗日战争全面爆发至 1949 年 10 月新中国成立之前这一时期,为毛泽东外交思想发展的初始阶段,其战略重心是反抗日本侵略者和反对扶植蒋介石反动派的美帝国主义。1949 年 10 月新中国成立至 1957 年 11 月在莫斯科召开共产党和工人党代表大会这一时期,为毛泽东外交思想全面展开的阶段,其战略重心是“一边倒”向以苏联为代表的社会主义国家。1958 年中国拒绝与苏联合作建立长波电台和共同舰队,至 1963 年夏中共代表团在莫斯科与苏共代表团会谈,及苏、美、英“三国条约”的签订这一时期,为毛泽东外交思想进一步发展演化的阶段,其战略重心渐渐离开“一边倒”的政策而谋求英、法、中、苏四大国结盟以抗拒美国。1963 年夏至 1969 年苏军入侵中国领土珍宝岛及拟对中国实施核威胁这一时期,是毛泽东

---

① 　将 1937 年抗日战争全面爆发作为毛泽东外交思想的起点,是因为从这时起毛泽东才真正开始提出一些外交主张。同时,《毛泽东外交文选》中收录的第一篇文献的时间是 1937 年。

外交思想发展的战略转移阶段,其重心是拒苏抗美。1970年美国总统尼克松谋求与中国和解至1976年毛泽东逝世这一时期,为毛泽东外交思想的战略调整阶段,其战略重心是与美国缓和,并以"三个世界"的理论为基础,号召第三世界国家联合第二世界国家结成国际统一战线,以抗拒苏美两个"超级大国",其抗拒重心已移至苏联。

纵观毛泽东的外交思想,其主要理论观点有四项:1.中国的独立自强是对外交往的基础;2.和平共处五项原则是对外交往的准则;3.处置对美对苏关系是外交战略的轴心;4.结成国际统一战线是抗拒霸权主义的保证。

毛泽东在外交实践活动中丰富的外交思想以及外交战略重心的演化和转移,都较为集中地反映在《毛泽东外交文选》中。故要探讨毛泽东外交思想的战略重心及其发展演化进程,拟先对《毛泽东外交文选》进行具体研究,在总体上把握毛泽东外交思想。

对外交往的基础和准则

(一)中国的独立自强是对外交往的基础。

在研究毛泽东外交思想的时候,首先不应忽视的是中华民族数千年以来以东方大国的姿态自立于世的悠久历史,和以自己的力量战胜外族入侵以光复自己民族的斗争传统,也不应忽视中国自近代以来开始落后于世界的发展而遭受西方(英、法、德、美、俄等国)与东方(日本)列强的侵略和掠夺的百年灾难史。尤其是自1840年鸦片战争以来,中国被迫与一些侵略国家签订了一系列丧权辱国、割地赔款的条约,渐渐沦为外国列强的殖民地、半殖民地。这种历史的耻辱一直是百年来反抗外敌的中华民族的优秀人物的心灵重负,同时也是这些优秀人物独立自强、光复自己国家并决心建设一个强盛国家的巨大动力。

作为伟大的爱国主义者和民族英雄,毛泽东既继承了中华民族敢于反抗外来侵略的光荣历史传统,也负有一种建设一个强大中国的历史使命感。从中国自近代以来由于经济落后、国力贫弱而屡遭列强欺侮的历史教训中,从弱国无外交这一严峻的真理中,毛泽东希冀中国的强大,渴望中国早日实现工业化以走向富强。1963 年 9 月,毛泽东在修改《关于工业发展问题(初稿)》时曾写下了如下一段话:"我国从十九世纪四十年代起,到二十世纪四十年代中期,共计一百零五年时间,全世界几乎一切大中小帝国主义国家都侵略过我国,都打过我们,除了最后一次,即抗日战争,由于国内外各种原因以日本帝国主义投降告终以外,没有一次战争不是以我国失败、签订丧权辱国条约而告终。其原因:一是社会制度腐败,二是经济技术落后。""如果不在今后几十年内,争取彻底改变我国经济和技术远远落后于帝国主义国家的状态,挨打是不可避免的。"①这些话表明,毛泽东心里非常清楚,一个国家只有富强,才有独立和统一,才不致挨打。国与国之间的关系是以实力地位为先决条件的,一个国家强大与否是该国对外交往的根本。正因为如此,独立自强,建设现代化强国以作为外交的基础便构成毛泽东外交思想的出发点。

　　本着独立自强的原则,毛泽东把建设一个现代化的强国作为自己确定不移的目标,并尽其一切可能将它付诸实施。1954 年,以毛泽东为首的中国党政领导人提出建设强大的现代化工业、现代化农业、现代化交通运输业和现代化国防的目标,并在 20 世纪 60 年代对"四个现代化"问题加以多次解释和重申。为了在外交上不致受人欺侮,毛泽东在 1958 年就设想用十年功夫搞一点原子弹、氢弹,在 1970 年又提出要搞人造卫星。中国 20 世纪 60 年代核武器研制的成功,正是在自己已具有一定经济实力和科技水平基础上进行的。随着经济的较快发展和综合国力的增强,中国的国际威望和外交地位不断提高。

　　当然,鉴于中国一穷二白的历史基础,毛泽东在提倡自力更生建设社会主义现代化强国的同时,也努力争取外援,并首先争取社会主义苏联的援助,同时也努力争取其他一些工业国家的援助。

　　由于看重实力地位在外交中的作用,毛泽东尽管在气势上和战略上把帝国主义说成"纸老虎",但在具体策略上和战术上则把帝国主义看成"真老虎",非常重视它。20 世纪 50 年代,当中国的综合国力还很弱的时候,毛泽东

①　《毛泽东文集》,人民出版社 1999 年版,第 340 页。

常常自叹中国是个弱国;到 60 年代中期,中国有了自己的核弹,终于打破了核大国的核垄断地位;70 年代中期,中国的人造卫星上天,这表明中国在航天科学与技术上也在追赶发达国家。当中国拥有这一切,并在 20 世纪 70 年代已初步建成了一个相对完整的工业体系和国防工业体系的时候,毛泽东终于能够这样说:"现在已不是几十年前那样,谁人都可以在中国头上拉屎拉尿。"[1] 正是因为中国的国际政治地位和影响随着中国经济实力、国防实力的日益增强而逐渐朝大国地位靠近,迫使对中国长期采取敌视政策的美国在 20 世纪 70 年代初开始与中国对话,并实现与中国关系的正常化。与此同时,中国在联合国安理会的合法席位也终于得以恢复,这终于为中国在国际政治舞台上维护自己的主权和发挥更多的作用打开了方便之门。

(二)和平共处五项原则是对外交往的准则。

实力地位是外交的基础,和平共处五项原则则是外交的准则。和平共处五项原则的主要内容是:互相尊重主权和领土完整、互不侵犯、互不干涉内政、平等互利、和平共处。它作为国与国之间关系的准则,已在世界上得到广泛承认与运用。这五项基本原则之所以为毛泽东为首的中国政府领导人在 20 世纪 50 年代初所创制,同样与中国曾长期受外国的侵略和欺负,主权和领土完整得不到保障,在与外国的交往中往往处于不平等地位的历史有密切关系,也与以毛泽东为代表的中国革命者为反抗外族压迫、争取民族平等的奋斗经历有密切关系。长期遭受外国列强殖民侵略所受到的切肤之痛的感觉,推动着毛泽东那一代革命家在寻找救国方法时选择了俄国十月革命的道路,并把革命的爱国主义与马列主义的国际主义原则统一起来,从惨痛的历史教训中,从现实的革命斗争和党的外交事业的实践中总结出了国与国之间交往的这五项准则。这五项具有创造性的准则,可以说是国际交往的最为公正的原则。

和平共处五项原则的完整提出是在 20 世纪 50 年代初期,但其思想渊源却可以追溯到抗日战争时期甚至更早的年代。1945 年夏,毛泽东在中共七大的政治报告中阐述中国共产党的外交政策时,就提出了保卫世界和平、互相尊重国家的独立和平等地位、互相增进国家和人民的利益与友谊等问题。1949

———————

[1] 《毛泽东外交文选》,中央文献出版社、世界知识出版社 1994 年版,第 589 页。

年1月,毛泽东在审阅中共中央关于外交问题的指示时,在阐明一些具体政策之后,指出中国外交关系中"最重要的一项",是"不允许任何外国及联合国干涉中国内政。因为中国是独立国家,中国境内之事,应由中国人民及人民的政府自己解决。"①1949年3月,在中共七届三中全会的报告中,毛泽东坚定不移地提出应当"有步骤地彻底摧毁帝国主义在中国的控制权","不承认国民党时代的任何国外外交机关和外交人员的合法地位,不承认国民党时代的一切卖国条约的继续存在,取消一切帝国主义在中国开办的宣传机关,立即统制对外贸易,改革海关制度"等等,主张"按照平等原则同一切国家建立外交关系"。② 1949年4月,毛泽东在《中国人民解放军总部发言人为英国军舰暴行发表的声明》中,进一步阐明了互相尊重主权和领土完整、平等互利的外交思想。他严正阐明了新中国政权的外交立场:"愿意考虑同各外国建立外交关系,这种关系必须建立在平等、互利、互相尊重主权和领土完整的基础上"③。在1949年10月1日开国大典的公告中,毛泽东重申了这些外交原则:"凡愿遵守平等、互利及互相尊重领土主权等项原则的任何外国政府",中国"政府均愿与之建立外交关系"。④

新中国成立后,开拓和发展对外关系便成为一个现实的问题。在新中国与苏联等十余个社会主义国家,尤其是与一些亚洲国家建立外交关系及建交后的外事往来过程中,毛泽东关于处理国与国之间关系的准则得以迅速扩展和升华,以致臻于完备,这样就开始形成和平共处五项原则的思想。1953年12月至1954年4月,中国政府代表团和印度政府代表团就中印两国在中国西藏地方的关系问题谈判开始时,中国方面首先提出互相尊重领土主权、互不侵犯、互不干涉内政、平等互惠、和平共处这五项原则,为印度方面所接受并正式写入双方达成的《中印关于中国西藏地方和印度之间的通商和交通协定》的序言中。1954年6月,周恩来总理出访印度,在与印度总理尼赫鲁发表联合声明时,再次采用了和平共处五项原则的提法,并在文字上作了修饰,其表

① 《毛泽东外交文选》,中央文献出版社、世界知识出版社1994年版,第78页。
② 《毛泽东外交文选》,中央文献出版社、世界知识出版社1994年版,第79—80页。
③ 《毛泽东外交文选》,中央文献出版社、世界知识出版社1994年版,第85页。
④ 《毛泽东外交文选》,中央文献出版社、世界知识出版社1994年版,第116页。

述也更规范:互相尊重主权和领土完整,互不侵犯,互不干涉内政,平等互利,和平共处。此后,尤其经过 1954 年 12 月亚非二十九国联合召开的著名的万隆会议以后,和平共处五项原则作为国与国之间的关系准则开始为亚非国家及少数欧洲国家所接受。

20 世纪 50 年代中期,毛泽东在与一些亚洲国家的领导人及欧洲国家的领导人会谈时,也反复强调和平共处五项原则应是国际间交往的普遍准则。1954 年 10 月在与印度总理尼赫鲁谈话时,毛泽东指出,和平共处五项原则应推广到所有国家关系中去,各国应按五项原则来受约束,承担义务。① 1954 年 12 月与缅甸总理吴努谈话时,毛泽东亦指出,和平共处五项原则是一个长期的方针,它适合于中国的情况,也适合亚洲、非洲绝大多数国家的情况。从社会制度的性质来看,和平共处五项原则不仅适合于社会主义国家,也适合于资本主义帝国主义国家和封建王国。这是因为它有利于促进世界和平。而一个和平的国际环境,各个国家都是需要的。国家不论大小,应该一律平等。② 同时,毛泽东认为应该采取些步骤使五项原则具体实现,使之不至成为抽象的原则。他批评英美等国口头上也说要和平共处,但是它们只是讲讲就算了,并不打算真要,并不采取具体步骤来实现。中国真要与它们和平共处,它们就不干了。③

通过正确的外交政策的制定和实施,中国在 20 世纪 50 年代尽管遭到以美国为首的帝国主义国家的不承认和联合反对,但在外交上仍取得了令人瞩目的胜利。首先中国与苏联为首的十多个社会主义国家率先建立了外交关系,并通过谈判与中国周边的一些亚洲国家及欧洲一些国家在和平共处五项原则基础上建立了外交关系。至 20 世纪 70 年代前期,以美国为首的长期反对中国的国家,也终于在和平共处五项原则的基础上与中国建立了外交关系。自此以后,由中国首创的和平共处五项原则已成为处理国与国之间关系的通用准则,这是以毛泽东为代表的中国政府领导人对国际外交理论的一大贡献。

---

① 《毛泽东外交文选》,中央文献出版社、世界知识出版社 1994 年版,第 163—165 页。
② 《毛泽东外交文选》,中央文献出版社、世界知识出版社 1994 年版,第 177—191 页。
③ 《毛泽东外交文选》,中央文献出版社、世界知识出版社 1994 年版,第 186 页。

重点是处置对美对苏关系

　　处置同美国和苏联这两个大国的关系,是毛泽东全部外交战略的轴心所在。对这两个大国关系的处置之所以成为毛泽东外交战略的轴心,是从 20 世纪初期以来所形成的世界经济政治格局以及政治势力范围的明确划分使然。第一次世界大战以后,位处中国北方、国土横跨欧亚大陆的俄国,在列宁领导下通过十月革命建立了社会主义制度;而大洋彼岸的新生资本主义大国美国则在战后迅速崛起,成为了世界上最为强盛的国家。这两个国家以不同的政治形象给中国以深刻的影响,也以不同的外交方式与中国进行交往。20 世纪中叶,当毛泽东领导中国共产党人夺取反帝反封建的新民主主义革命的胜利,赢得了中国的独立和新生,使中国这个世界上人口最多的国家在亚洲、在地球的东方站立起来的时候,对这两个国家关系的处置自然也就处于优先加以考虑的地位。

　　较之美国来说,苏联对中国革命、对毛泽东的影响更早、更直接,也更巨大。当 1917 年第一个社会主义国家诞生的时候,作为东方大国的中国正处于推翻清朝专制统治、建立民国政府后的复辟和反复辟的斗争中,也正处于反抗英、德、日本等帝国主义列强殖民侵略的斗争中。社会主义的苏俄作为资本主义世界的对立面,它的社会主义榜样和反对帝国主义殖民主义的立场和政策,强烈地鼓舞着世界各资本主义国家的社会主义运动,各个被侵略奴役国家的反对帝国主义侵略的民族解放运动,以及各封建国家反封建专制压迫的民主革命运动。处于反帝反封建革命运动中的中国,同样深受这种世界潮流的影响,尤其是领导中国革命的先进分子,更是对列宁领导下取得的十月革命的胜利欢欣鼓舞。一时间,20 世纪初叶许多觉醒了的中国民主主义革命者纷纷转化为中国第一代马克思主义的共产主义者,以效仿俄国十月革命为时尚。另一方面,苏俄的对外政策也助长着风起云涌的世界革命运动。苏俄倡导成立的共产国际当时是世界各国共产党"支部"的领导中心,指导着各国的共产主义运动,同时也帮助包括中国在内的各国革命者进行民主革命运动。1921 年 7 月,中国共产党在共产国际的帮助下宣告正式成立。自那时起一直到 1953 年斯大林逝世止,中国共产党在中国革命问题上直接受到共产国际,以及列宁、斯大林的指导和影响。

毛泽东作为中国共产党的创始人之一,作为中国共产主义运动的杰出领袖,在政治方向上始终是共产主义的拥护者。在大革命时期,他积极赞成孙中山的三大政策。在土地革命战争和抗日战争时期,他以中国党的重要领导人的身份从共产国际那里得到了许多重要指示,尤其从列宁、斯大林的著作中得到了观察和指导中国革命问题的根本方法。在抗日战争后期和解放战争时期,他与苏联及斯大林在社会主义政治方向上保持着紧密联系,尽管在中国革命的具体策略上观点有巨大分歧。正因为社会主义的政治方向是一致的,所以毛泽东在中国革命胜利前夕和在新中国成立以后的一段时间里,在政治上外交上完全采取“一边倒”的政策,这种情形至 20 世纪 50 年代后期才开始改变。

美国是大洋彼岸新生的年轻资本主义国家,它在 18 世纪下半叶通过反对英国殖民主义的独立战争而获独立。独立以后,随着资本主义经济的迅速发展,美国在政治上开始推行扩张主义政策。美国是一个从摆脱殖民压迫的历史中走过来的崇尚独立和自由主义的资本主义国家,它与另一些野蛮侵略和疯狂掠夺中国的殖民主义国家有不同之处。第二次世界大战期间对中国抗日战争的军事及政治援助,使美国在中国的影响差不多达到顶点。在抗日战争后期,美国还企图弥合中国内部国共之间的分歧,并在抗日战争结束后充当国共之间战争调停人的角色。然而,美国敌视共产主义的政策和遏制共产主义扩张的计划最终使它完全倒向了国民党反动派一方。在中国人民需要和平的时候,它却以大量美元和新式武器来装备蒋介石的军队。中华人民共和国成立以后,美国在 1950 年纠集和操纵“联合国军”悍然出兵朝鲜半岛,却在中朝两国军队打击下,不得已在板门店签订和约。20 世纪 60 年代,美国又在越南冒险,损失惨重后被迫撤军。与军事上的冒险相配合,在新中国成立后的近四分之一的世纪里,美国为首的资本主义国家在经济上对中国一直实行“禁运”封锁政策。不仅如此,美国自恃经济、军事实力雄厚,它赤裸裸地谋求霸权,在世界各地驻军,扮演世界警察的角色。自 1945 年第二次世界大战结束至 1972 年尼克松访华之前,美国所推行的霸权主义和孤立中国的政策,使它成为中国人民的仇敌,成为世界人民的公敌,至少在中国人民的心目中是如此。

处于以国为首的西方国家敌视的国际政治格局中,中国实行"一边倒"向苏联的政策,是一种明智的选择。它使新生的中国赢得了世界另一极政治力量的支持。新中国宣告成立的次日,苏联就宣布予以承认并决定同新中国建立外交关系,断绝同国民党当局的外交关系。两个月内,属于社会主义阵营的保加利亚、罗马尼亚、蒙古、朝鲜等国都迅速与新中国建交,越南也于 1950 年 1 月与新中国建交。紧接着,中国周边民族主义国家如印度、巴基斯坦、印尼也纷纷与中国建交。稍后,少数西欧国家如瑞典、丹麦、瑞士、芬兰等国也与中国建立了外交关系。中苏交好不仅使中国有强大的政治盟友,使中国避免于孤立地位,同时也使中国这个世界社会主义阵营中的主要亚洲国家获得了苏联的经济和科学技术援助。从世界政治大势看,尤其是从世界社会主义运动的角度和无产阶级国际主义立场看,苏联援助冲破帝国主义战线的东方大国中国,实际上也就是援助它自己。苏中结盟,不仅更加壮大了世界社会主义阵营的力量,也使苏联作为社会主义国家盟主的地位进一步提高。

但是,由于苏联与中国在对待马列主义的理论问题上有原则分歧,又有大国沙文主义倾向,中国"一边倒"的政策并未奉行多长。这是由于苏联有损中国主权的对外政策最终激怒了毛泽东,加速了中苏分裂。1958 年夏,苏联要求在中国领土建立中苏共有共管的长波电台和共同舰队,以强固自己的势力范围,尽管它此时正在谋求同美国等西方国家缓和紧张关系,以实行"和平共处"。当中国认为合作建立长波电台、共同舰队有损中国主权而加以拒绝之后,苏联即在 1959 年单方面撕毁向中国提供核技术援助的协议,既报复中国又取悦美国,并在中印冲突中持批评中国的立场。1960 年 7 月,苏联又单方面撕毁有关两国经济技术合作协议,召回了全部援华专家。接踵而来的是中苏之间数年之久的"大辩论"。1964 年夏,苏联外交部官员甚至暗示:中苏友好同盟互助条约并不保证战时苏联协助中国。与之同时,中苏边界纠纷逐渐增多。1969 年 3 月,苏军侵入中国领土珍宝岛。半年后,苏方扬言拟袭击中国西部的核基地,并鼓吹建立一个旨在对付中国的"亚洲集体安全体系"。在苏联媚美反华、敌视中国及核威胁面前,毛泽东并没有因中国势弱而有丝毫的怯懦屈服。相反,面对两个强大的对手,他以大无畏的勇气将苏联与美国并称为"两个大纸老虎"①,认为它们最后是要倒的。但美苏南北夹击的严峻形势迫使毛泽东不得不寻求一种新的外交战略,以迅速改变这种被动局面。面对苏联更直接更咄咄逼人的攻势,毛泽东自然把目光重又投向美国,他拟采用一条"远交近攻"的外交对策以重点对付虎视眈眈于北方的苏联。

而作为中国"头号敌人"的美国,由于 20 世纪 50 年代以来在亚洲的连连失败,尤其是孤立中国的政策未获成功,自 20 世纪 60 年代后期开始调整和改变自己的外交政策。特别是 1969 年尼克松荣任美国总统以后,便开始摒弃杜鲁门主义而推行尼克松主义。1970 年 10 月,尼克松公开表示了访华的愿望和设法使中美关系正常化的愿望。毛泽东及时地把握住了这一历史机遇。中美双方在通过一系列的接触和安排之后,1972 年 2 月,尼克松总统终于飞抵北京与毛泽东会见,从而结束了中美之间二十余年的对抗。中美和解、建交以后,毛泽东虽然仍把美国与苏联并称为超级大国,但由于"现在不存在中美两国互相打仗的问题"②,他反对超级大国的侧重点便放在防备和打垮苏联对中国的进攻之上。在二十多年的时间里,中国目 20 世纪 50 年代"一边倒"向苏联,到后来演化为抗苏反美,发展到 70 年代前期的和美抗苏,这在外交战略上是一种巨大的变化,是在世界范围内处置美、中、苏大三角关系的一种历史性变化。自此以后,这种美、中、苏大三角关系一直延续至 20 世纪 90 年代初苏联解体。然而,对美、中、苏这种大三角关系的适时处置确曾构成毛泽东的外交战略重心。

结成国际统一战线

国际统一战线理论,是毛泽东把在国内政治斗争中所一贯奉行的革命统

---

① 《毛泽东外交文选》,中央文献出版社、世界知识出版社 1994 年版,第 523 页。
② 《毛泽东外交文选》,中央文献出版社、世界知识出版社 1994 年版,第 595 页。

一战线理论推广运用于国际领域、抗拒大国霸权主义的产物。这一理论首先在反对日本侵略者的斗争过程中产生,尔后围绕美、中、苏大三角关系的处置过程而得以发展,并最终以"三个世界"理论的提出而达到终点。

毛泽东最初提出国际统一战线理论是在抗日战争时期。1938 年 2 月,毛泽东在延安反侵略大会上的演说中,在分析中国战胜日本的诸种条件时明确地指出:世界上"现在有三个反侵略的统一战线:中国的统一战线,世界的统一战线,还有一个是日本的统一战线(日本人民反侵略的统一战线)"。① 由于中国"全国的反侵略统一战线""恰好和历史上空前的全世界反侵略统一战线相遇合",并且恰好和历史上空前的日本人民的统一战线相遇合,所以中国的抗战一定可以取得最后胜利。毛泽东在这里虽然没有使用国际统一战线的提法,而是使用"世界的统一战线"的提法,但内容的实质是一样的。同年 5 月,毛泽东在《论持久战》一书中再次提到这三个统一战线,并使用了"国际抗日统一战线"的提法。他说,中国战胜日本"要有三个条件:第一是中国抗日统一战线的完成;第二是国际抗日统一战线的完成;第三是日本国内人民和日本殖民地人民的革命运动的兴起。"②

毛泽东规范使用国际统一战线的提法是在 20 世纪 40 年代初,见之于1941 年他为中共中央起草的对党内的指示中:"目前共产党人在全世界的任务是动员各国人民组织国际统一战线,为着反对法西斯而斗争,为着保卫苏联、保卫中国、保卫一切民族的自由和独立而斗争。"中国共产党在全中国的任务是"坚持抗日民族统一战线,坚持国共合作","在外交上,同英美及其他国家一切反对德意日法西斯统治者的人们联合起来,反对共同的敌人。"③这种情况表明,毛泽东的国际统一战线理论的形成几乎与抗日统一战线理论的形成在时间上同步。

第二次世界大战结束以后,由于出现了以苏联为首的社会主义阵营和以美国为首的资本主义阵营,毛泽东的国际统一战线理论便随着这两大阵营之间的斗争、分化而发展。自第二次世界大战结束至中苏同盟破裂之前,毛泽东

① 《毛泽东外交文选》,中央文献出版社、世界知识出版社 1994 年版,第 7 页。
② 《毛泽东选集》第二卷,人民出版社 1991 年版,第 513 页。
③ 《毛泽东外交文选》,中央文献出版社、世界知识出版社 1994 年版,第 32—33 页。

的国际统一战线策略是以社会主义苏联为中心的。中苏反目之后,毛泽东的国际统一战线策略所倚重的是第三世界广大弱小国家,结联第二世界国家,反对苏美两霸。从具体理论形态及其演进过程看,毛泽东的国际统一战线理论是借助"中间地带"理论演化过渡到"三个世界"理论而达到完善。

"中间地带"的理论在解放战争前期毛泽东就提出来了,其含义指苏美两个大国以外的国家。新中国成立后,在业已形成的苏美两极政治格局的世界范围内,毛泽东的国际统一战线理论和策略更又具有了新的内容。这就是在和平共处五项原则基础上优先发展同苏联为首的社会主义国家的邦交关系,及注重发展同其他愿与中国邦交正常化的资本主义国家的邦交关系,同时也不排除同美英等国建立正常的邦交关系。但由于以美国为首的资本主义国家对中国采取不承认的敌视政策,这迫使毛泽东的国际统一战线理论具有倚重社会主义阵营、团结广大亚非拉国家,利用西方资本主义国家之间的矛盾坚决反对美国霸权主义的色彩。与这种外交策略相对应,毛泽东的中间地带理论的内容也变得丰富起来。20 世纪 50 年代前期,毛泽东在同英国工党代表团谈话时,对"中间地带"的解释是,美国与苏联处于中间地段的两边,美国的目标是占领在这个包括日本、德国在内的广大中间地带的国家。因此,苏联、中国、英国和其他各国彼此都应靠拢些。同时,毛泽东也希望美国采取和平政策。① 在"冷战共处"的 20 世纪 60 年代,毛泽东又设想英、法、苏、中在某些重大国际问题上取得一致意见,并进一步分析了中间地带国家的性质。他认为,处于社会主义阵营和美国之间的中间地带国家的性质各不相同,如英、法、比、荷等是有殖民地的国家,西德、日本等被剥夺了殖民地但是有强大垄断资本的国家;几内亚、阿联、马里、加纳等是取得了真正独立的国家,还有一些名义上是独立实际上是附属的国家。美帝国主义及其走狗是压迫者、剥削者、欺侮者,是矛盾的一个方面;全世界人民,包括工人阶级、农民、城市小资产阶级、革命的民族资产阶级、革命的知识分子,是另一个方面。与大帝国主义美国有矛盾的英、法等帝国主义国家,"可以作为人民的间接同盟者"②。这里明显可

① 《毛泽东外交文选》,中央文献出版社、世界知识出版社 1994 年版,第 161 页。
② 《毛泽东外交文选》,中央文献出版社、世界知识出版社 1994 年版,第 487 页。

见,毛泽东的中间地带理论始终是为他的国际统一战线服务的,目的是把美国这个大帝国主义彻底孤立起来以利打击。

　　20 世纪 60 年代前期,毛泽东提出有两个中间地带的论点。他在同日本客人谈话时说:亚洲、非洲、拉丁美洲是第一个中间地带;欧洲、北美加拿大、日本是第二个中间地带①。毛泽东认为,这些中间地带的国家以及东欧国家对美国不满意,对苏联也不满意。中国与苏联虽属社会主义阵营中的两个国家,但中、苏两国之间的关系还不如中国同日本自由民主党的关系好。② 在这两个中间地带的论点中,"三个世界"的理论已呼之欲出了。正因为如此,毛泽东在提出两个中间地带理论的时候,也开始采用"第三世界"这一概念。1964年与路易斯·斯特朗等人谈话时,毛泽东就曾这样说:"美国现在在两个'第三世界'都遇到抵抗。第一个'第三世界'是指亚、非、拉。第二个'第三世界'是指以西欧为主的一批资本主义高度发展的、有些还是帝国主义的国家"③。毛泽东还认为,美国不仅在两个第三世界都遇到抵抗,而且在苏联、东欧也会遇到抵抗。另一方面,作为"四大核强国之一"的苏联日子也不好过,在社会主义阵营的十三个国家中,支持赫鲁晓夫领导的并没有占多大的多数。不过,以上这种概念的演化并不是内容实质的变化,无论是中间地带概念还是第三世界概念,它指称的都是美、苏两极政治之间的大多数中小国家。但毛泽东这里论述问题的重心开始转移,在思想上开始突破社会主义与资本主义阵营的界线,其中间地带或第三世界理论已明显有反对美苏两霸的新的特点。

　　20 世纪 60 年代末和 70 年代初以来,随着世界经济政治形势新的发展演化,苏联、美国两个超级大国既相互争夺又相互勾结、称霸世界的问题十分突出,因此,团结亚、非、拉广大的发展中国家,联结西欧、加拿大、澳大利亚、日本等国家,遏制苏联、美国的霸权主义便构成毛泽东国际政治战略的重心,构成新时代国际统一战线的内容。这也促使毛泽东突破 20 世纪 60 年代提出的第三世界观点的内容,而提出了新的"三个世界"理论。1974 年,毛泽东同赞比亚总统卡翁达谈话时,着重谈了"三个世界划分"的问题。他明确指出:美国、

---

① 《毛泽东外交文选》,中央文献出版社、世界知识出版社 1994 年版,第 509 页。
② 《毛泽东外交文选》,中央文献出版社、世界知识出版社 1994 年版,第 507 页。
③ 《毛泽东外交文选》,中央文献出版社、世界知识出版社 1994 年版,第 514 页。

苏联是第一世界,日本、欧洲、澳大利亚、加拿大是第二世界,亚洲(除日本外)、非洲、拉丁美洲是第三世界。第一世界是剥削者、帝国主义者或修正主义者,原子弹多,也比较富;第二世界是中间派,原子弹没有那么多,也没有那么富;第三世界是受剥削的人口众多的穷国①,因此,第三世界应团结起来,同第二世界协作,不要让苏联和美国把手伸得太长,对世界上的问题干涉太多。当然,这个曾在20世纪70年代风靡一时的三个世界理论并不是国际统一战线理论的全部。毛泽东的国际统一战线理论还包括其他许多策略方面的内容,如主张大小国家一律平等;反殖民、反种族压迫;号召亚、非、拉国家团结起来维护世界和平,缓和世界局势;提倡利用帝国主义国家之间的矛盾,反对帝国主义侵略战争;不主张输出革命;在反对帝国主义政策时,应将各帝国主义国家区别对待,将这些国家的政府与其广大人民区别开来,将这些国家制定帝国主义政策的人们与政府机关一般工作人员区别开来,等等。总之,在具有丰富内容的国际统一战线理论中,三个世界理论具有特殊重要的地位,它更具战略意义。它的提出使毛泽东的国际统一战线理论达到一新的战略高度,并给予了世界人民反抗大国霸权主义的新的思想武器。

毛泽东逝世四十多年了,当代世界格局也发生了重大变化,如随着苏联解体,苏东社会主义阵营不复存在,中国已成为世界第二大经济体,世界开始朝多极化方向演进。但是,美国仍是超级大国,西方国家和日本是它的重要盟友,西方国家的外交战略基点似乎并没有根本的改变。因此,毛泽东外交思想仍然具有重要现实意义,仍是我们进行外交活动的指导思想:中国对外交往必须建立在独立自强的基础上,中国对外交往恪守的是和平共处五项原则,中国更需要团结广大发展中国家、结成国际统一战线来抗拒美国的霸权主义,以及反对日本军国主义复活,等等。

（胡为雄 撰稿）

---

① 《毛泽东外交文选》,中央文献出版社、世界知识出版社1994年版,第600页。

二十

《毛泽东诗词集》
导　读

　　毛泽东是一位伟大的诗人。在其光辉的一生中,尤其是在投身于新民主主义革命和社会主义建设的实践活动中,毛泽东写了大量的诗词作品。作为集革命家、政治家于一身的诗人,毛泽东的诗词作品既有丰富的政治内容,思想深邃,又有完美的艺术表现形式,两者达到了高度的统一,是革命现实主义和革命浪漫主义相结合的典范。对此,柳亚子曾以"推翻历史三千载,自铸雄奇瑰丽词"[①]赞之。

　　关于学习毛泽东诗词的意义,著名诗人贺敬之有很全面深刻的概括。他说:第一,阅读和研究毛泽东诗词,可以使我们受到潜移默化的革命的诗教,即受到毛泽东思想的教育和启迪;第二,阅读和研究毛泽东诗词,可以丰富我们的历史知识,唤起我们的民族自豪感;第三,阅读和研究毛泽东诗词,可以使我们提升精神境界,磨砺斗争意志,陶冶革命情操,提高心理素质,从而给我们以奋发向上的精神力量;第四,阅读和研究毛泽东诗词,可以欣赏它的雄奇瑰丽的艺术风格,给我们以高尚的审美享受,培育我们健康的诗美情趣。[②]

　　在 1996 年 9 月由中央文献出版社编辑出版的《毛泽东诗词集》中,按照

---

①　柳亚子:《柳亚子文集·磨剑室诗词集》,上海人民出版社 1985 年版,第 1544 页。
②　吴正裕主编:《毛泽东诗词全编鉴赏》,中央文献出版社 2003 年版,代序言,第 2—3 页。

每篇写作时间顺序收集了毛泽东诗词 67 首。现以此书为蓝本，参考其他著作，撷取毛泽东每个时期有代表性的作品进行分析，供读者欣赏，力求达到以点带面、管中窥豹的目的。

早年与走上革命道路时期的诗词

这一时期，即毛泽东青少年时期和投身于革命活动到 1927 年大革命失败。

这一阶段毛泽东的诗词作品代表性的有：《五古·挽易昌陶》(1915 年 5 月)，《七古·送纵宇一郎东行》(1918 年 4 月)、《虞美人·枕上》(1921 年)，《贺新郎·别友》(1923 年)，《沁园春·长沙》(1925 年)，《菩萨蛮·黄鹤楼》(1927 年春)。除此之外，毛泽东于 1919 年底为悼念母亲写的四言古诗《祭母文》，也是难得的一篇佳作。当年 10 月 5 日，毛泽东的母亲病逝，终年 52 岁，与母亲感情深厚的毛泽东日夜兼程赶回韶山，为母亲守灵，料理母亲的后事，并和泪写下了这篇情深意长、让人读了荡气回肠的作品。

下面，让我们以《贺新郎·别友》这首词为例，分析一下毛泽东早期诗词的特色。这首词写于 1923 年 12 月间。先来欣赏一下全文：

挥手从兹去。更那堪凄然相向，苦情重诉。眼角眉梢都似恨，热泪欲零还住。知误会前番书语。过眼滔滔云共雾，算人间知己吾和汝。人有病，天知否？

今朝霜重东门路，照横塘半天残月，凄清如许。汽笛一声肠已断，从此天涯孤旅。凭割断愁丝恨缕。要似昆仑崩绝壁，又恰像台风扫寰宇。重比翼，和云翥。

这首词最早发表于 1978 年 9 月 9 日《人民日报》。本词是毛泽东写给夫人和战友杨开慧的。这首词与 1921 年写的《虞美人·枕上》堪称为姐妹篇章，是毛泽东将革命理想融于美好的爱情中的"情诗"。在毛泽东诗词中，书写离别，歌咏爱情的，仅见这两首。读来既可以让人受到毛泽东与杨开慧深厚的爱情的感染,又可以从中受到革命理想主义的教育。即革命理想高于天,在他们俩身上的体现。有评论家认为,《贺新郎·别友》和《沁园春·长沙》是标志毛泽东诗词创作走向成熟的代表作。[①]

1923 年 11 月 23 日,杨开慧于板仓生下次子岸青,不久,毛泽东奉中央通知,由长沙到上海再赴广州,出席国民党第一次全国代表大会。为了革命,毛泽东忍痛离开爱妻和襁褓中的儿子。因此这首词将革命豪情与儿女柔情有机结合,熔婉约与豪放于一炉。

上阕首句就点明意境,将读者拉入离别的情境中。此句借用李白《送友人》诗中"挥手自兹去,萧萧班马鸣",只改动了一个字,借以诉说离别的不得已之情,让人备觉伤感。对古人诗句的撷取不仅使诗词厚重大气,而且使诗词中的意象摇曳生姿,意境阔大壮美。整首词动态与静态相互映照,伤感与理想互相炳辉,达到相得益彰的效果。正如唐弢所评:"词里有为祖国献身的决心,也有对爱侣依恋的衷愫,昂扬的革命激情和缠绵的儿女柔情融洽地纠合起来,给人以浑然一体的深切感受。"全词既给读者美的艺术感染,又能让读者受到革命理想主义的教育。

井冈山斗争和中央苏区时期的诗词

这一时期,即 1927 年领导秋收起义和建立中央苏区至 1934 年秋进行长征。

这一时期,革命形势起伏跌宕,波澜壮阔,既有低潮也有高潮。毛泽东身处这一革命斗争形势的第一线,所见所闻所思,使他诗情勃发,写下了大量诗词篇章,这是革命形势的发展时期,也是毛泽东诗词创造的发展期,毛泽东的诗词创作出现了第一个高潮。

这一时期的诗词作品有:《西江月·秋收起义》(1927 年),《西江月·井

---

① 季世昌等编著:《独领风骚:毛泽东诗词赏析》,社会科学文献出版社 2009 年版,第 4 页。

冈山》(1928 年秋),《清平乐·蒋桂战争》(1929 年秋),《采桑子·重阳》(1929 年 10 月),《如梦令·元旦》(1930 年 1 月),《减字木兰花·广昌路上》(1930 年 7 月),《蝶恋花·从汀州向长沙》(1930 年 7 月),《渔家傲·反第一次大"围剿"》(1931 年春),《渔家傲·反第二次大"围剿"》(1931 年夏),《菩萨蛮·大柏地》(1933 年夏),《清平乐·会昌》(1934 年夏)。

毛泽东这个时期的作品,基本反映的是革命斗争和战争的现实,呈现了毛泽东诗词作为中国革命史诗的性质特点。诗人月诗歌语言记录描述了惊心动魄、生动壮阔的战斗和战争场面,让人感觉革命是一幅多么壮美的图画!

我们先来欣赏一下《西江月·秋收起义》:

军叫工农革命,旗号镰刀斧头。

匡庐一带不停留,要向潇湘直进。

地主重重压迫,农民个个同仇。

秋收时节暮云愁,霹雳一声暴动。

1927 年随着国民党发动"四一二"、"七一王"反革命政变,大革命宣告失败。许多共产党人和革命志士牺牲在反动派的屠刀下。怎么办? 在中国共产党举行的八七会议上,作出了武装反抗国民党反动派的决议。于是共产党人拿起武器,进行对反动派的革命斗争。秋收起义标志着土地革命战争的开始,《西江月·秋收起义》就是以史诗的形式,反映了这一历史性的开幕。八七会议后,毛泽东以中央特派员的身份回到湖南,参加省委的工作,8 月 30 日以中共湖南省委前敌委员会书记的身份,担当起领导秋收暴动的责任。因此,毛泽东不仅投身于这场革命实践活动之中,而且是这一革命活动的领导者和指挥员。其意义和所经历的艰难,个中滋味,毛泽东深刻了解。全诗用的基本是写实的语言手法,直陈其事,素描了一幅现实主义的革命画卷。了解中国革命历史的读者,基本不用解释,就能读得懂全词。在"地主重重压迫"下,"农民个个同仇",于是在中国共产党的领导发动下,组织了工农革命军,打起了自己的镰刀斧头的旗帜,没有在庐山一带停留,而是向湖南进发,目标直指长沙,这就是发动于 1927 年 9 月 9 日的湘赣边界的秋收暴动,从而揭开了中国革命崭新的一页。

其次,我们来欣赏《西江月·井冈山》:

　　　　山下旌旗在望，山头鼓角相闻。

　　　　敌军围困万千重，我自岿然不动。

　　　　早已森严壁垒，更加众志成城。

　　　　黄洋界上炮声隆，报道敌军宵遁。

　　这首词是毛泽东许多以革命战争为题材的诗词中最早的一首，写作时间是 1928 年秋。最早发表于《诗刊》1957 年 1 月号。

　　1928 年 8 月，红二十八团和红二十九团奉命下井冈山开赴湘南。毛泽东听到这两个团在湘南遭遇失败后，便留下红三十一团第一营与袁文才、王佐率领的红三十二团坚守井冈山，亲自率领红三十一团第三营抄近路赶往湘南，去接应。在我军主力离开的情况下，赣军乘虚进攻井冈山，于是著名的黄洋界保卫战打响了。8 月 30 日，四个团的敌军攻打黄洋界。当时山上只有红三十一团一营的两个连。打到下午，红军子弹所剩无几，靠石块御敌。在此关键时刻，红军扛来一门刚修理好的迫击炮和仅有的三发炮弹。前两发都是哑炮，第三发不但响了，而且恰巧落在敌军指挥部，上山之敌慌忙撤退。红军在哨口守了一夜，第二天发现山下空无人影，原来敌军以为红军主力二十八团（只有南昌起义的正规军改编的二十八团有炮）已经回到井冈山，因此连夜撤走了。这首词是在黄洋界保卫战后所作，抒发了胜利后的喜悦之情，给我们展现了一幅我军胜利的战场画面，读来令人斗志鼓舞。正如陈毅所评："此词表现出我军以少胜众不可震撼的英雄气概。是役井冈山根据地赖以保全，有扭转战局的作用。读此词令人增长志气，可视敌军如土芥。我认为新中国人民应有此气概而且已经有此气概。真可喜可贺。至此词选调之当，遣词之工，描绘之切，乃其余事。"①

　　最后，我们来欣赏《清平乐·会昌》：

　　　　东方欲晓，莫道君行早。踏遍青山人未老，风景这边独好。

　　　　会昌城外高峰，颠连直接东溟。战士指看南粤，更加郁郁葱葱。

　　这首词是毛泽东 1934 年夏在中共粤赣省委所在地会昌进行调查研究和指导工作时所作，最早发表于《诗刊》1957 年 1 月号。在自注中，毛泽东写道：

―――――――――

① 　吴雄选编：《毛泽东诗词集解》，河北人民出版社 1998 年版，第 49 页。

"1934年,形势危急,准备长征,心情又是郁闷的。这一首《清平乐》,如前面那首《菩萨蛮》一样,表露了同一的心境。"①

什么心境呢?历史背景是:1933年10月,蒋介石调集一百万兵力,采取了"堡垒主义"的新战略,对中央苏区进行第五次武装"围剿"。而这时博古、李德等以王明"左"倾教条主义错误为指导,剥夺了毛泽东对红军的指挥权,采取了"御敌于国门之外"的战术,与敌进行堡垒对堡垒的阵地战,使红军遭受惨重损失,根据地面积不断缩小,中央根据地面临全部丧失的危险。就是在这种情形下,7月下旬,靠边站的毛泽东来到会昌。

当时,毛泽东正在会昌县城东门外的文武坝参加粤赣省委扩大会议。23日拂晓,毛泽东会同中共粤赣省委几位干部,从文武坝出发,渡过绵水,登上会昌山。夏日的会昌山满目葱茏,生机勃勃。极目远眺,宏伟壮丽的江山引人遐想。在会昌城外的高峰,眼见红军战士守卫在各个山头,与战士们交谈后,目睹眼前群山晨景,想到当前危急的形势,毛泽东顿生感慨,于是吟诵了初稿,回到文武坝住处挥笔写下了诗歌中的"人"和"君",都指作者自己。全诗完全是作者心情的直接表达,虽然当时形势危急,但诗歌给人以光明与希望,对革命前途充满信心。对于这首词的内容与艺术,有研究评论道:"这首词语言浅近,寓意深刻,笔调自然,风格潇洒,洋溢着极其乐观的情绪。……在革命的危急关头,在身处逆境屡遭排斥的情况下,能写出这样情绪热烈、充满了希望的乐观主义词章,充分显示了伟大人物'处变不惊,临危不惧'的政治家的胸襟和风度。"②

长征时期的诗词

1934年10月10日晚,中共中央和中央红军被迫实行战略转移,离开中

① 中共中央文献研究室编:《毛泽东诗词集》,中央文献出版社1996年版,第47页。
② 吴雄选编:《毛泽东诗词集解》,河北人民出版社1998年版,第145—146页。

央苏区,进行艰苦卓绝的二万五千里长征,直到 1935 年 10 月才胜利到达陕北。长征不仅是中国革命史上的奇迹,也是世界军事史上的伟大壮举。毛泽东用诗词作品记录了这一历史。

这一时期的诗词作品有:《十六字令三首》(1934 年到 1935 年),《忆秦娥·娄山关》(1935 年 2 月),《七律·长征》(1935 年 10 月),《念奴娇·昆仑》(1935 年 10 月),《清平乐·六盘山》(1935 年 10 月),《六言诗·给彭德怀同志》(1935 年 10 月),我们先来欣赏《忆秦娥·娄山关》:

　　西风烈,长空雁叫霜晨月。

　　霜晨月,马蹄声碎,喇叭声咽。

　　雄关漫道真如铁,而今迈步从头越。

　　从头越,苍山如海,残阳如血。

这首词是战斗后追写的,最早发表于《诗刊》1957 年 1 月号。作者自注:"万里长征,千回百折,顺利少于困难不知有多少倍,心情是沉郁的。过了岷山,豁然开朗,转化到了反面,柳暗花明又一村了。"以上列举的诗词作品,"反映了这一种心情。"[①]

娄山关,位于贵州省遵义城北的最高峰上,海拔 1444 米,是防守遵义的要塞。中央红军于 1935 年 1 月 7 日占领遵义,并于 15—17 日举行了著名的遵义会议,改组了中央领导机构,增选毛泽东为中央政治局常委,3 月中旬,成立了由周恩来、毛泽东、王稼祥组成的新的"三人团",以周恩来为团长,负责指挥全军的军事行动。遵义会议后,中央红军重整旗鼓,振奋精神,在新的中央领导的指挥下,展开了机动灵活的运动战。这时蒋介石为阻止中央红军北进四川同红四方面军会合,或东出湖南同红二、红六军团会合,部署其嫡系部队和川、黔、湘、滇、桂五省地方部队的数十万兵力,从四面八方向遵义地区进逼,企图在遵义一带围歼红军。1935 年 1 月 19 日,中央红军北进,在土城之战失利后,于 1 月 29 日凌晨一渡赤水,挥师西向进至川滇边界的扎西地区集中。部队经过整编后,突然改变计划,掉头东进,于 2 月 18 日至 21 日二渡赤水,摆脱敌人,重进贵州,奇袭娄山关,重占遵义城。本首词描述的就是娄山关战役

① 中共中央文献研究室编:《毛泽东诗词集》,中央文献出版社 1996 年版,第 53—54 页。

的场景。

这首词以悲壮凝重的笔调,描绘了中央红军夺取娄山关的壮举。"全词注重炼字炼句,可谓妙语连珠,佳句不断。在格调上,则显示出一种悲壮苍凉、声情激越的特点,读之令人动容,有着极强的艺术感染力。"①

接下来,让我们欣赏《七律·长征》:

> 红军不怕远征难,万水千山只等闲。
>
> 五岭逶迤腾细浪,乌蒙磅礴走泥丸。
>
> 金沙水拍云崖暖,大渡桥横铁索寒。
>
> 更喜岷山千里雪,三军过后尽开颜。

这首诗最早发表于北平东方快报印刷厂 1937 年 3 月秘密出版的由王福时主编的《外国记者西北印象记》,后又披露于 1937 年 10 月英国伦敦维克多克兰茨公司出版的斯诺著《红星照耀中国》一书中,正式发表于《诗刊》1957 年 1 月号,是毛泽东诗歌作品的代表作。

1935 年 9 月 29 日清晨,毛泽东随林彪一纵队向通渭县城进发,傍晚进入通渭县城。在通渭县城文庙街小学接见林彪一纵队先锋连全体指战员时,毛泽东首次朗诵了这首诗。全诗用写实的手法,把长征途中经过的主要地方和突出战役都记录进去了,体现了史诗的特点。"这首七律是思想内容和艺术形式完美统一的精品之一,被视为毛泽东诗作之冠。……它回顾了红军的长征历程,概括了长征的伟大壮举,既是长征的史诗,也是革命精神的赞歌。……这首七律是革命现实主义和革命浪漫主义相结合的典范。"②

延安(抗战)时期的诗词

这一时期是毛泽东诗词创作的沉寂期。正如毛泽东于 1941 年 1 月 31 日

---

① 铭心主编:《毛泽东诗词鉴赏全集》,新疆人民出版社 2003 年版,第 88 页。

② 吴雄选编:《毛泽东诗词集解》,河北人民出版社 1998 年版,第 181 页。

给岸英、岸青的信中所说:"岸英要我写诗,我一点诗兴也没有,因此写不出。"①

这一时期的诗词作品有:《沁园春·雪》(1936年2月),《临江仙·给丁玲同志》(1936年12月),《五律·挽戴安澜将军》(1943年3月)。

先让我们欣赏《沁园春·雪》:

> 北国风光,千里冰封,万里雪飘。望长城内外,惟余莽莽;大河上下,顿失滔滔。山舞银蛇,原驰蜡象,欲与天公试比高。须晴日,看红装素裹,分外妖娆。

> 江山如此多娇,引无数英雄竞折腰。惜秦皇汉武,略输文采;唐宗宋祖,稍逊风骚。一代天骄,成吉思汗,只识弯弓射大雕。俱往矣,数风流人物,还看今朝。

《沁园春·雪》是第一首公开发表的毛泽东的词作。1936年2月初毛泽东率领红军渡黄河东征,在山西省石楼县留村创作的这首词。1945年10月7日,在致柳亚子的信中,毛泽东说"初到陕北看见大雪时,填过一首词",即谓此阕。②

词的写作时代正是中国遭遇日本帝国主义的侵略,革命形势变得复杂,中国革命的发展和中华民族的前途处于生死攸关的转折关头。因此,其咏物抒情就不仅仅是个人情感的表现,而是中国共产党和所有为了中华民族解放事业奋斗的人们的一股洪流。全词洋溢着对祖国和人民、对民族深情真挚的热爱,以及词作者强烈的历史使命感。传达出一种时代的强烈信号。因此美国学者R.特里尔认为这首词:"它不仅代表了毛本人,同时,也代表了中国。"③

1945年10月,毛泽东赴重庆与国民党谈判,将诗作抄录送给诗人柳亚子,随后刊登在重庆各大报纸,广为流传。并在重庆引起轩然大波,一时和词迭出,由笔墨盛事演变为一场不小的政治风暴。国民党方面组织笔杆子,进行批判,引起同情共产党的正义文人的奋起反击。最后国民党方面还是输了。其中一代词宗,南社盟主柳亚子在和韵中写道:才华信美多娇,看千古词人共

---

① 丁晓平著:《家世家书家风:毛泽东的亲情世界》,中国青年出版社2009年版,第128页。
② 王臻中、钟振振主编:《毛泽东诗词鉴赏》,江苏古籍出版社1990年版,第75页。
③ 马连礼主编:《毛泽东诗词史诗论》,山东人民出版社1991年版,第189页。

折腰。算黄州太守,犹输气概,稼轩居士,只解牢骚;更笑胡儿,纳兰容若,艳想浓情着意雕。当代著名诗人郭沫若也在和韵中写道:岂等沛风? 还殊易水,气度雍容格调高。① 开生面,是堂堂大雅,谢绝妖娆。他们把毛泽东的词誉为"千古词人共折腰"、"气度雍容格调高",其地位高于苏轼、辛弃疾、纳兰性德等著名古代词人,甚至连刘邦的《大风歌》和荆轲的《易水歌》都难以与之相提并论。

全词分上下两阕,上阕描写乍暖还寒的北国雪景,展现伟大祖国的壮丽山河;下阕由对祖国山河的壮丽而感叹,并引出秦皇汉武等英雄人物,纵论历代英雄人物,抒发作者伟大的抱负及胸怀。诗词气势豪迈,充满革命者豪迈的英雄主义气概,正如一位研究者所评论的,该词为"登峰造极,炉火纯青,扫空万古,横绝六合之作"②。正因为此,该词在国民党的陪都重庆发表后,被一些别有用心的人误读为有"帝王之气"。

解放战争时期的诗词

这一时期的诗词作品有:《五律·张冠道中》(1947 年),《五律·喜闻捷报》(1947 年),《七律·人民解放军占领南京》(1949 年 4 月),《七律和柳亚子先生》(1949 年 4 月 29 日)。

1949 年 4 月 20 日,国民党拒绝在和平协定上签字。当夜,解放军在东起江苏江阴,西迄江西湖口的千里长江上,分三路强行渡江。4 月 21 日,毛泽东主席和朱德总司令发出《向全国进军的命令》,号令全军坚决、彻底、全部地歼灭中国境内一切敢于抵抗的国民党反动派,解放全中国。由邓小平任书记的淮海战役总前委统一指挥的人民解放军第二、第三野战军的百万大军,在西起江西湖口、东至江苏江阴的一千余里的战线上强渡长江,并于 4 月 23 日晚占

---

① 鲁歌:《毛泽东诗词论稿》,文化艺术出版社 1983 年版,第 4—5 页。
② 张素华等编:《说不尽的毛泽东》(上),辽宁人民出版社 1993 年版,第 135—136 页。

领南京。在北京香山双清别墅的毛泽东听到这个消息,非常高兴,心潮澎湃,挥笔写下《七律·人民解放军占领南京》:

> 钟山风雨起苍黄,百万雄师过大江。
>
> 虎踞龙盘今胜昔,天翻地覆慨而慷。
>
> 宜将剩勇追穷寇,不可沽名学霸王。
>
> 天若有情天亦老,人间正道是沧桑。

这首诗不仅描述了人民解放军占领南京这一伟大的历史事件,揭示了它的重大意义,表现了它的激动人心,不只是穷尽了理、事、情;而且还显示了诗人的高瞻远瞩、破格创新、挥洒自如、神旺气足,表现了诗人的才、胆、识、力。体现了人民解放军势如破竹的力量,以及对胜利在望的十分把握。"诗的气势豪壮,意境宏阔,有一股巨大的、无法与之抗衡的力,充分显示出了崇高美或阳刚美的审美特色。这样的力的崇高,在诗坛上可以说是独步千古。"①

柳亚子(1887—1958),江苏吴江人。早年参加旧民主主义革命,是清末文学团体"南社"发起人和主要诗人之一。1948 年 1 月国民党革命委员会成立后,他被选为中央常务委员兼秘书长,是中国共产党和毛泽东的好朋友。1949 年 2 月末到 3 月初,中共中央在七届二中全会上决定迁到北平,并邀请民主党派、无党派人士到北平,准备召开中国人民政治协商会议。柳亚子 2 月在香港接到毛泽东邀他的电报,无比兴奋,吟着"六十三龄万里程,前途真喜向光明"的诗句于 3 月 18 日离香港经胶东抵达北平。3 月 25 日,毛泽东从石家庄西柏坡到北平,柳亚子还到机场迎接。但是,由于他对中国共产党一些政策和策略的不了解,加上毛泽东、周恩来等忙于建国工作一时没有会见他,于是他不高兴了,以为毛泽东等故意"怠慢"他,心中便有不满。3 月 28 日,柳亚子写了《感事呈毛主席一首》:"开天辟地君真健,说项依刘我大难。夺席谈经非五鹿,无车弹铗怨冯驩。头颅早悔平生贱,肝胆宁忘一寸丹! 安得南征驰捷报,分湖便是子陵滩。"

了解到柳亚子的情绪后,对老朋友很了解的毛泽东也用诗歌疗法,来开导柳亚子。于 4 月 29 日回了这首《七律·和柳亚子先生》:

---

① 吴正裕主编:《毛泽东诗词全编鉴赏》,中央文献出版社 2003 年版,第 200 页。

饮茶粤海未能忘,索句渝州叶正黄。

三十一年还旧国,落花时节读华章。

牢骚太盛防肠断,风物长宜放眼量。

莫道昆明池水浅,观鱼胜过富春江。

本诗针对柳亚子诗中流露出来的满腹牢骚,毛泽东以无产阶级革命家的博大胸怀和对老朋友的真诚坦荡的感情,进行了耐心细致的开解、劝导,表现了一代伟人的领袖风范,诗中的关怀之情,让人有春风拂面之感。"毛泽东同志此诗,清醇和雅,语言温婉秀润,情意深永绵长,看似清淡,味之弥甘,正是君子之交常有的特征。读其诗想见其人,使人确有'得坐光风霁月中,矜平躁释百忧空'之感。新中国建立之初,能有那样多的朋友四面八方聚集到中国共产党的周围,使百业兴旺,国势蒸蒸日上,和毛泽东同志这种光风月、清和雅的作风有密切的关系。"①

新中国初期的诗词

这一时期的诗词作品有:《浣溪沙·和柳亚子先生》(1950 年 10 月),《浣溪沙·和柳亚子先生》(1950 年 11 月),《浪淘沙·北戴河》(1954 年夏),《七律·和周世钊同志》(1955 年 10 月),《五律·看山》(1955 年),《七绝·莫干山》(1955 年),《七绝·五云山》(1955 年),《水调歌头·游泳》(1956 年 6 月)。诗词作品内容广泛,有反映全国各族人民大团结盛况和宣扬爱国主义精神的两首《浣溪沙·和柳亚子先生》;有反映社会主义建设取得辉煌成就的《浪淘沙·北戴河》、《水调歌头·游泳》;有反映人民领袖诚挚深厚的亲情友情的《七律·和周世钊同志》;还有反映在繁忙的工作之余旅游休息、轻松愉快心情的《看山》、《莫干山》等。情歌言情,说明新中国初期诗人愉快乐观的心情。

先来欣赏《浪淘沙·北戴河》:

---

① 　王臻中、钟振振主编:《毛泽东诗词鉴赏》,江苏古籍出版社 1990 年版,第 95 页。

　　大雨落幽燕,白浪滔天,秦皇岛外打鱼船。

　　一片汪洋都不见,知向谁边?

　　往事越千年,魏武挥鞭,东临碣石有遗篇。

　　萧瑟秋风今又是,换了人间。

　　1954 年夏天,毛泽东在北戴河。有一天,下大雨,刮大风,海浪翻腾,渔船都开进避风港了。毛泽东面对大风大雨,高兴地说,这是难得的锻炼时机,提出要下海游泳。警卫人员都劝不住,毛泽东坚持下海游了一个多小时。上岸后,他意犹未尽,欣然提笔,写下了这首气势磅礴的词篇。要写这么一首词,似乎毛泽东是有准备的,只不过在等待写作的灵感和情景出现,据毛泽东的秘书林克回忆:"1962 年 4 月 21 日,他还谈到《浪淘沙·北戴河》一词写作的缘由。他说,李煜写的《浪淘沙》都是婉约的,没有豪放的。因此,他以《浪淘沙》的词牌写了一首豪迈的词。"①这首词意境壮阔,气势雄浑,给读者无限丰富美好的艺术联想和审美感受,正如诗评家所论:"五十几个字写了上下古今,色彩绚烂又不加雕饰,有简练的写景和豪迈的抒情,放得开合得拢,站得高看得远,有实写有虚写,想象丰富又贴切统一,有对旧社会的愤激,又有对新社会的豪迈赞颂,既反映了革命斗争中的现实生活的本质,又表现了现实生活中革命浪漫主义的精神。"②

　　再来欣赏《水调歌头·游泳》:

　　才饮长沙水,又食武昌鱼。万里长江横渡,极目楚天舒。不管风吹浪打,胜似闲庭信步,今日得宽余。子在川上曰:逝者如斯夫!

　　风樯动,龟蛇静,起宏图。一桥飞架南北,天堑变通途。更立西江石壁,截断巫山云雨,高峡出平湖。神女应无恙,当惊世界殊。

　　1956 年 5 月 31 日早晨 7 点 20 分,毛泽东乘专机抵达武汉。上午 8 点 40 分在长江船上听取关于武汉长江大桥工程情况的汇报。随后,毛泽东下水游泳,从蛇山北边游到汉口的淡水池附近,约 15 公里,历时 2 小时,这是毛泽东第一次横渡长江。6 月 2 日下午,第二次游长江,在武汉长江大桥以上 1500

<hr />

① 吴雄选编:《毛泽东诗词集解》,河北人民出版社 1998 年版,第 255 页。

② 吴雄选编:《毛泽东诗词集解》,河北人民出版社 1998 年版,第 265—266 页。

米的汉阳岸下水,从大桥第一、二号桥墩之间穿过,游到徐家棚以北上岸,约
15 公里。他对陪同游泳的王任重说:这是多么好的游泳场所,应当号召人们
到大江大河里去游泳,可以锻炼人们的意志。有些人害怕大的东西,美国不是
很大吗? 我们碰了它一次(指抗美援朝战争),也没有什么了不起。6 月 3 日
下午三时半,毛泽东再次游长江一小时。① 根据林克回忆:"1957 年 5 月 21
日,他在学英语休息时说……《水调歌头·游泳》这首词是反映社会主义建设
的。"这首词的意义,正如臧克家所论:"这首词虽然写的是游泳这件小事,但
它的含义却大得多了! 它表现了一种时代精神——社会主义建设精神。"②

晚 年 诗 词

研究者认为,在毛泽东一生的诗词创作中,其晚年诗词,既是一个时间概
念,也是指一种创作类型。何谓诗人晚年?'当然比较便当的划分,是从 1957
年反右或 1958 年的'大跃进'运动算起,因为政治和社会背景的变化,常常成
为文化时代的转折点。"③这种划分,实际遵循了中共历史研究学术界的惯例
说法。

这一时期的诗词作品有:《蝶恋花·答李淑一》(1957 年 5 月 11 日),《七
绝·观潮》(1957 年 9 月),《七律二首·送瘟神》(1958 年 7 月 1 日),《七绝·
刘蕡》(1958 年),《七律·到韶山》(1959 年 6 月),《七律·登庐山》(1959 年
7 月 1 日),《七律·读报》(1959 年 11 月),《七律·读报》(1959 年 12 月),
《七律·改鲁迅诗》(1959 年 12 月),《七律·读报》(1960 年 6 月 13 日),《七
绝·为女民兵题照》(1961 年 2 月),《七绝·为李进同志题所摄庐山仙人洞
照》(1961 年 9 月 9 日),《七律·和郭沫若同志》(1961 年 11 月 17 日),《卜算

---

① 　中共中央文献研究室编:《毛泽东年谱 1949—1976》第二卷,中央文献出版社 2013 年版,第
　　582 页。
② 　吴雄选编:《毛泽东诗词集解》,河北人民出版社 1998 年版,第 267、280 页。
③ 　王希文主编:《毛泽东诗词研究》,黑龙江人民出版社 2003 年版,第 12 页。

子·咏梅》(1961 年 12 月),《七绝·答友人》(1961 年),《七绝·屈原》(1961 年),《七绝二首·纪念鲁迅八十寿辰》(1961 年),《七律·冬云》(1962 年 12 月 26 日),《满江红·和郭沫若同志》(1963 年 1 月 9 日),《杂言诗·八连颂》(1963 年 8 月 1 日),《七律·吊罗荣桓同志》(1963 年 12 月),《贺新郎·读史》(1964 年春),《水调歌头·重上井冈山》(1965 年 5 月),《念奴娇·井冈山》(1965 年 5 月),《念奴娇·鸟儿问答》(1965 年秋),《七律·洪都》(1965 年),《七律·有所思》(1966 年 6 月),《七律·读〈封建论〉呈郭老》(1973 年 8 月 5 日),《七绝·贾谊》(写作时间不详),《七律·咏贾谊》(写作时间不详)。

以上诗词作品大体可以划分为这样几种类型:时事述评诗、借物言志诗、感事抒怀诗、咏史诗等①。

下面我们来欣赏一下《七律二首·送瘟神》:

其一

绿水青山枉自多,华佗无奈小虫何!

千村薜荔人遗矢,万户萧疏鬼唱歌。

坐地日行八万里,巡天遥看一千河。

牛郎欲问瘟神事,一样悲欢逐逝波。

其二

春风杨柳万千条,六亿神州尽舜尧。

红雨随心翻作浪,青山着意化为桥。

天连五岭银锄落,地动三河铁臂摇。

借问瘟君欲何往,纸船明烛照天烧。

根据诗歌的注脚内容,写诗的灵感是毛泽东"读六月三十日《人民日报》,余江县消灭了血吸虫。浮想联翩,夜不能寐。微风拂煦,旭日临窗。遥望南天,欣然命笔。"②兴奋激动的诗人一夜未眠,为人民战胜自然灾害,不再受虫病折磨而感到喜悦,1958 年 7 月 1 日凌晨,毛泽东一口气写了以上两首诗。"热情赞颂当家作主的人民群众建设社会主义的巨大积极性和创造性,表现

---

① 　王希文主编:《毛泽东诗词研究》,黑龙江人民出版社 2003 年版,第 20 页。
② 　中共中央文献研究室编:《毛泽东诗词集》,中央文献出版社 1996 年版,第 104 页。

他们战天斗地的英雄气概和伟大力量。……诗裑思奇绝,落想超拔。"①

再来欣赏一下《七律·到韶山》:

别梦依稀咒逝川,故园三十二年前。

红旗卷起农奴戟,黑手高悬霸主鞭。

为有牺牲多壮志,敢教日月换新天。

喜看稻菽千重浪,遍地英雄下夕烟。

1927 年 1 月,毛泽东在湖南考察农民运动时曾回韶山,然后离开家乡,直到 1959 年 6 月 25 日至 27 日重回韶山,其间相隔整整三十二年之久。"这首诗便是对于三十二年来的斗争和胜利的概括。"②毛泽东回到阔别三十二年之久的家乡韶山,不禁感慨万千,对家乡的情感如山泉一样,汩汩流淌,澎湃于诗人的心中,形成了美丽诗篇。"这首七律,吐纳风云,横绝太空。它不仅歌颂了过去英勇卓绝的斗争,而且深刻地揭示了新旧社会不同的本质,表现了作者鲜明强烈的爱憎情感。在语言运用上,它既有古典诗词的典雅,同时又有现代汉语的自然流畅、新鲜活泼的风格。"③

（祝彦　撰稿）

---

① 中共中央文献研究室编:《毛泽东诗词集》,中央文献出版社 1996 年版,第 311 页。

② 中共中央文献研究室编:《毛泽东诗词集》,中央文献出版社 1996 年版,第 111—112 页。

③ 吴雄选编:《毛泽东诗词集解》,河北人民出版社 1998 年版,第 320 页。

责任编辑：马长虹

封面设计：周方亚

责任校对：白　玥

图书在版编目(CIP)数据

毛泽东著作要篇导读/谢春涛 主编. —北京：人民出版社,2018.7(2025.4 重印)

ISBN 978 - 7 - 01 - 019026 - 6

Ⅰ.①毛…　Ⅱ.①谢…　Ⅲ.①毛泽东著作研究　Ⅳ.①A841

中国版本图书馆 CIP 数据核字(2018)第 041501 号

毛泽东著作要篇导读

MAO ZEDONG ZHUZUO YAOPIAN DAODU

谢春涛　主编

人民出版社 出版发行

(100706　北京市东城区隆福寺街 99 号)

中煤（北京）印务有限公司印刷　新华书店经销

2018 年 7 月第 1 版　2025 年 4 月北京第 4 次印刷

开本：710 毫米×1000 毫米 1/16　印张：16.5

字数：270 千字　印数：8,001-13,000 册

ISBN 978 - 7 - 01 - 019026 - 6　定价：68.00 元

邮购地址 100706　北京市东城区隆福寺街 99 号

人民东方图书销售中心　电话 (010)65250042　65289539